广西研究生教育创新计划项目资助：JGY2019066
地方高校研究生培养质量保障体系研究——广西民族大学研究生教育二十周年（1998~2018）

广西民族大学"四位一体"研究生教育综合改革的探索与实践
（1999~2020）

广西民族大学研究生院　编著

中国财经出版传媒集团
经济科学出版社
Economic Science Press

图书在版编目（CIP）数据

广西民族大学"四位一体"研究生教育综合改革的探索与实践：1999~2020/广西民族大学研究生院编著．—北京：经济科学出版社，2021.4

ISBN 978-7-5218-2482-7

Ⅰ.①广… Ⅱ.①广… Ⅲ.①广西民族大学-研究生教育-教育改革-1999-2020 Ⅳ.①G643

中国版本图书馆 CIP 数据核字（2021）第 063555 号

责任编辑：李晓杰
责任校对：刘　昕
责任印制：范　艳　张佳裕

广西民族大学"四位一体"研究生教育综合改革的探索与实践（1999~2020）

广西民族大学研究生院　编著

经济科学出版社出版、发行　新华书店经销

社址：北京市海淀区阜成路甲28号　邮编：100142

总编部电话：010-88191217　发行部电话：010-88191522

网址：www.esp.com.cn

电子邮箱：esp@esp.com.cn

天猫网店：经济科学出版社旗舰店

网址：http://jjkxcbs.tmall.com

北京密兴印刷有限公司印装

710×1000　16开　15.75印张　260000字

2021年4月第1版　2021年4月第1次印刷

ISBN 978-7-5218-2482-7　定价：56.00元

(图书出现印装问题，本社负责调换。电话：010-88191510)

(版权所有　侵权必究　打击盗版　举报热线：010-88191661

QQ：2242791300　营销中心电话：010-88191537

电子邮箱：dbts@esp.com.cn)

目　　录

第一章　绪论 ··· 1

　第一节　研究背景及问题提出 ··· 1
　第二节　研究目的及研究意义 ··· 13
　第三节　研究问题及主要内容 ··· 16
　第四节　研究路线及研究方法 ··· 18

第二章　广西民族大学"四位一体"研究生教育综合
　　　　改革的分析框架 ·· 21

　第一节　广西民族大学"四位一体"研究生教育综合改革的
　　　　　内涵界定和构成维度 ··· 21
　第二节　广西民族大学"四位一体"研究生教育综合改革的
　　　　　必要性和可行性 ··· 29
　第三节　广西民族大学"四位一体"研究生教育综合改革的
　　　　　内外部影响因素 ··· 31
　第四节　广西民族大学"四位一体"研究生教育综合改革的
　　　　　分析框架 ·· 35

第三章　广西民族大学"四位一体"研究生教育综合
　　　　改革的保障机制 ·· 41

　第一节　广西民族大学学科专业建设的沿革 ························· 41
　第二节　广西民族大学研究生招生机制的改革 ······················ 64

第四章　广西民族大学"立德树人"目标的改革策略分析 …… 84

第一节　"立德树人"目标改革的内涵与意义 …… 84

第二节　广西民族大学"立德树人"目标改革的实践 …… 86

第三节　广西民族大学"立德树人"目标改革的研究发现与思考 …… 97

第五章　广西民族大学"科研、实践"二平台育人的改革策略分析 …… 100

第一节　"科研、实践"二平台育人改革的内涵与意义 …… 100

第二节　广西民族大学"科研、实践"二平台育人改革的实践 …… 102

第三节　广西民族大学"科研、实践"二平台育人改革的研究发现与思考 …… 113

第六章　广西民族大学"民族性、区域性、国际性"三融合的改革策略分析 …… 116

第一节　"民族性、区域性、国际性"三融合改革的内涵与意义 …… 116

第二节　广西民族大学"民族性、区域性、国际性"三融合改革的实践 …… 119

第三节　广西民族大学"民族性、区域性、国际性"三融合改革的研究发现与思考 …… 133

第七章　广西民族大学"质量监控、教学改进、师资培育、科技创新"四机制的改革策略分析 …… 135

第一节　"质量监控、教学改进、师资培育、科技创新"四机制改革的内涵与意义 …… 135

第二节　广西民族大学"质量监控"机制改革的实践 …… 140

第三节　广西民族大学"教学改进"机制改革的实践 …… 143

第四节　广西民族大学"师资培育"机制改革的实践 …… 189

第五节　广西民族大学"科技创新"机制改革的实践 …… 210

第六节　广西民族大学"质量监控、教学改进、师资培育、
　　　　　　科技创新"四机制改革的研究发现与思考……………… 212

第八章　广西民族大学"四位一体"研究生教育综合改革的实施…… 216

　　第一节　广西民族大学"四位一体"研究生教育综合
　　　　　　改革的实施策略……………………………………………… 216
　　第二节　广西民族大学"四位一体"研究生教育综合
　　　　　　改革的展望…………………………………………………… 223

参考文献…………………………………………………………………… 231

第一章 绪　　论

第一节　研究背景及问题提出

一、研究背景

研究生教育是国民教育的最高形式，是培养高层次创新人才的主要途径，是科技创新的重要影响因素。世界各国普遍重视研究生教育的发展。在第二次世界大战之后，特别是随着现代科学技术的迅猛发展，研究生教育迅速发展。我国研究生教育在改革开放以来也得到了前所未有的发展，主要体现在研究生招生、在学与毕业规模、研究生培养机构数量逐年增长上以及研究生学位制度逐步健全、研究生教育体系日渐完善。

自1999年我国高等教育本专科扩招以来，我国高等教育迅速发展，作为高等教育重要组成部分的研究生教育也快速发展起来。1999年，我国研究生招生规模为9.22万人，在学研究生23.35万人，毕业人数5.47万人。到2019年，研究生招生已达到91.65万人，在学研究生286.37万人，毕业人数63.97万人。特别是近十年来，经济社会迅速发展，国家对高层次人才的需求日渐扩大。研究生教育以此为发展契机，招生的规模日渐扩大，招生数量急剧增长，具体数据见表1-1、图1-1。[①]

[①] 教育部各年度全国教育发展统计公报. 中华人民共和国教育部政府门户网站，http：//www.moe.gov.cn/jyb_sjzl/sjzl_fztjgb/201907/t20190724_392041.html。

广西民族大学"四位一体"研究生教育综合改革的探索与实践（1999~2020）

表1-1　　2010~2019年我国研究生招生、在学与毕业规模一览　　单位：万人

年份	招生人数 总数	招生人数 硕士	招生人数 博士	在学人数 总数	在学人数 硕士	在学人数 博士	毕业人数 总数	毕业人数 硕士	毕业人数 博士
2010	53.82	47.44	6.38	153.84	127.95	25.89	38.36	33.46	4.90
2011	56.02	49.46	6.56	164.58	137.46	27.13	43.00	37.97	5.03
2012	58.97	52.13	6.84	171.98	143.60	28.38	48.65	43.47	5.17
2013	61.14	54.09	7.05	179.40	149.57	29.83	51.36	46.05	5.31
2014	62.13	54.87	7.26	184.77	153.30	31.27	53.59	48.22	5.37
2015	64.51	57.06	7.44	191.14	158.47	32.67	55.15	49.77	5.38
2016	66.71	58.98	7.73	198.11	163.90	34.20	56.39	50.89	5.50
2017	80.61	72.22	8.39	263.96	227.76	36.20	57.80	52.00	5.80
2018	85.80	76.25	9.55	273.13	234.17	38.95	60.44	54.36	6.07
2019	91.65	81.13	10.52	286.37	243.95	42.42	63.97	57.71	6.26

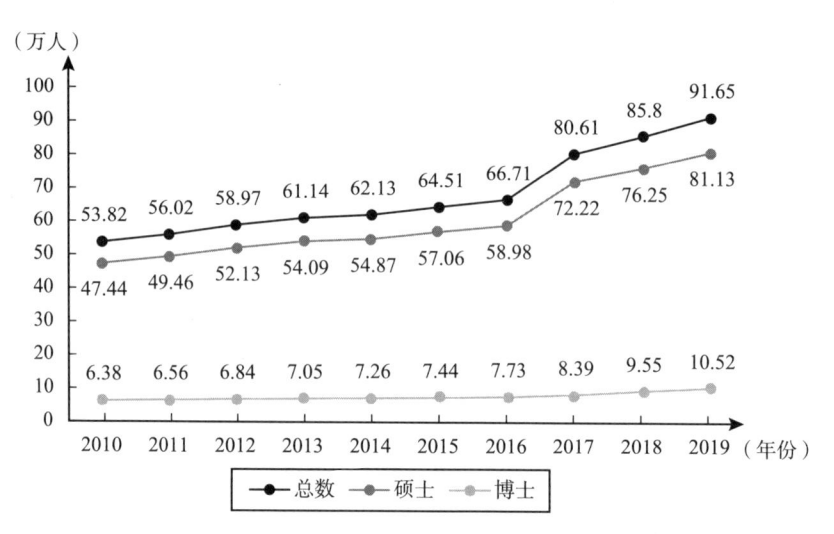

图1-1　2010~2019年我国研究生招生人数走势

　　与此同时，近十年来我国研究生招生单位总体上呈增长态势，特别是研究生招生高校逐年递增。从2010年的797所增加到2019年的825所，共增加研究生培养机构28所，具体数据见表1-2。可授予的硕士学位、博士学位学科

门类包含哲学、经济学、法学、教育学、文学、历史学、理学、工学、农学、医学、军事学、管理学、艺术学共13个大类。

表1-2　　　　2010~2019年我国研究生招生单位数量一览　　　　单位：所

年份	总数	高校	科研机构
2010	797	481	316
2011	755	481	274
2012	811	534	277
2013	830	548	282
2014	788	571	217
2015	792	575	217
2016	793	576	217
2017	815	578	237
2018	815	580	235
2019	825	593	235

资料来源：教育部各年度全国教育发展统计公报．中华人民共和国教育部政府门户网站，http://www.moe.gov.cn/jyb_sjzl/sjzl_fztjgb/。

改革开放特别是党的十八大以来，学位与研究生教育坚持正确的政治方向，确立了立德树人、服务需求、提高质量、追求卓越的主线，招生规模持续增长，结构布局不断优化，我国已成为世界研究生教育大国。2015年11月，国务院发布了《统筹推进世界一流大学和一流学科建设总体方案》，提出世界一流大学和一流学科建设"三步走"的推进策略：第一步是到2020年，若干所大学和一批学科进入世界一流行列，若干学科进入世界一流学科前列；第二步是到2030年，更多的大学和学科进入世界一流行列，若干所大学进入世界一流前列，一批学科进入世界一流学科前列，高等教育整体实力显著提升；第三步是到21世纪中叶，一流大学和一流学科的数量和实力进入世界前列，基本建成高等教育强国。建设世界一流大学和一流学科，是党中央、国务院作出的重大战略决策，是我国提升高等教育发展质量、增强国家核心竞争力的重要举措。研究生教育作为培养高素质人才和高水平科研成果产出的重要渠道，是

广西民族大学"四位一体"研究生教育综合改革的探索与实践（1999~2020）

构建世界一流大学和一流学科的重要基础。打造一流的研究生教育是"双一流"建设的重要内容，因此，在"双一流"建设的大背景下，各个高校都把研究生教育放在突出位置，不断探索研究生教育综合改革的新模式，深化研究生教育内涵式发展。

21世纪以来，面对当今世界政治多极化、经济全球化、社会信息化和文化多样化的发展趋势，全球新一轮的科技革命、产业革命也在加快推进，世界各国的竞争日趋激烈，创新驱动和高层次人才成为国家的核心竞争力。各国竞争的核心归根到底是人才的竞争，人才培养和储备越来越成为提高国际竞争力的重要手段，人才成为推动经济社会发展的战略性资源。研究生教育在培养创新人才、提高创新能力、服务经济社会发展中的作用更加突出。为此，世界各国和各地区政府高度重视高等教育的改革和发展。

广西壮族自治区世居民族有汉、壮、瑶、苗、侗、仫佬、毛南、回、京、彝、水、仡佬等。2016年末广西常住人口中，少数民族人口占自治区总人口的45.17%，少数民族人口总数在全国居第一位，其中壮族人口约占自治区户籍总人口的34.40%[①]。国家高度重视民族地区经济的发展，习近平多次到广西考察调研，并作出重要指示。广西正在深入贯彻落实习近平总书记对广西工作的重要指示精神，按照"三大定位"新使命和"五个扎实"新要求推进经济社会发展。《区域全面经济伙伴关系协定》（RCEP）正式签署，西部陆海新通道建设上升为国家战略，中国（广西）自由贸易试验区、面向东盟的金融开放门户等一批国家级重大开放平台正有序推进，为广西深度融入国内国际双循环、全方位深化开放合作带来了重大机遇。广西经济社会发展面临前所未有的机遇，需要培养一大批高层次人才。

党和国家对民族高等教育的高度重视，是广西民族大学的建校之根。民族院校是我们党为落实民族政策、加快培养少数民族干部而创办的独具特色的高等学府，民族高等教育历来也是我国高等教育的重要组成部分，党和国家政府一直非常重视民族教育事业的发展。在广西民族大学的发展和建设过程中，凝聚着党和国家领导人的高度重视和亲切关怀。1958年，毛泽东主席在南宁人民公园接见学校各族师生代表；1990年11月，江泽民等国家领

---

① 广西壮族自治区人民政府门户网站．http：//www.gxzf.gov.cn/mlgxi/gxrw/ftrq/t1003601.shtml。

导人到广西民族大学视察,对学校的办学成绩和校园环境给予充分肯定和赞扬;2001年3月,胡锦涛同志出访东南亚三国时,亲切接见了学校在越南、老挝讲学、留学的师生代表;2010年5月,习近平同志到学校考察工作,看望了各族师生及外国留学生,殷切勉励大学生勤奋学习、报效祖国。[1] 党和国家为发展民族高等教育制定了一系列特殊政策,以推动民族高等教育的发展,改革开放以来召开的四次中央民族工作会议和四次全国民族教育工作会议,都强调了发展民族高等教育事业和办好民族院校的重要性;《中共中央　国务院关于深化改革加快发展民族教育的决定》《国务院实施〈中华人民共和国民族区域自治法〉若干规定》等中央和国务院文件,以专门条款对民族院校的发展给予了重视和支持。这些都充分表明,党和国家从解决我国民族问题的战略高度出发,强调办好民族院校的重要性和必要性,成为民族院校发展的根本保证。

广西民族大学二十多年来一直不断推进"四位一体"研究生教育综合改革,取得了一些成效,主要表现在以下三个方面。

(一) 改革观念:创新研究生教育教学理念

第一,理论创新,将广西民族大学"民族性、区域性、国际性"的办学特色融入研究生教育培养全过程,形成独具特色的"民族性、区域性、国际性"融合共进的高素质人才培养模式。本书提出了"点、线、面、体"自我评估的理论,借鉴国内外高校最新评估理念和做法,选取影响高校本科人才培养质量的核心要素——课程、专业、学院、学校,构建了"点、线、面、体"融合的教学质量自我评估与诊断系统。四者的评价自成体系、边界清晰,但又环环相扣,互为联系、互为补充,实现了自我评估的全方位、全过程常态监测,并运用信息化手段,实现评价结果的量化和排序,为校内教学质量监控与保障体系的有效运行提供了抓手,使自我评估真正成为整个体系的核心和关键,保证了体系的有效运行,拓展了研究生教育的创新视野,提升了地方民族院校的研究生特色学科和优质学科的建设水平。

第二,实践创新,依托两大平台形成了"四位一体"的民族院校研究生

---

[1] 广西民族大学——学校概况, http://www.gxun.edu.cn/xxgkl/xxgkl.htm。

培养模式。在大量实践经验的基础上系统总结和提升广西民族大学研究生培养工作的理论内涵，用实际工作丰富和发展学校研究生教育。依托科研平台、实践平台的建设，不断提升研究生科研创新能力和实践能力。创建一目标、二平台、三融合、四机制"四位一体"的民族院校研究生培养模式。积极建立研究生联合培养基地，注重打造高水平的校园学术交流平台，支持研究生开展各类学术竞赛和实践创新活动。通过实践坚持探寻大数据时代"互联网+评估"的路径，遵循高等教育与信息化相融合的理念。设计了以基本状态数据为基础，以定量评价为主、定性评价为辅的教学评价体系和评价模式，开发建设了评估系统平台，使教师授课结果数字化，使专业和学院教学状态与水平可以排序并得到验证，使学校基础状态数据在分析比较中发现问题，使一大批优秀教师脱颖而出，使教学问题持续改进有了抓手，从而促进了各方面教学质量的稳步提高。

第三，模式创新，通过评价（Appraise）、审核（Approve）、仲裁（Arbitrate）、调控（Adjust）的"4A"环节，构成立体的"质量监控网"，形成以"评价—改进—再评价"为主要内容，具有自我完善功能的"质量环"管理模式。这一模式实现了集研究生教学质量的预防性控制、研究生教学过程实时监控和研究生教学信息反馈调控三位一体的教学质量综合调控。该模式在研究生教育过程中推广与应用，在导师考核、教学评价、课程评价等诸多方面，推动了研究生教育质量的提升。本书在具体的研究生实践中不断改进，推动了学校研究生教育模式的创新。

第四，机制创新，引领培养模式改革。学校进行了较为系统深入的教学和管理制度改革，激励、引导和规范"四位一体"民族院校研究生培养模式的科学运行。通过质量监控、教学改进、师资培育、科技创新四机制的改革与实践，促进研究生教育质量的提高。

（二）改革实践：全面推进研究生教育内涵式发展

第一，发挥目标引领作用，促进研究生教育内涵式发展。以目标引领为基础，不断提高研究生的思想道德教育水平，推动内涵发展。学校出台了《广西民族大学关于加强和改进研究生思想政治工作的实施意见》《广西民族大学研究生导师立德树人职责实施意见》《广西民族大学研究生国家奖学金管理办法》等规章制度；利用党团组织、研究生会等学生组织，开展主题教育活动；

充分发挥研究生思想政治理论课的主渠道、主阵地作用，引导研究生树立科学的世界观、人生观和价值观。全面贯彻党的教育方针，落实立德树人根本任务，把培育和践行社会主义核心价值观融入研究生教育的全过程。

第二，借助项目驱动，推动研究生和研究生导师科研能力、实践能力的提升。广西民族大学通过校级、区级研究生教育创新计划项目平台，鼓励研究生及其导师开展学术研究。借助项目驱动，促进学校科研平台和实践平台建设，取得了一大批教学改革与建设成果，教师及研究生科研和实践能力也得到极大提高。学校注重打造高水平的校园学术交流平台，支持研究生开展各类学术竞赛和实践创新活动，举办"名师讲坛"学术报告会、"我的研究"研究生学术演讲比赛等具有专业特色的校园文化活动。

第三，加强研究生联合培养基地管理，努力打造广西民族大学特色研究生教育品牌。学校鼓励和支持各研究生培养单位开展研究生联合培养基地的申报，并制定相关规章制度和领导小组，保障基地各项工作顺利进行。此外，学校加强与联合培养单位的合作，为研究生提供实习和实践的场所。广西民族大学充分发挥民族院校的办学特色和地域文化特色，强化民族院校的校园文化建设，通过多项举措开创生动活泼、彼此尊重、团结和睦的多民族研究生融合共进的新局面，打造民族特色教育品牌。

第四，规范研究生教育国际化制度化，加强国际交流与合作。广西民族大学充分利用广西具有的天然地缘优势，高度重视同东南亚国家的教育合作，依托孔子学院等合作交流平台，积极探索研究生教育的国际化培养模式。学校制定了相关管理制度，努力提高来华留学研究生培养质量。规范广西民族大学研究生出国、出境管理。资助博士研究生参与出国研修项目。

(三) 改革效果：研究生培养质量与满意度提升

经过20多年的研究生教育改革的探索和实践，广西民族大学现有4个一级学科博士学位授权点，是全国民族院校中唯一既有文科又有工科博士授权点的高校；拥有16个一级学科硕士学位授权点，3个二级学科硕士学位授权点，13个专业硕士学位授权点，1个博士后科研流动站，2个博士后流动站科研基地；现有5个国家级一流本科专业建设点，15个省级一流本科专业建设点，构成了学士—硕士—博士—博士后完整的人才培养体系。广西民族大学研究生教育改革取得了初步成效，主要表现在以下四个方面。

第一，科研能力提升，学习自主性增强。借助科研平台和实践平台，学校研究生导师每年承担国家级科研课题20多项，省部级项目100多项，研究生每年获得广西壮族自治区学位办设立的广西研究生教育创新计划项目30多项，校级研究生教育创新计划项目100多项，项目数逐年增多，科研成果逐年递增。导师和研究生在各类研究平台承接了相关专业领域的项目研究任务，培养了研究生的科研能力和自主学习能力。

第二，实践能力提高，满足社会发展需求。立足地方经济社会发展要求，充分发挥高校服务地区的职能，在人才培养、政策咨询、在职教育等方面为本地区的各项事业发展提供智力支持和服务保障。在人才培养方面，学校与18个政府机关部门、企事业单位共同建立了17个研究生联合培养基地，加强了学校与社会的联系，为研究生培养提供了适合相关专业实际情况的实践平台。在服务社会方面，每年均有研究生导师与企业开展合作研究、技术转化等方面的合作，研究生导师为党政机关、企事业单位提供研究报告。研究生每年有约1 000人到企事业单位、党政机关实习，在提高研究生实践能力的同时，较好地为有关单位提供优质的服务，得到了如中国—马来西亚钦州产业园等有关单位的好评。

第三，研究生国际化水平提高，国际胜任力增强。学校大力实施国际性大学发展战略，是首批"国家外语非通用语种本科人才基地""中国政府奖学金留学生接收高校""汉语水平考试（HSK）高校考点"和"国际汉语教师志愿者项目"等的培训和选拔院校；泰国教育部在学校建立了泰语水平测试点。自1986年开始招收留学生，先后与20个国家、地区的167所高校和机构建立了交流与合作关系，与泰国玛哈沙拉坎大学、老挝国立大学和印尼丹戎布拉大学合作建立了3所孔子学院。到目前为止，学校招收和培养了来自越南、泰国、老挝、美国、英国、法国等45个国家的留学生累计达1.5万人次，近5年来广西民族大学培养来华留学研究生400多人次。据统计，学校选派优秀研究生留学和短期出国交流学习共55人；每年举办国际学术会议10余次。学校先后授予泰国诗灵通公主、柬埔寨首相洪森夫妇等外国友人名誉博士学位，在国际尤其是东南亚地区赢得了良好的国际声誉。

第四，教学质量得到监控，教学满意度提升。通过质量监控保障机制的实施，任课教师在课程教学中重视对研究生的学术研究和实践教育，学生自主学习能力和研究能力得到显著提升,课程学习质量提高。学校进一步建立和健全了《广西民族大学关于加强硕士学位论文质量监控工作的规定》等 47 个研究生教育管理工作文件,《广西民族大学博士学位评定标准及授予工作实施细则》等 17 项博士研究生管理制度。加大教育教学改革力度,获得自治区资助立项教改项目 56 项、学校资助立项教改项目 49 项,研究生创新能力得到提升。学生对研究生教育教学的满意度提升。

二、问题的提出

随着我国研究生教育的不断发展,研究生教育规模的扩大、数量的增多并没有带来教育发展质量的提升,研究生教育质量与数量的矛盾反而日益凸显。研究生数量增长过快带来的教育资源短缺、研究生培养模式的落后、研究生培养质量下降等问题,成为研究生教育改革中亟待解决的突出问题。中国特色社会主义进入新时代,人民群众对保证和提高学位与研究生教育质量的关切日益增强,但部分学位授予单位仍存在培养条件建设滞后、管理制度不健全、制度执行不严格、导师责任不明确、学生思想政治教育弱化、学术道德教育缺失等问题。

民族院校是党和国家基于解决国内民族问题成立的,以为少数民族和民族地区服务为办学宗旨,是培养少数民族专门人才的高等学校。随着我国研究生教育的发展,研究生教育多项政策的陆续推行,研究生教育目前已经成为民族院校的重要组成部分。但是,民族院校的研究生教育发展相对滞后,研究生教育面临起步晚、重点学科规模小、硕士点博士点数量少、发展缓慢、研究生教育水平低等问题。

广西民族大学创办于 1952 年,原为中央民族学院(今中央民族大学)广西分院,1953 年更名为广西省民族学院,1958 年更名为广西民族学院,2006 年更名为广西民族大学,是国家民族事务委员会和广西壮族自治区人民政府共建高校、国家中西部高校基础能力建设工程建设高校、广西壮族自治区重点建设高校。广西民族大学作为民族院校之一,在研究生教育发展的实践中也存在诸多问题。

一是培养目标定位模糊。目前,研究生各专业人才培养目标定位模糊趋同,缺乏深入探讨等问题是地方民族院校普遍存在的问题。多数学校在制定研究生培养方案、确立研究生培养目标时,一般是在学科带头人的指导下,专业导师组成员集体讨论研究决定,培养目标确定的主体单一。特别是对于专业学位硕士研究生的培养来说,企业、用人单位是不可或缺的主体之一。研究生本身作为培养方案制定的对象和主体,没有参与培养目标的设置中,这些都会造成研究生人才培养与社会各业的需求相脱节,造成培养目标定位模糊的问题。

二是缺乏学术训练和实践环节。研究生实践能力和学术能力的培养,都需要经过系统、全面的训练才能得以提升。学术论文的写作是研究生培养的重要环节,这一过程,是研究生的学术能力、思辨能力、研究能力、科研创新能力的综合体现。培养学生如何形成问题意识、如何收集和分析材料、如何做好文献综述、如何调研和实验、如何撰写学术论文等,需要进行全面的研究训练,要求在各个培养环节上都要注重学术能力的提升。学校在研究生培养方案的制定中虽对实践环节、社会调查、学位论文作出了明确要求,但各研究生培养学院的执行标准不一,尤其是实践环节的重视程度和检验评判标准不一。

三是研究生教育国际化程度不高,与学校办学定位不符。作为西部高校尤其是民族院校,政府和社会资源的支持力度较弱,研究生国际化培育工作的起步较晚,在教育理念、经费支持、基础设施、管理机制和平台建设等方面比较滞后,研究生教育国际化程度还不高,与学校国际化的办学定位的要求还有距离。其表现在研究生课程体系国际化程度低,导师国际化水平低等诸多方面。

四是教学管理过程和结果缺乏监督和考核评价机制。学校尚未建立起有效的监督和考核评价机制,在顶层设计的过程中,配备的管理人员相对较少,研究生管理部门力不从心,对各学院缺乏监管成为学校研究生教育的短板。在人才培养的考核方面,形式单一,同多数高校一样,以毕业论文的质量作为考核的评判标准,缺乏对各个培养环节的监督和考核。此外,人才培养质量考核的目的是满足社会发展对人才的需求,因此社会外部评价对考核评价体系的形成也十分重要,而目前外部评价体系尚不健全。

为解决好上述问题,广西民族大学积极开展研究生教育综合改革,取得了一些成效,也存在一定的不足,主要表现在以下三个方面。

(一)改革观念:部分教师教学观念陈旧

虽然"四位一体"研究生教育综合改革,促进了广西民族大学教育质量的提升,但是在综合改革的过程中也发现部分研究生导师的教学观念陈旧,缺乏改革创新意识。研究生导师教学观念陈旧，不利于研究生综合改革的顺利进行，主要表现在对研究生的课堂教学和创新能力指导上。

在课堂教学上，仍存在单向输出的传统形式。教师在传统的课堂教学中处于绝对的主导地位，学生处于被动接受地位，教师极少运用MOOC（慕课）、翻转课堂、演讲、讨论等现代化、多样化教学方法，"满堂灌""填鸭式"的传统授课方法依然存在，学生在课程学习中处于被动接受状态，学习的积极性不高，参与度不强，导致学生学习兴趣下降，思想消极被动。改革中的培养模式得不到较好地实施，培养人才效果堪忧。

在创新能力指导方面，尚存在创新指导水平较低的问题。研究生教育课堂之外的指导是研究生教学的重要方面。除了课堂教学方式落后外，教师对学生的创新指导较少，甚至缺乏指导，这是改革中面临的一个关键问题。创新指导水平低的现象与研究生师生比比较低有关。近年来，研究生规模不断扩大，研究生导师队伍建设的速度远远赶不上研究生数量增长的速度，研究生的师生比较低，导师指导学生的数量增多，加上精力有限，对研究生课堂指导之外的时间投入大大减少，往往出现指导不及时、指导针对性有偏差等问题，很难实现科学创新地指导学生开展科学研究。

在"互联网+""大众创新、万众创业"新时代背景下，对人才培养提出了新的要求，研究生阶段更加重视学生科研能力和创新能力的培养，但多数学生虽已步入研究生阶段，思维方式却还停留在本科阶段的学习和授课模式上，教学模式的固化限制了学生的思维，使得研究生缺乏对知识的批判与探索精神，缺乏创新意识，创新能力低下。

研究生导师在教学过程中，还存在以知识为中心，而非以学生为中心的教学方式，只关注对已有知识的传授，而忽视学生创新能力培养的需求，学生个性化发展和自主性学习缺乏有效的指导，创新能力不能得到充分的开发和发展。学生在课堂上对于学术前沿的、具有探索性的知识关注度不够，研究生知识面窄，缺乏问题导向意识、创新意识，成为制约研究生培养模式改革的重要因素。

（二）改革实践：专业学位研究生与学术学位研究生教育的同质化问题有待解决

我国专业学位研究生教育的起步较晚，国家针对专业学位研究生教育出台了很多政策文件，在培养目标、课程设置、培养方式、质量评估等培养过程方面都进行了明确的规定。但是从高校的实施情况来看，专业学位与学术学位研究生教育差异并不明显。广西民族大学近年来受国家政策的影响，专业学位研究生教育不断推进，但是仍然存在专业学位研究生与学术学位研究生教育同质化的问题。主要表现在：一是招生方式上，专业学位研究生与学术学位研究生都把考试分数作为考核的主要标准，未突出对专业学位人才选拔的实践考核标准，两者在招生标准上没有体现差异；二是在课程设置上，研究生教育课程都是以系统的理论课程为主，专业学位课程缺乏实践性特色。

专业学位研究生与学术学位研究生教育的同质化，专业学位研究生培养模式偏向学术化，自身专业特色不突出，其原因是多方面的。首先，社会对专业学位研究生教育身份认同感不强。高校对专业学位研究生教育的重视程度不够，在发展设计上缺乏针对性。专业学位研究生在培养目标、培养评价等方面，对专业学位的认识也不够全面。其次，专业学位研究生教育培养模式与学术学位研究生教育培养模式缺乏有效的衔接和融通。两者割裂的现象不利于人们对两种培养模式的了解，尤其缺乏教育的灵活性与变通性。不管对于学术型学位还是专业学位来说，研究生教育的改革发展都必须建立在高水平的科学研究基础之上，高质量的科学研究是研究生教育良好发展的基石。高校要进一步根据不同学位类型的实际情况，制定不同学术评估标准，促进基础研究和应用研究协调发展。专业学位教育侧重实际工作能力的培养，但它并不是一种孤立的研究生教育形式，需要注重其与学术型研究生教育在学制上的有效衔接。学校要加强对专业学位研究生教育的正确认识，积累专业型研究生教学管理的经验，统筹考虑两种形式的研究生教育，促进专业学位研究生和学术学位研究生教育协同发展。

在研究生教育综合改革中，还存在研究生课程衔接、部分制度文件有待修订、研究生教育国际化水平有待进一步提高等问题。

（三）改革效果：人才培养与社会经济发展需求不匹配

当今世界正经历"百年未有之大变局"，新时代的研究生是实现"两个一百年"奋斗目标的中流砥柱。推动研究生教育高质量发展是党和国家事业发展赋予的光荣使命，是区域经济社会发展赋予的重要任务。广西正处在经济增长动能从要素驱动向创新驱动转换的关键时期，人才是创新驱动的第一要素，经济社会发展对民族地区高层次应用型人才的需求与日俱增，作为高端人才聚集器的研究生教育成为促进民族地区经济社会发展的重要支撑。

我国研究生教育在数量上虽然达到了"研究生教育大国"的水平，但是在质量上，仍然与"研究生教育强国"存在着较大差距。高校从学科专业发展的角度出发，设置研究生培养方案和个人培养计划，培养出来的研究生不能很好地适应社会市场的需求。长期以来，我国研究生教育培养出来的研究生普遍动手能力较差，不能迅速适应市场需求，导致存在有些研究生毕业找不到工作，但用工单位又找不到合适的匹配的人才的问题。

在今后的研究生教育改革中，要根据市场或者社会的实际需求确定所需人才，优化研究生教育规模结构；契合广西社会发展要求，扩大学校研究生教育培养规模；准确把握广西经济社会发展定位和高层次人才需求，坚持供给与需求相匹配、数量与质量相统一，保持与广西经济社会发展相适应、与培养能力相匹配的研究生教育发展节奏。

综上所述，尽管广西民族大学研究生教育得到了快速发展，但依然存在着一系列尚未解决的问题。研究生教育改革的模式有待进一步探讨：如何构建有利于创新型人才培养的研究生教育综合改革模式的分析框架？影响研究生教育改革的内外部影响因素有哪些？如何构建出适应广西民族大学研究生教育发展的改革模式？如何实现研究生教育质量的提升？等等。如果以上问题不能得到很好的解决，研究生教育改革质量提升的目标就不能实现。因此，基于以上问题，我们以广西民族大学研究生教育综合改革模式为研究对象，将上述问题作为研究出发点。

第二节 研究目的及研究意义

一、研究目的

为解决研究生教育发展中的突出问题，各民族院校都在积极探索研究生培养模式的改革，努力为民族地区经济社会发展输送高层次专业人才，广西民族大学作为地方民族院校也不例外。学校将"民族性、区域性、国际性"的办学特色融入研究生教育培养全过程，立足民族特色，发挥区位优势，构建出以目标为引领，以科研平台、实践平台为支撑，以民族性、区域性、国际性融合共进为特色，以质量监控机制、教学改进机制、师资培育机制、科技创新机制为保障的"一目标、二平台、三融合、四机制"四位一体民族院校研究生培养模式，具有十分重要的意义和作用。

本书以广西民族大学"一目标、二平台、三融合、四机制"四位一体的研究生教育综合改革模式为研究对象，以促进研究生教育质量提升为目标，通过对广西民族大学研究生教育中存在的突出问题进行分析研判，构建"四位一体"研究生教育综合改革模式，并厘清其相互关系、实施现状、实施对策等一系列问题。通过"四位一体"研究生教育综合改革的实施，推进广西民族大学研究生教育向前发展，解决研究生教育中常见的培养定位模糊、研究生科研实践能力不足、国际化水平低、缺乏有效教育评价机制等问题，提高研究生教育的培养质量，实现立德树人的根本目标。具体来说，构建出"四位一体"研究生教育综合改革的分析框架、内外部影响因素和实施策略，通过对广西民族大学20多年来的改革实践探索的实证分析，力图探索出适合民族地区研究生教育培养的新模式，为其他西部院校特别是民族地区院校研究生教育改革提供借鉴。

二、研究意义

党和政府高度重视研究生教育发展。2020年，在新中国成立70多年以来的第一次全国研究生教育会议召开之际，习近平总书记对研究生教育作出重要指示，指出研究生教育在培养创新人才、提高创新能力、服务经济社会发展、推进国家治理体系和治理能力现代化方面具有重要作用。强调各级党委和政府要高度重视研究生教育，推动研究生教育适应党和国家事业发展需要，坚持"四为"方针，瞄准科技前沿和关键领域，深入推进学科专业调整，提升导师队伍水平，完善人才培养体系，加快培养国家急需的高层次人才，为坚持和发展中国特色社会主义、实现中华民族伟大复兴的中国梦作出贡献。2020年9月21日，教育部、国家发展改革委、财政部发布了《关于加快新时代研究生教育改革发展的意见》（以下简称《意见》），提出到2025年，基本建成规模结构更加优化、体制机制更加完善、培养质量显著提升、服务需求贡献卓著、国际影响力不断扩大的高水平研究生教育体系。到2035年，初步建成具有中国特色的研究生教育强国。《意见》从加强思想政治工作，健全"三全育人"机制；对接高层次人才需求，优化规模结构；深化体制机制改革，创新招生培养模式；全面从严加强管理，提升培养质量；切实加强组织领导，完善条件保障五个方面对研究生教育改革作出了具体部署，对促进研究生教育发展奠定了基础。2020年9月28日，国务院学位委员会和教育部又印发了《关于进一步严格规范学位与研究生教育质量管理的若干意见》，强化质量监控与检查，促进学位授予单位规范管理。

本书立足于广西民族大学研究生教育发展的实际，从理论和实践两个方面对广西民族大学"四位一体"研究生教育综合改革模式进行深入的研究，具有十分重要的理论指导意义、实践意义和社会意义。

本书对广西民族大学"四位一体"研究生教育综合改革模式的研究具有重要的理论指导意义。对高校研究生教育培养模式改革进行分析研究，既符合研究生教育理论发展的需要，又满足我国研究生教育实践的现实要求。第一，有助于进一步深化认识研究生教育的基本规律。研究生教育的基本规律具体来说可以归纳为三点：研究生教育必须适应和促进社会的发展需要；研究生教育必须适应和促进学科的发展需要；研究生教育必须适应和促进人类的发展需要。研究生教育改革模式的探索要遵循研究生教育的基本规律。研究生教育模式的探索与实践过程中必然会反映出研究生教育的基本理论和规律，有助于进一步探索和印证研究生教育的规律。第二，有助于提升对研究生培养模式的认识，丰富研究生人才培养理论。我国研究生培养模式不断创新，从单一化走向了多元化，传统研究生培养模式已经不能适应现代研究生教育的发展。在改革探索过程中，研究生培养模式在培养目标、培养制度以及质量评价等方面都与以往不同，从理论角度对改革中的诸多因素进行分析，阐述研究生教育改革运行的可行性，有助于深化对研究生培养模式的认识。

广西民族大学"四位一体"研究生教育综合改革的探索与实践（1999~2020）

本书对广西民族大学"四位一体"研究生教育综合改革的研究，具有重要的实践意义。第一，为其他高校研究生培养模式改革提供参照。本书探讨了广西民族大学研究生教育培养模式改革的实践问题，有助于启发高等院校根据社会发展需要对研究生改革模式更好地构建，促进研究生教育的可持续发展。从学科专业建设的沿革、招生制度改革，研究生培养目标、培养方式和质量评价，研究生创新实践能力的培养等方面细致分析广西民族大学研究生培养模式的改革，通过综合改革的实践，能够为其他高校提供相应的人才培养模式参照。第二，有利于促进研究生教育高质量发展。本书探讨"一目标、二平台、三融合、四机制"四位一体人才培养模式，并在实践中印证模式的有效性，构建出符合民族地区研究生的培养模式，有助于提升研究生教育质量。

本书对广西民族大学"四位一体"研究生教育综合改革模式的研究具有重要的社会意义。第一，研究生教育的水平能够反映出一个学校或地区的教育和科研水平，更能直接反映出该地区高等教育的发展状况，对民族地区研究生教育的研究，有助于更好地了解民族地区高等教育发展的优势和特色，在促进民族地区高等教育发展方面具有十分重要的作用。第二，研究生教育作为人才培养的重要途径，研究生教育水平的高低直接影响一个地区经济竞争力的水平，影响地区经济发展。对民族地区研究生教育的研究，针对存在的问题，提出相应的实施对策，探索出适应民族地区研究生教育发展的模式，有助于培养出更多适合本地区经济社会发展的高层次人才，创作出更多的科研成果，从而促进民族地区经济的发展。

第三节 研究问题及主要内容

一、研究问题

在研究的过程中，主要致力于解决以下问题。

（1）从理论和实践上对广西民族大学"四位一体"研究生教育综合改革模式构建的必要性和可行性进行分析。

（2）建立广西民族大学"四位一体"研究生教育综合改革的分析框架，对"一目标、二平台、三融合、四机制"构成要素进行分析。

（3）分析影响研究生教育综合改革的内外部影响因素。

（4）明确"一目标、二平台、三融合、四机制"各部分的内涵与意义，通过对改革现状的分析，找出具有普适性的改革对策。

（5）提出广西民族大学"四位一体"研究生教育综合改革的实施策略和今后改进的方向。

二、主要内容

本书以广西民族大学"四位一体"研究生教育综合改革模式为主要研究内容，通过理论分析和实践相结合，明确"四位一体"各部分的内涵和意义，通过广西民族大学研究生教育发展实践的印证，总结出应对研究生教育中常见问题的对策。具体来说，主要内容包括：

一是广西民族大学"四位一体"研究生教育综合改革模式的分析框架。分别对"四位一体"综合改革模式进行各要素划分，对"四位一体"中所包含的"一目标、二平台、三融合、四机制"具体内涵和各要素的关系进行阐释。在阐述"四位一体"研究生教育综合改革模式构建的必要性和可行性基础上，找寻出"四位一体"研究生教育综合改革的内外部影响因素，构建出"一目标、二平台、三融合、四机制"四位一体研究生教育综合改革的分析框架。

二是广西民族大学"四位一体"研究生教育综合改革模式的保障机制。学科专业的建设和研究生招生机制的改革为"四位一体"研究生教育综合改革提供了保障。通过分析学科专业和招生机制的发展历程，明确研究生教育综合改革的实践过程。

三是广西民族大学"立德树人"一目标的改革实践分析。明确"立德树人"目标的内涵和实施"立德树人"目标的意义和重要性。以广西民族大学研究生教育改革的实践出发，从制度层面和操作层面，阐述"立德树人"目标的具体实施情况和现状，并进一步对"立德树人"改革展开讨论与思考。

四是广西民族大学"科研、创新"二平台育人的改革实践分析。明确"科研、创新"二平台育人的内涵和意义。以广西民族大学研究生教育改革的实践出发,从制度层面和操作层面,阐述"科研、创新"二平台育人的具体实施情况和现状,并进一步对"科研、创新"二平台育人改革展开讨论与思考。

五是广西民族大学"民族性、区域性、国际性"三融合的改革策略分析。明确"民族性、区域性、国际性"三融合的内涵和意义。以广西民族大学研究生教育改革的实践出发,从制度层面和操作层面,阐述"民族性、区域性、国际性"三融合的具体实施情况和现状,并进一步对"民族性、区域性、国际性"三融合改革展开讨论与思考。

六是广西民族大学"质量监控、教学改进、师资培育、科技创新"四机制改革策略分析。明确"质量监控、教学改进、师资培育、科技创新"四机制的内涵和意义。以广西民族大学研究生教育改革的实践为蓝本,从制度层面和操作层面,阐述"质量监控、教学改进、师资培育、科技创新"四机制的具体实施情况和现状,并进一步对"质量监控、教学改进、师资培育、科技创新"四机制改革展开讨论与思考。

七是广西民族大学"四位一体"研究生教育综合改革的实施策略与展望。分别从四个维度阐释研究生教育综合改革的实施策略,并从紧抓一条主线、加强两个环节、改革三个机制、完善三个体系展望广西民族大学研究生教育综合改革未来改进的方向。

第四节 研究路线及研究方法

一、研究路线

按照广西民族大学研究生教育改革的实践,构建出"四位一体"研究生教育综合改革模式的研究思路(见图1-2)。

第一章 绪 论

研究目的	研究内容	研究方法	研究思路
为分析广西民族大学"四位一体"研究生教育综合改革奠定基础	广西民族大学"四位一体"研究生教育综合改革的背景分析	政策分析	提出问题
	广西民族大学"四位一体"研究生教育综合改革分析框架 ● "四位一体"研究生教育综合改革的内涵界定和构成维度 ● "四位一体"研究生教育综合改革的必要性和可行性 ● "四位一体"研究生教育综合改革的分析框架	系统分析	
分析广西民族大学"四位一体"研究生教育综合改革	广西民族大学"四位一体"研究生教育综合改革的保障机制 ● 广西民族大学学科专业建设的沿革 ● 广西民族大学研究生招生机制的改革	历史分析 模式分析 数据图表分析	分析问题
	广西民族大学"立德树人"一目标的改革策略分析 ● "立德树人"目标改革的内涵和意义（是什么，为什么） ● 广西民族大学"立德树人"目标改革的实践（怎么样） ● 广西民族大学"立德树人"目标改革的研究发现与思考		
	广西民族大学"科研、实践"二平台育人的改革策略分析 ● "科研、实践"平台育人改革的内涵和意义（是什么，为什么） ● 广西民族大学"科研、实践"二平台育人改革的实践（怎么样） ● 广西民族大学"科研、实践"二平台育人改革的研究发现与思考		
	广西民族大学"民族性、区域性、国际性"三融合的改革策略分析 ● "民族性、区域性、国际性"三融合的内涵和意义（是什么，为什么） ● 广西民族大学"民族性、区域性、国际性"三融合改革的实践（怎么样） ● 广西民族大学"民族性、区域性、国际性"三融合改革的研究发现与思考		
	广西民族大学"质量监控、教学改进、师资培育、科技创新"四机制的改革策略分析 ● "质量监控、教学改进、师资培育、科技创新"四机制改革的内涵和意义（是什么，为什么） ● 广西民族大学"质量监控、教学改进、师资培育、科技创新"四机制改革的实践（怎么样） ● 广西民族大学"质量监控、教学改进、师资培育、科技创新"四机制研究发现与思考		
实施路径	广西民族大学"四位一体"研究生教育综合改革的实施路径 ● 广西民族大学"四位一体"研究生教育综合改革的实施策略 ● 广西民族大学"四位一体"研究生教育综合改革的展望	政策分析	解决问题

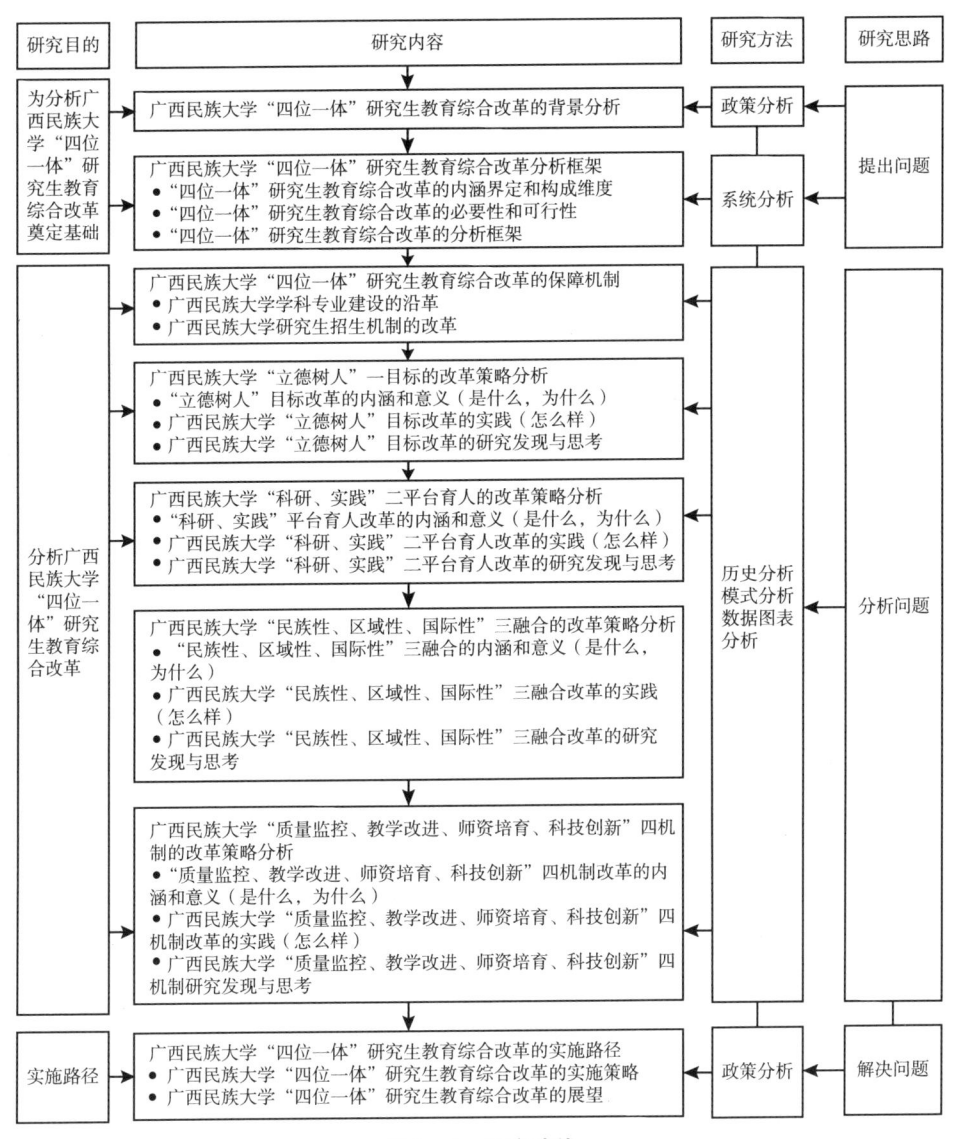

图1-2 研究路线

二、研究方法

对广西民族大学"四位一体"研究生教育综合改革模式展开研究，主要运用的方法包括政策分析法、历史分析法、模式研究法、数据图表法、系统分析法。

（1）政策分析法。党和国家高度重视研究生教育的发展，国务院、教育部等部门先后出台了一系列促进研究生教育质量提升的实施意见和政策。这些政策对研究生教育的发展具有重要的指导意义。广西民族大学研究生教育综合改革的过程中，按照国家的政策形势，及时调整相应的学校制度，指导研究生教育改革的实施。

（2）历史分析法。搜集广西民族大学自1999年研究生招生以来相关的改革实施对策和修订的制度，对学校学科专业建设的发展脉络进行梳理，探讨研究生教育综合改革的实施进程。结合广西民族大学研究生教育"十四五"规划，分析研究生教育改革的方向和举措，为进一步提升研究生教育质量提出建议。

（3）模式研究法。模式研究法来源于建模方法。在自然科学领域研究中，常采用定量建模方式，通常称之为模型研究；在人文社会科学研究中则采用定性建模的方式，通常称之为模式研究。模式研究法主要采用建模的方式，抓住事物的本质、特色的部分进行研究，以便简化问题、分析问题，从而从整体上和本质上把握事物存在的形式和运行规律。因此，"四位一体"研究生教育综合改革模式的研究，就是通过对改革模式中的基本要素进行研究，对研究生教育的本质和规律有更为深刻的认识，从而更好地指导实践，促进研究生教育质量提升。

（4）数据图表法。在分析论述的过程中，适当加入数据、图表，帮助论证更好地体现。本书在"一目标、二平台、三融合、四机制"改革的实施策略上运用数据和图表反映出实施现状。

（5）系统分析法。在"四位一体"研究生教育综合改革模式的过程中，对相关的彼此之间的联系、内外部影响因素进行系统分析，从而更好地构建出适合研究生教育发展的人才培养模式。

第二章 广西民族大学"四位一体"研究生教育综合改革的分析框架

第一节 广西民族大学"四位一体"研究生教育综合改革的内涵界定和构成维度

一、广西民族大学"四位一体"研究生教育综合改革的内涵界定

科学、准确地界定概念内涵是改革设计的基础。概念内涵认识不清,必然会导致改革框架设计的混乱。研究生教育综合改革涉及三个重要的概念:一是"研究生教育";二是"综合";三是"改革"。

"研究生教育"(Postgraduate Education)是指大学本科教育后进行的培养高层次专门人才的一种学历教育,属高等教育的最高阶段。研究生教育一般与学位制度相联系,一般分为攻读硕士学位和攻读博士学位两个层次[①]。这是中国学位与研究生教育信息网上对"研究生教育"一词的释义。

"综合"词意是指在头脑中把事物或对象的各个部分与属性联合为一个整体。在研究生教育综合改革中,"综合"不仅强调研究生教育改革的系统性和

---

① 辞典释义. 学位博览. 中国学位与研究生教育信息网, http://www.chinadegrees.cn/xw-yyjsjyxx/xwbl/cdsy/260622.shtml。

完整性，还要突出研究的问题导向。问题意识，就是说我们观察社会问题，观察人的问题，观察教育的问题，不是从抽象的理念出发，不是做概念的推演，而是从现实的问题出发。高校在进行研究生教育改革的方案设计时，必须要清楚地认识研究生教育存在的客观问题，并厘清研究生教育各构成要素的关系，坚持问题导向意识，在改革的过程中着力解决研究生教育的突出问题。这就要求高校在进行研究生教育综合改革的过程中，必须到各学院研究生培养单位、研究生导师、研究生管理工作者、研究生中深入开展调研工作，切实了解高校研究生教育所面临的实际问题。此外，在制定研究生教育综合改革方案的过程中，将找寻的问题进行科学系统的归纳，发现问题存在的本质，从而有针对性地制定方案措施，确保问题能够得到真正的解决。我们在进行研究生教育综合改革时候，既要发现各高校研究生教育中普遍存在的一些共性问题，还要看到自身高校存在的个性问题，并且针对个性问题，制定出符合自身高校研究生教育改革的方案。

"改革"在《现代汉语词典》中是指把事物中旧的不合理的部分改成新的、能适应客观情况的状态，也指对旧有的生产关系、上层建筑作局部或根本性的调整。高校研究生教育综合改革中，大部分高校将改革的内容聚焦在高校学科专业建设、科学研究、人才培养和师资队伍建设等方面，这些属于高校研究生教育的建设层面。改革的核心应该在于厘清这些建设层面背后的关系，将研究生教育体系、管理体制建设等内容作为改革的重点内容。

梁传杰、杜芳以高校研究生教育改革文本为主要依据，在归纳总结的基础之上，梳理出有关高校研究生教育综合改革的具体内容和举措，在众多高校研究生教育改革方案及具体改革实践中发现具有典型代表意义的综合改革模式，并以此归纳出高校研究生教育综合改革的三种主要改革模式，即：要素式改革模式、过程式改革模式和主体式改革模式。三种改革模式在价值取向、改革逻辑、核心内容、设计方法和数量规模上存在明显差异，其内涵和特征比较见表2-1。

在对高校研究生教育综合改革现行模式的审视中发现，存在综合改革内涵理解不清、综合改革的目标不明确、治理体系缺乏张力等问题，三种模式在总体结构、指导思想、改革内容、改革举措上均有其合理的部分，但需要重新架构综合改革的框架体系、改革目标和治理体系。广西民族大学"四位一体"研

表 2-1　　　　　　三种高校研究生教育综合改革模式比较

模式名称	含义	基本逻辑	核心内容
要素式改革模式	高校基于自身现实基础与长远发展目标，围绕高校研究生教育所面临的主要矛盾和突出问题，通过对综合改革所关涉核心要素的凝练，围绕核心要素改革推进高校研究生教育综合改革	关注研究生培养模式创新、研究生培养机制改革和研究生教育质量保障体系建设等三大关键要素的横向关系衔接	紧紧把握研究生培养模式创新、研究生教育质量保障体系建设和研究生教育培养机制改革
过程式改革模式	高校围绕研究生教育的管理机构设置和管理环节，即研究生招生、研究生培养、学位授予、研究生管理等，以研究生教育各环节改革推进研究生教育综合改革	关注纵向的研究生教育过程环节	关注高校研究生教育招生、培养、学位授予、研究生管理等各环节的主要问题
主体式改革模式	以参与研究生教育相关主体（包括研究生导师、研究生和管理人员）为出发点，激发相关主体积极性	将与改革密切相关的多元主体进行分类，从中遴选出最主要的利益相关者	着眼于激发研究生、研究生导师、研究生管理者等三类群体的积极性而进行系统的体制改革

究生教育综合改革，是在充分认清"综合"和"改革"的内涵、吸取以往改革经验的基础上进行的改革。

二、广西民族大学"四位一体"研究生教育综合改革的特征分析

广西民族大学在"四位一体"研究生教育综合改革中，提出要以保证研究生教育培养质量为根本，以全面提升研究生科研能力、实践能力、创新能力为方向，以推进研究生招生机制改革、培养机制改革、研究生质量保障体系构建为着力点，全面深化研究生教育综合改革。"四位一体"研究生教育综合改革呈现出如下特征。

第一，在价值取向上，坚持以人为本的人本主义教育思想，关注研究生教育主体在研究生教育改革中的地位和作用。人本主义思想的基本内涵是"以人为本"，尊重人的主体地位，倡导人的全面发展，表现在研究生教育综合改革上，就是在改革的过程中要充分考虑研究生、研究生导师以及研究生教育管理者等不同主体在研究生教育改革中的不同利益诉求以及他们所发挥的作用。例如，调动研究生学习兴趣，培养其科研能力、创新能力和实践能力；调动导师

的责任意识，同时注重其指导能力的提升；摆正教育管理者在研究生教育工作中的位置，明确其职权。

第二，在改革的基本逻辑上，关注研究生教育培养的各个环节和过程。研究生教育的各个环节包括研究生招生、研究生培养、研究生学位授予、研究生就业等。研究生教育综合改革抓好纵向各个环节的管理，实施相应的策略，严守研究生培养"入口关""过程关""出口关"。

第三，在改革的核心内容上，聚焦研究生教育培养模式和机制、研究生教育质量保障体系的构建。研究生培养模式创新的核心是充分整合研究生教育资源。广西民族大学作为地方性民族院校，研究生教育资源相对短缺，因此优化配置与合理使用现有的教育资源，是缓解资源短缺、有效推进研究生培养模式改革的重要举措。研究生质量保障体系可以分为外部质量保障体系和内部质量保障体系。高校主要承担着研究生质量内部保障体系的构建，要综合学校内部各部门、学校所有成员的力量，加强学校各部门的分工与协作。

三、广西民族大学"四位一体"研究生教育综合改革的构成维度

广西民族大学"四位一体"研究生教育综合改革，具体包括"一目标、二平台、三融合、四机制"改革："一目标"即以立德树人为根本目标；"二平台"即打造科研平台、实践平台；"三融合"即加强民族融合、区域融合和国际化；"四机制"即加强质量监控、教学改进、师资培育、科技创新。

第一，立德树人的界定。立德树人是教育的根本任务，培养目标是德智体美劳全面发展的社会主义建设者和接班人。党的十八大报告中首次将"立德树人"确立为教育的根本任务，党的十九大报告中进一步指出，要"落实立德树人根本任务"。2018年5月2日，习近平在与北京大学师生座谈时指出："要把立德树人的成效作为检验学校一切工作的根本标准，真正做到以文化人、以德育人，不断提高学生思想水平、政治觉悟、道德品质、文化素养，做到明大德、守公德、严私德。要把立德树人内化到大学建设和管理各领域、各方面、各环节，做到以树人为核心，以立德为根本。"[①] 对于研究生教育来说，

[①] 习近平在北京大学师生座谈会上的讲话. 2018-05-02. 人民网，http://cpc.people.com.cn/nl/2018/0503/c64094-29961631.html.

第二章 广西民族大学"四位一体"研究生教育综合改革的分析框架

贯彻立德树人的目标,就是要坚持以习近平新时代中国特色社会主义思想为指导,全面贯彻党的教育方针,落实立德树人根本任务,把培育和践行社会主义核心价值观融入研究生教育的全过程,以提升研究生教育质量为核心,深化改革创新,推动内涵发展。

第二,科研平台、实践平台的界定。科研平台主要是指由大型科技基础设施及基地、自然科技资源、科技数据和文献资源、科技成果转化基地、网络科技环境等五种物质与信息保障系统以及相关的共享制度和专业化队伍组成的,服务于全社会科技创新的数字化、网络化、智能化的基础性支撑体系。按照涉及的学科领域范围大小可分为广义科研平台和狭义科研平台。广义科研平台是指科研工作者在不同的学科领域进行科研工作的平台,不同学科领域内的科研平台相互交错,形成一个大的科研平台网络。狭义的科研平台是指科研人员在特定学科领域进行科研工作的平台。科研平台是国家科技创新体系的重要组成部分,是国家组织高水平科学研究、聚集和培养优秀科技人才、开展高水平学术交流、科研装备先进的重要基地。本书中的科研平台是指狭义上的高校范围内有利于研究生及其导师开展科研工作的平台。研究生教育创新实践平台是以研究生为主体的自主实践平台,重点关注研究生在锻炼和成长的实践活动过程中获得的创新体验以及研究生主观能动性的发挥,它是培养研究生创新能力的重要条件,是改进研究生培养模式的主要载体。实践能力的培养对于研究生教育特别是专业硕士研究生教育来说具有非常重要的作用。研究生实践平台的搭建为研究生创新能力培养提供了条件和保障,是提高研究生实践能力的载体。

第三,民族性、区域性、国际性"三融合"的界定。关于"民族融合"定义争议很大,曾有很多学者著文讨论。"融合"一词在心理意义上指不同个体或不同群体在一定的碰撞或接触之后,认知、情感或态度倾向融为一体。因此,民族融合指两个以上的民族融为一体的多种方式。本书所指的"民族融合"严格意义上来说应该是"民族文化融合"。学术界并没有将"民族文化融合"的概念从"民族融合"的概念中独立出来。它是指"两个以上的民族或其一部分,在长期的交往过程中,各自具有了对方的一些民族文化特点,但是各自的民族共同体并没有发生变化的现象"。区域融合发展是基于国内资源配置和整合概念,把产品生产过程通过区域间流入和流出贸易的有机结合,使得资本、知识、信息技术等高级生产要素能够沿着价值链在国内不同地区之间进行充分互动、渗透和交融，地区间的知识和技术差距不断收敛，充分发挥技术溢出效应，从而实现产业升级的目标。本书中所指的区域融合，是指为促进区域经济发展提供知识、人才的互动和交融。"国际化"是高等教育现代化的重要内容和主要标志，世界各国都高度重视教育国际化的发展，其在提高本国的教育质量、增强国家综合实力和国际竞争力方面有着十分重要的作用。研究生教育的国际化是指教育思想、教育模式、课程内容、教师以及学生等诸多方面国际间交流的趋势，其最终目的在于提高研究生的培养质量，提高研究生以创新能力为核心的综合素质。

第四，质量监控、教学改进、师资培育、科技创新的界定。在《现代汉语词典》中，"监控"一词含义有两个：一是监测和控制；二是监督控制。监控是指"人们按照某种目的或愿望，通过一定的手段，给系统提供一定的条件，使其沿着空间中某个确定的方向发展，消除不确定性"。教育质量监控"就是以现代信息技术和政策性行政技术为手段对教育质量生成过程、服务、产品实施外部作用的活动过程"。研究生教育质量监控的核心是质量，对教学质量的理解强调教学固有特性满足要求的程度。教学是指"在学校中教师引导学生进行的一切学习活动"，其固有特性主要指教学活动中教师、学生、教学内容、教学目标和教学手段所具有的特性。因此，教学质量是学校在一定的时间内，通过提供包含教学手段、教学目的、教学内容等工具性要素和从事教学活动的教师等主体性要素，从而为学生提供一组固有特性，以满足学生和社会的要求。教学改进则是针对教学活动的中的教师、学生、教学内容、教学目标、教学手段等存在的问题和不足，改变旧的方式方法，使教育得到提高。"师资培育"是提升教育品质的关键之一。一般来说，师资培育包括教师以及其他相关教育专业人员的职前教育、在校实习以及在职进修三个方面。本书涉及的研究生教育的师资培育关注研究生导师队伍的建设与发展。科技创新能力是高校发展和取得竞争优势的关键，大部分学者认为科技创新能力是高校创新知识和新技术，将新知识和新技术转化为新产品、新工艺和新服务，推动区域科技、经济和社会发展的能力。本书涉及的科技创新机制的改革，强调的正是研究生创新能力的提升，高校研究生科技创新的投入与产出等。

四、广西民族大学"四位一体"研究生教育综合改革构成维度的划分依据

通过对广西民族大学"四位一体"研究生教育综合改革的特征和构成维度分析，从研究生培养的过程和环节出发，按照研究生教育的目的和发展原则，将广西民族大学研究生教育综合改革划分以"一目标、二平台、三融合、四机制"。具体划分依据如下：

第一，研究生教育目的实施途径包括研究生德育、教学、课程、科学研究、学位、培养模式等环节。这些教育目的的实施途径是研究生教育目的体系的有机组成部分，同时，各种途径之间也相互联系、相互制约。"德育是研究生教育目的的核心内容"，在广西民族大学"四位一体"研究生教育综合改革中对应的是"立德树人"一目标的实施。"科学研究是研究生教育与本科教育区别最为显著的特征。培养独立从事科学研究的能力是研究生教育的一般性目标。研究能力只有在实践中才能得到切实的锻炼。"在广西民族大学"四位一体"研究生教育综合改革中，对应的是"科研、实践"二平台育人的实施。"研究生教学是培养研究生的主要途径之一；研究生课程是研究生教育目的的具体实践和落实"。在广西民族大学"四位一体"研究生教育综合改革中，对应的是"质量保障、教学改进、师资培育、科技创新"四机制改革的实施。此外，结合广西民族大学"民族性、区域性、国际性"的办学特色，提出了"民族性、区域性、国际性"三性融合改革策略，也有利于实现研究生教育的目的。

第二，广西民族大学"四位一体"研究生教育综合改革，遵循研究生教育的发展原则。研究生教育发展原则具体来说包括适应原则、超前原则、创新原则、开放原则。适应原则是根据研究生教育必须适应和促进社会的发展需要这条规律提出的。研究生教育综合改革在遵循适应原则的过程中，应该重点关注人才的培养是否适应知识经济社会对高层次人才培养的数量发展需要；是否适应知识经济社会对高层次人才培养的多样化发展需要。研究生教育对经济社会具有巨大的反作用，故其发展应当超越现实、面向未来、先行发展。创新原则的核心就是研究生教育必须担负起知识创新、技术创新的使命，培养具有创

新精神、创新能力的高层次人才。开放原则主要体现在两个方面：一是对社会开放，目的在于通过与系统外部人财物信息等资源的交流，获得社会需求的信息和能量补充，以增强自身的调整和发展、适应能力。二是对国际的开放。即与国外研究生教育接轨，通过各种类的国际交流合作，加速我们研究生导师队伍建设，促进我国科学水平的提高。研究生教育的对外开放，其目的在于加强研究生教育的国际性。

五、广西民族大学"四位一体"研究生教育综合改革的维度解析

通过对广西民族大学"四位一体"研究生教育综合改革的划分依据的描述，从"四位一体"研究生教育综合改革实施目的、实现路径、实施意义等统筹考虑，将广西民族大学研究生教育综合改革的维度划分如下：

第一，"立德树人"目标的维度解析。"立德树人"目标的确定，遵循了研究生教育德育理论。"德育"是教育者按照一定的社会要求，有目的、有计划地对受教育者心理施加影响。研究生教育作为高等教育的最高层次，是高层次人才培养的主要来源。研究生的思想政治素质直接关系到国家社会主义现代化事业的发展。研究生德育工作是研究生培养工作的重要组成部分，在研究生的全面培养中发挥着不可替代的作用。

第二，"科研、实践"育人平台的维度解析。科学研究是研究生教育形成和发展壮大的基础，是研究生培养中的重要组成部分，是社会创新的源泉。"科研、实践"育人平台建设遵循了研究生科研创新的规律和科研论。研究生是社会创新的重要力量，教学与科研结合培养高层次人才是研究生教育基本规律的体现。研究生教育科研活动、实践活动本质上是教学活动，要遵循教育的规律。加强创新能力的培养，就要为开展科研活动、实践活动搭建平台。

第三，"民族性、区域性、国际性"三融合的维度分析。"民族性、区域性、国际性"三融合改革遵循了研究生教育发展的开放原则。随着我国对外开放政策的实施，我们与国际的交流日渐增多，国际化视野和能力越来越重要。对标国外发达国家的研究生教育，我们不难发现，我国研究生教育的发展历史较短，在教育理念、教学手段、教育资源等方面与国外发达国家还存在较大差距。为了缩小差距，必须要加强与国外交流与合作，实现研究生教育资源共

享，努力培养出国际性的高层次人才。

第四，"质量监控、教学改进、师资培育、科技创新"四机制的维度分析。"质量监控、教学改进、师资培育、科技创新"四机制改革遵循了研究生教育课程论、学位论、研究生教育模式论和导师论。加强课程建设是教学改进的重要内容，研究生教育中的课程设置、课程教学都有其特点，必须遵循规律。研究生教育过程包括两个方面的目标：一是对专业知识的掌握；二是科研工作能力的养成。第一个目标一定要通过课程学习方可实现。学位授予的质量直接关乎研究生教育培养的质量。研究生教育必须牢固树立质量第一的观念。加强研究生质量监控保障体系建设，能够在研究生教育教学中及时发现和解决问题，保证研究生教育活动能够满足社会的要求。研究生"德"的教育和"才"的培养主要是依靠导师的指导和帮助完成的，因此，研究生导师队伍的建设任重而道远。研究生导师对研究生培养质量有着至关重要的作用，因此，必须高标准遴选出思想政治素质好、学术水平高、治学严谨、科研能力强的导师来指导学生。要通过建设新导师岗前培训制度、导师考评制度以及多渠道进修的方式来帮助研究生导师提高自身指导能力和水平。

第二节 广西民族大学"四位一体"研究生教育综合改革的必要性和可行性

一、必要性

高校研究生教育综合改革作为国家研究生教育改革的直接载体和高校综合改革的重要组成部分，直接关涉高校研究生教育发展和整体质量提升，反映了高校贯彻国家"四个全面"战略部署和高等教育综合改革的政治意识和全局意识，体现高校落实国家研究生教育综合改革的意志、发展目标、改革思路和创新路径，其成败将影响当前国家研究生教育改革和高校综合改革的成效。因此，对研究生教育综合改革的研究十分必要，具体可以从以下三个方面阐述。

第一，研究生教育综合改革是提升人才培养质量的关键。众所周知，国家的进步和社会发展都离不开人才的培养,高校是人才培养的主要阵地。研究生教育的主要任务是培养高层次人才。我国经济社会稳定发展,对高级专门人才的需求增加,对人才需求的类型由学术型逐渐发展为应用型与学术型并重,人才需求的层次也不断提高,博士学位人才需求量增多,这也刺激了高校进行研究生教育综合改革、开展专业学位研究生教育等。研究生教育综合改革的成功必然会在人才培养方面取得成效。然而,高校研究生教育综合改革的道路并不是一帆风顺的,必然会受到社会变革的影响。此外,科技发展、各领域渗透融合等新形势对高校人才培养提出了更高要求。因此,各大高校要积极应对社会变革带来的新挑战,在研究生教育综合改革方面付出更多的努力,使改革稳步推进。

第二,研究生教育综合改革有利于进一步健全研究生培养体系。研究生教育培养体系是影响教育综合改革推进的内部关键因素,通过对以往研究生教育体系的研究发现,我国研究生教育体系尚不健全,普遍存在教学模式落后、研究生国际化水平低和教育环境有待提升等问题。具体表现在:一是教学内容上比较传统,缺乏创新性、前沿性,教学课程设置不够合理,衔接性不强;二是高校给研究生提供国际交流的方式和途径比较少,留学生研究生的培养质量不够高,国际交流与合作不够紧密;三是研究生招生制度需要进一步改革,研究生创新能力、实践能力的培养不足,研究生综合教育的信息化管理水平较低等。针对上述问题,有针对性地采取相应措施,开展研究生教育综合改革,具有十分重要的意义。

第三,研究生教育综合改革是高校提升服务社会职能的重要手段。高校研究生的培养为社会经济建设提供不同类型和不同层次的人才。高校通过科学研究、人才培养促进科学技术和知识转化为生产力,提升服务经济社会发展的功能。根据经济社会发展对人才需求的要求,高校进行研究生教育综合改革,满足社会对各层次、各类研究生的需求,为国家经济社会发展提供多种类型的各层次人才,是高校适应社会发展的表现。

二、可行性

第一,研究生教育质量亟待提高。民族高校在研究生教育发展过程中的问题十分突出：一是研究生教育观念相对滞后，办学指导思想不够清晰，发展目标定位不够明确；二是学科建设和学位点建设的整体水平有待提升；三是研究生导师队伍建设相对滞后；四是研究生生源和质量问题有待改善；五是学位与研究生的制度建设不够完善，管理模式落后等。这些问题的存在严重影响了学校研究生培养质量的提升。高校在研究生教育发展中也逐渐认识到这些问题和不足，并采取了相应措施进行改革。

第二，国家教育政策对研究生教育改革的支持。2013年7月10日下午，全国研究生教育工作暨国务院学位委员会第三十次会议在北京召开。以全面贯彻落实党的十八大精神和《国家中长期教育改革和发展规划纲要（2012－2020）》为指导，以服务需求、提高质量为主线，就深化研究生教育改革进行部署。自此，各高校纷纷贯彻落实会议精神，积极谋划并加快推进本校研究生教育综合改革。各高校按照教育部统一部署，围绕自身研究生教育改革的实际，积极探索研究生教育综合改革的有效路径。2020年全国研究生教育大会的召开，习近平总书记作出重要指示，揭示了我国研究生教育发展的大方向、大趋势、大格局，为我们做好研究生教育工作提供了根本遵循和行动指南；李克强总理的批示则充分肯定了研究生教育的地位和作用，为我们做好研究生教育提供了明确要求。广西壮族自治区教育厅为保障全国研究生教育大会精神落地落实，也召开了全区研究生教育工作会议，并颁布了《广西壮族自治区关于加快新时代研究生教育改革发展的实施方案》，指导和支持区内各高校进行研究生教育综合改革。此外，教育部、自治区教育厅和学校在各个层面开展了研究生教学成果奖的评选，并为研究生教育改革工作提供了资金支持。

第三节　广西民族大学"四位一体"研究生教育综合改革的内外部影响因素

一、内部影响因素

"四位一体"研究生教育综合改革涉及研究生招生机制改革、研究生培养模式改革、研究生质量监控体系建设、研究生导师队伍建设等内容。从高校内部研究生教育发展管理中不难看出，研究生、研究生导师、研究生教育管理者是研究生教育改革的三大主体。研究生教育综合改革的过程中必然会受到这些主体行为的影响，我们把它们归为影响研究生教育综合改革的内部影响因素（图2-1）。

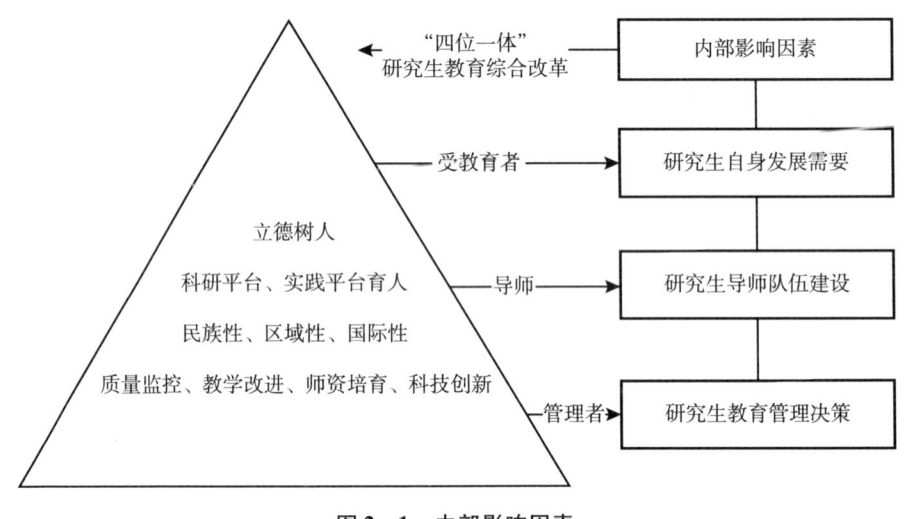

图2-1　内部影响因素

第一，作为受教育者的研究生自身的发展，是影响研究生教育综合改革的内部因素之一。一方面，国家政治、经济、科技、文化的发展，使社会对高层次人才的需求不断扩大，也激发了人们不断提高自身知识文化水平，以适应经济发展的需要。研究生报考人数逐年增长，研究生的录取率不断提高，这也影响着高校研究生教育的改革方向。另一方面，研究生自身作为研究生教育的主体，其在教学改进、教育质量评价、教育培养模式改革的全过程中都发挥着不可替代的作用。

第二，研究生导师是研究生培养的第一责任人，是研究生培养工作的主要实施者，在研究生培养过程中居主导地位。研究生导师在研究生实践和教学的过程中发挥着十分重要的作用，因此在研究生教育综合改革的过程中要密切关注研究生导师，发挥导师在改革中的突出作用。强大的导师团队必然

第二章 广西民族大学"四位一体"研究生教育综合改革的分析框架

促进研究生教育综合水平的提升。我国研究生教育发展中还存在"重科研、轻教学"的情况,部分高校的研究生导师把主要精力放在学术研究上,对研究生课堂教学和指导上做得还不够,没有完全尽到导师的责任。高校在研究生导师队伍建设方面还存在创新意识和专业水平不强、研究生导师国际化程度不高等问题。

第三,研究生教育管理者是研究生教育管理体系中的重要组成部分,是研究生教育改革发展中的各种创新思想的传递者和实践者。研究生教育综合改革的各类举措,需要研究生教育管理者准确理解把握,并进行实践和探索。高素质的研究生教育管理队伍是培养高层次人才的重要保证。研究生教育管理干部和工作人员应该具有较高的思想道德素质和较强的服务意识,具有较强的业务素质和文化修养以及良好的组织协调能力和创新能力等。研究生教育管理者在推进研究生教育改革的建设和发展中发挥服务育人和管理育人的功能,是导师和研究生之间沟通的"桥梁和纽带",是研究生教育政策、研究生教育改革的执行者,也是重要决策者和参谋者。因此,研究生教育管理者素质和能力的高低也是影响研究生教育改革的重要内部因素之一。

二、外部影响因素

"四位一体"研究生教育综合改革是国家人才强国战略实施的要求,也是国家创新体系建设的要求。在研究生教育改革过程中必然会受到国家研究生教育政策、经济社会对人才的发展需求以及学校所属地区的区位特点等方面因素的影响,我们把它们归为影响研究生教育综合改革的外部影响因素(见图2-2)。

第一,研究生教育政策是影响研究生教育综合改革的外部因素之一。研究生教育政策属于教育政策的一种,是党和国家各级各类部门、单位在研究生教育领域发布的各种法律、决定、意见、规划、实施细则等的总和。改革开放以来,我国研究生教育改革政策不断调整,也推动着研究生教育不断向前发展。各级研究生教育主管部门的政策对研究生教育改革产生了重要的影响,也推动着各研究生培养单位进行制度改革,推进政策的落实。研究生教育改革政策与研究生教育改革两者的关系密切:一方面,研究生教育的改革会推动研究生教育政策的出现，研究生教育政策是研究生教育改革的必然结果和要求；另一方面，研究生教育政策的实施也必然推动研究生教育改革，研究生教育改革是研究生教育政策的目标。

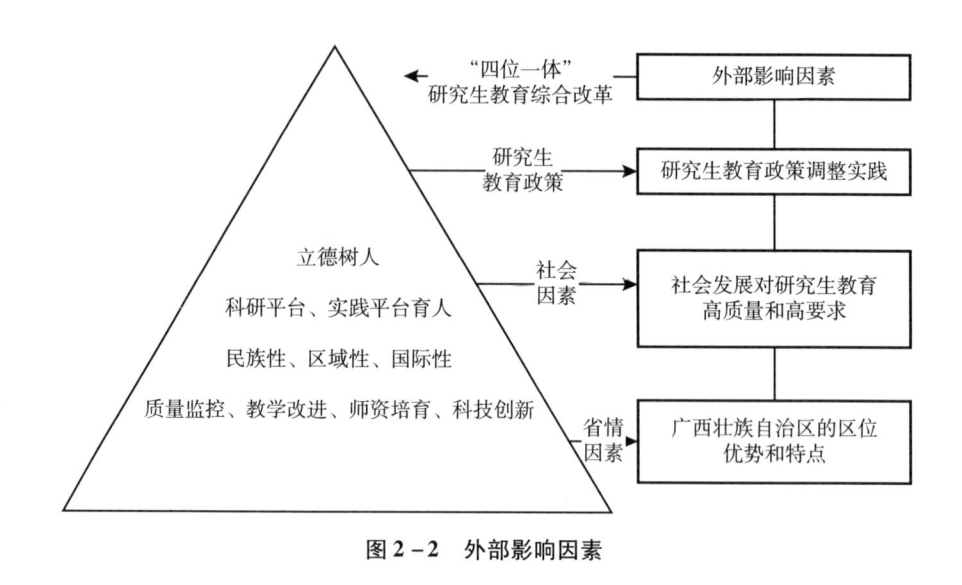

图 2-2 外部影响因素

第二，社会因素是影响研究生教育改革的重要因素之一。社会发展对高质量研究生教育的期待和要求，影响着研究生教育综合改革。我国高等教育进入大众化阶段以来，研究生教育发展迅速，研究生招生的规模迅速扩大，人们对高等教育的需求也日益增加。研究生规模的扩大，势必带来质量问题。社会对于研究生教育质量的要求随着规模的扩大而不断提升，研究生教育质量已经成为社会广泛关注的问题。社会对于研究生教育质量的高期待和高要求是促进研究生教育综合改革的驱动因素之一。

第三，省情因素是影响研究生教育综合改革的另一重要原因。一方面，广西壮族自治区处于华南地区的西部，属于欠发达地区，在地理位置、经济发展、教育发展状况上都处于劣势，这在一定程度上影响了研究生报考的热情，导致研究生生源相对不足，生源地较为单一。研究生教育与发达地区相比，还存在较大差距，主要表现在研究生教育资源相对匮乏，博士点、硕士点较少，发展水平低，研究生教育整体水平不高，高水平研究生导师团队、高水平大学不多，对优秀生源的吸引力不足，等等。另一方面，广西壮族自治区南濒北部湾、面向东南亚，西南与越南毗邻，是西南地区最便捷的出海通道，在我国与东南亚的经济交往中占有重要地位。广西壮族自治区凭借这一区位优势，不断加强与东南亚的国际交流与合作，也带动了研究生教育国际化不断向前发展。这些都是影响研究生教育综合改革的重要因素。

第四节 广西民族大学"四位一体"研究生教育综合改革的分析框架

一、分析框架构建的理论基础

随着我国研究生教育改革的逐步深入，许多专家学者对研究生教育改革的研究也更加关注，采用多种理论对研究生教育进行研究。多元智能理论是20世纪以来较具影响力的教育心理学理论之一，对世界教育改革和发展都产生了重大影响。张祥沛在研究生教育改革中提出运用多元智能理论。多元智能理论是由美国哈佛大学教育研究院的心理发展学家霍华德·加德纳（Howard Gardner）在1983年提出的，他认为我们每个人都拥有八种智能：言语—语言智能、逻辑—数理智能、视觉—空间智能、身体—动觉智能、节奏—音乐智能、交流—人际交往智能、自知—自省智能、自然智能。加德纳把智能看作个体解决实践问题的能力。他强调智能是每个人在不同方面、不同程度地拥有一系列解决现实生活中实际问题的能力，本质上是在实践中发现新知识和创造新产品的能力。张祥沛运用了多元智能理论来审视、分析我国当下研究生教育改革中存在的问题，揭示多元智能理论对我国研究生教育改革的有益启示，其理论成果对于提高研究生培养质量具有重要意义。多元智能理论的应用可以从树立人人平等的学生观、因材施教的教学观、多元多维的评价观三个方面转变研究生教育观念；可以从构建有利于研究生多元智能发展的课程体系、采用突出研究生创新能力和实践能力培养的教学方法、强调研究生的全面发展三个方面创新研究生培养模式。

广西民族大学"四位一体"研究生教育综合改革的探索与实践（1999~2020）

研究生教育与高中教育、大学本科教育不同，更加强调研究生学习的自主性，在进行研究生教育综合改革时，要注意研究生教育这一特征。建构主义认为，在教与学的过程中，强调学习者的主动性，学习者是自己学习目标的设定者、管理者、监督者。知识不是通过教师传授得到的，而是学习者在一定的情境即社会文化背景下，借助其他人（包括教师和学习伙伴）的帮助，利用必要的学习资料，通过意义建构的方式而获得的。教师的作用从传统的传递知识的权威转变为学生学习的辅导者，成为学生学习的高级伙伴或合作者。李向东运用建构主义学习理论分析了军事院校研究生教育改革的策略，对本研究有一定的启示。建构主义的教学设计和组织更加突出学习的问题性、动态性、探索性和创造性，更加强调学习的实践性运用。学习的根本目的在于应用，加强高层次应用型人才培养，着力优化研究生以提高应用实践能力为导向的学习方式，是当前研究生教育改革发展特别是专业型研究生教育改革的重要趋势。为此，一是要突出研究生的问题研究能力培养，二是要大力开展实践活动，引导学生发现问题、分析问题、解决问题，学会在研究问题中学习和在学习中研究问题。建构主义学习理论对研究生教育的评价也有重要影响，强调用多元的评价方式来衡量学习者的学习情况，即建立多元综合评价方式，主要包括知识性评价、技术性评价、表现性评价、真实性评价等。

推进广西民族大学"四位一体"研究生教育综合改革，要从长远出发、从动态的发展的眼光去看研究生教育发展过程中出现的新问题，新挑战。我国民族院校研究生教育发展面临严峻的挑战和巨大的压力，面临着研究生教育观念相对滞后、办学指导思想不够清晰、发展目标不够明确；学位教育结构不尽合理；学科建设与学位点建设整体水平亟待提升；研究生导师队伍建设相对滞后；研究生教育质量问题有待改善、提高；研究生创新能力薄弱等诸多问题。如此一系列的"质量危机"，已经向研究生教育发出挑战，实现研究生教育质量提升是一个长期课题。在这样的背景下，推进"四位一体"研究生教育综合改革，具有重要的实践意义和社会意义。

二、分析框架的构建

构建广西民族大学"四位一体"研究生教育综合改革的分析框架有助于

第二章 广西民族大学"四位一体"研究生教育综合改革的分析框架

我们更直观地理解"一目标、二平台、三融合、四机制"之间的相互关系。在构建研究框架时,要重点把握两个方面的内容:一是准确把握一目标、二平台、三融合、四机制之间的层次性和结构性,切实反映出研究生教育中的真实内容;二是要用动态的眼光去看待分析框架。研究生教育综合改革的过程是一个不断变化的过程,在改革的过程中会发现新的问题,因此我们在分析问题的时候要用动态的、发展的眼光来看待,构建出合理的分析框架。按照"提出问题—分析问题—解决问题"的思路,遵循研究生教育发展原则,根据研究生教育发展规律、学校"民族性、区域性、国际性"办学特色,进行广西民族大学研究生教育发展的探索与实践,实现"人才培养层次完整—研究生规模增长—研究生培养质量保证体系完备—研究生创新能力和实践能力大幅提升—研究生教育国际化程度提高"的目标,构建出广西民族大学"四位一体"研究生教育综合改革分析框架,见图2-3。

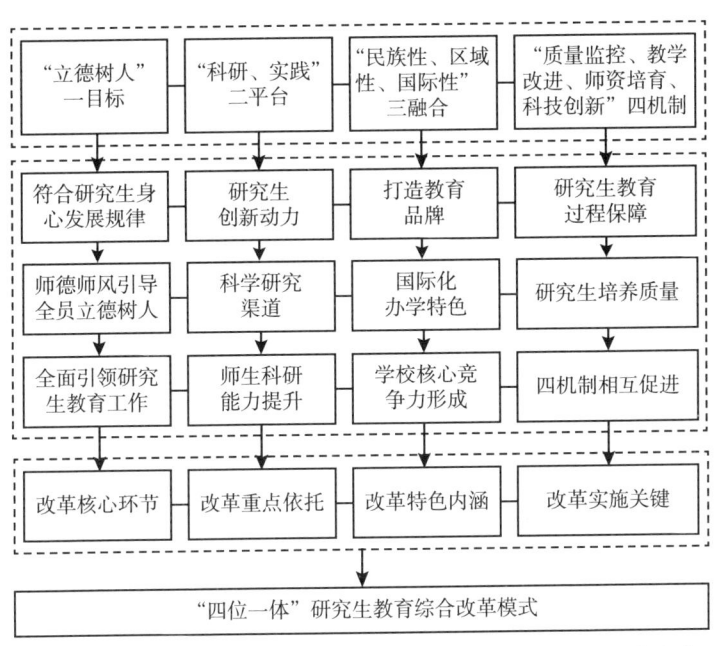

图2-3 广西民族大学"四位一体"研究生教育综合改革分析框架

图2-3展示了广西民族大学"四位一体"研究生教育综合改革的基本分

析框架。从中可以发现,"立德树人"一目标、"科研、实践"二平台、"民族性、区域性、国际性"三融合、"质量监控、教学改进、师资培育、科技创新"四机制四个维度之间是相互联系、相互促进、融会贯通的。在广西民族大学"四位一体"研究生教育综合改革中,"立德树人"一目标是核心,"科研、实践"二平台是重点,"民族性、区域性、国际性"三融合是特色,"质量监控、教学改进、师资培育、科技创新"四机制是关键。要遵循研究生教育发展规律,通过四个维度改革的实现,解决广西民族大学研究教育中的问题不足,总结归纳出研究生教育改革的经验,促进研究生教育全面提升。

三、分析框架的解析

在广西民族大学"四位一体"研究生教育综合改革的分析框架中,研究生教育改革分为四个维度,分别为:"立德树人"一目标、"科研、实践"二平台、"民族性、区域性、国际性"三融合、"质量监控、教学改进、师资培育、科技创新"四机制改革。这些综合改革要素之间的联系是什么?内涵是什么?分析研究的意义是什么?如何实现广西民族大学研究生教育综合改革的目标?能否归纳出高校研究生教育综合改革的优化策略?改革策略能否为其他高校所借鉴?这是本书在深化研究生教育综合改革过程中所面临的重要理论问题和现实问题,迫切需要进行深入分析、理论探讨并有所突破,进而为其他高校研究生教育综合改革提供理论支撑和行动指导。

"立德树人"一目标是广西民族大学"四位一体"研究生教育综合改革的核心,是研究生教育德育观的重要体现。研究生教育作为大学本科之后、以培养精英人才和科学研究为主要特征的更高层次的专业教育,是一种更为复杂的社会活动。从人的身心发展规律来看,自主性成为研究生教育的一个重要特征。加强研究生思想政治教育,培养出德才兼备的高层次人才才能促进科学进步,推动经济社会发展。"立德"和"树人"目标的确立,在广西民族大学研究生教育综合改革中发挥着引领作用。"科研、实践"二平台、"民族性、区域性、国际性"三融合、"质量监控、教学改进、师资培育、科技创新"四机制改革的实施都要在"立德树人"目标引领下推进。如果在这一改革过程中,加强师德师风建设,充分利用思想政治理论课的主渠道作用,建立学校立德树

第二章 广西民族大学"四位一体"研究生教育综合改革的分析框架

人体系,必然会促进全员、全过程、全方位"立德树人"的实现。因此,必须将"立德树人"一目标这一核心环节,融入广西民族大学"四位一体"研究生教育综合改革的全过程。

"科研、实践"二平台是广西民族大学"四位一体"研究生教育综合改革的重点。研究生学习的重点任务在于"研究",对于研究生来说,其身份不仅是学生,更是研究者。科学研究是研究生培养的重要内容之一,是社会创新的重要动力。教学与科研相结合培养高层次人才是教育基本规律的重要体现。科研、实践育人平台的搭建,是研究生、研究生导师开展科学研究的重要渠道。"科研、实践"二平台的建设有利于提高研究生的科研、实践能力,促进研究生导师科研能力的提升,推进"质量监控、教学改进、师资培育、科技创新"四机制改革的实现。如果在这一改革过程中,加强学校顶层设计,制定完善的科研平台、实践平台管理规章制度;整合校内资源,强化科技资源共享,提高平台质量;加强科研平台、实践平台的考核管理,引导科研平台产出高水平的创新成果;加强师资培育,提高研究生导师指导能力和水平等,必然会推进广西民族大学"四位一体"研究生教育综合改革的深化。因此,发挥"科研、实践"二平台改革这一重点环节的作用,深化广西民族大学"四位一体"研究生教育综合改革至关重要。

"民族性、区域性、国际性"三融合改革的是广西民族大学"四位一体"研究生教育综合改革的特色。学校实施"民族性、区域性、国际性"三性办学特色发展战略,进一步构筑优势、打造品牌,形成学校的核心竞争力。在这一过程中,"立德树人"一目标的确立,"科研、实践"二平台的搭建,"质量监控、教学改进、师资培育、科技创新"四机制的改革都为"民族性、区域性、国际性"三融合改革的推进提供了保障。如果在改革中,学校加强国际交流与合作,促进民族区域国际融合共进;完善研究生教育国际化人才培养模式;打造国际化师资队伍;开展国际学术交流活动,必然会促进研究生教育国际化办学特色提升,提高学校国际影响力。同时,"民族性、区域性、国际性"三融合改革也有利于促进"立德树人"目标的实现,"科研、实践"平台的提升,"质量监控、教学改进、师资培育、科技创新"内涵式发展。因此,"民族性、区域性、国际性"三融合改革作为广西民族大学"四位一体"研究生教育综合改革的特色环节,有利于推进综合改革内涵式发展。

广西民族大学"四位一体"研究生教育综合改革的探索与实践（1999~2020）

　　"质量监控、教学改进、师资培育、科技创新"四机制改革是广西民族大学"四位一体"研究生教育综合改革的关键。四机制改革涉及研究生的教学、课程、学位、培养模式等研究生教育培养全过程，是实现研究生教育目的的保障。"质量监控、教学改进、师资培育、科技创新"四机制改革的实施，有利于保证"立德树人"目标的实现。此外，四机制内部也是相互作用、相互联系的。教学、师资、科技创新都是影响研究生培养质量的重要因素。教学是培养研究生的基础，加强研究生教学改进，包括设置合理的课程体系、优化教学内容的选择、重视学生教学过程评价等，必然会促进研究生教育质量提升。研究生培养质量同研究生导师质量有着不可分割的关系，加强师资培育，会引发研究生导师研究能力、学习能力、指导能力；导师道德品质，如责任心、人格魅力等的提高，将有利于培养质量的提升。如果不断推进研究生自身科技创新能力的培养，也会带来研究生培养质量的提升。同样，"师资培育"改革的实施，也将促进"教学改进"和"科技创新"，"科技创新"也将推动"教学改进"的实现。因此，"质量监控、教学改进、师资培育、科技创新"四机制改革作为广西民族大学"四位一体"研究生教育综合改革的关键环节，必须融入广西民族大学研究生教育培养的全过程。

第三章 广西民族大学"四位一体"研究生教育综合改革的保障机制

第一节 广西民族大学学科专业建设的沿革

一、学科专业建设的内涵与意义

学科建设是高校的"立校之本、发展之基",是高校核心竞争力的集中体现。学科建设主要包括学科专业定位(学科专业方向、发展层次)、学科队伍(学科带头人、学科梯队)、科学研究、人才培养、学科基地(实验室、校内专业训练中心等)、学科管理等六个要素。打造特色鲜明的学科是国内外知名高校发展的根本性工作,也是地方高校长远发展追求的目标。学科专业建设关系到人才培养的质量,学科专业定位是学科建设的前提和基础,它决定着人才培养的出发点和归宿。

世界一流高校建成的首要原因在于它拥有一流的学科和专业。建设一流学科专业是建立一流大学的必由之路。随着国家"双一流"建设战略的出台,地方高校面临空前严峻的挑战和前所未有的发展机遇。同重点高校相比,地方高校在办学条件、教育资源、学校实力等方面都存在较大差距。如何建设符合自身特色的优势学科便显得十分重要。学科建设是大学发展的动力和源泉,是高校综合实力最显著的体现,在高校引进优秀人才、提高生源质量、提升学校社会影响力等方面具有十分重要的作用。加强学科专业建设，有助于更好地发挥出地方高校特色，有助于准确把握"双一流"建设的总体方向和特征规律。学科专业建设对地方高校发展的意义主要体现在以下三个方面。

第一，学科专业建设是培养应用型创新型人才的需要，有助于提高地方高校科研创新人才的培养水平。作为地方高校，主要任务是培养服务于地方经济社会发展的创新人才，以培养应用型人才为主。但是目前，地方高校在研究生教育培养中主要存在人才培养定位不准，与社会人才需求不匹配，缺乏本地区特色，培养的人才缺乏创新能力和创新精神等问题。为此，要加强学科专业建设，发展优势学科，努力培养在该学科领域中有创新精神和创新能力的高素质人才。

第二，有助于对接国家和社会需求，提升地方高校服务社会的能力。改革开放以来，我国的社会经济得到了迅速发展，高等教育也迅速发展起来，高校在校人数位居世界第一。2020年，国务院学位委员会印发了《关于下达2019年动态调整撤销和增列的学位授权点名单的通知》（见表3-1）。总体来看，近年来学科专业动态调整，更多围绕国家战略发展需要和社会需求导向进行学科调整，这样更有利于资源合理分配，同时促进人才的培养。地方高校理当立足本身传统优势和区域经济发展，持续整合优化学科结构，凝练学科前进方向，突出学科建设要点，形成"优势专业"，培养和扶植一批特色鲜明的学科

表3-1　　　　　　2017~2019年高校学科专业动态调整情况

年份	调整总数		硕士学位点				博士学位点			
^	增加总数	撤销总数	增加		撤销			增加		撤销	
^	^	^	一级学科	专业学位	一级学科	二级学科	专业学位	一级学科	专业学位	一级学科	二级学科
2017	184	340	110	56	78	182	62	18	0	7	11
2018	218	489	136	63	120	217	137	18	0	6	10
2019	231	193	126	87	81	89	11	17	1	4	8
合计	633	1 022	372	206	279	488	210	53	1	17	29

资料来源：中华人民共和国教育部.《国务院学位委员会关于下达2019年动态调整撤销和增列的学位授权点名单的通知》，2020-03-30.

和优势专业，致力于在创建一流学科和专业上实现重点突破，引领高校施展优势、办出特点。广西在"一带一路"建设中需要大量高素质人才，广西民族大学学科研究要主动与"一带一路"建设相结合，更好地服务国家战略和地方经济发展。

第三，学科专业建设有助于促进高等教育高质量发展。学科专业是人才培养的基本保障。在新时代的背景条件下，高等院校一方面通过学科专业的动态调整能够使学校教学资源得到合理分配布局，促进重点学科、优势学科建设，通过重点学科建设培养出高质量的人才；另一方面学科专业建设能够激发高等学校的办学活力，使得高校可以依据市场和社会需求集中力量发展新兴学科，从而促进高等教育高质量的发展。此外，学科专业建设也为学生发展提供了广阔的平台，更能激发学生的创新能力、实践能力和综合发展能力。

二、广西民族大学学科专业建设的历程

学科建设处于广西民族大学的龙头地位，体现学校的核心功能，是学校生存和发展的基础。广西民族大学"十一五""十二五""十三五"发展规划及《广西民族学院2003－2010年学科建设与队伍建设规划》等的制定和实施，使学校学科建设定位清晰，工作目标明确。在做强做优人文社科学科的同时，学校积极发展理工科、交叉学科，学科特色得到扶持和培育，学科数量从单一到"成群结队"，学科层次从低到高，"特色—优势—品牌"的学科建设道路在探索中得到发展，形成了学科门类基本齐全、基础学科与应用学科并举的多学科办学格局。广西民族大学于1998年经国务院学位委员会批准成为具有硕士学位授予权单位，1999年开始招收研究生，2009年增列为专业学位授权单位，2010年被教育部、国务院学位委员会增列为博士学位授权点立项建设单位，2013年被增列为博士学位授予单位。

广西民族大学在哲学、历史学、法学、教育学、文学、管理学、理学、工学、经济学9个学科门类中授予博士或硕士学位。目前，学校有博士学位一级学科4个；硕士学位授权一级学科16个，硕士学位授权二级学科3个，有13个专业学位学科授权。这些学科授权点建设符合学校办学定位和办学特色，是学校根据经济社会发展对高层次人才的需求而设置的，是学校学科建设发展和

人才培养的重要内容。目前，全日制在校研究生3 038人。

（一）广西民族大学发展规划

2010年3月，国务院学位委员会正式下文通知广西民族大学为广西壮族自治区2008~2015年新增博士学位授予单位立项建设单位之一，批准组织实施《广西民族大学新增博士学位授予单位项目建设规划（2009-2011年）》。2010年4月，学校正式与自治区人民政府、自治区学位委员会签订了《广西壮族自治区2008-2015年新增博士学位授予单位立项建设项目任务书》，逐年规划了申博工作的建设目标和实施项目。2010年10月29日，顺利通过了自治区学位委员会专家组对学校博士学位授予单位立项建设工作中期检查。

2011年，广西民族大学的图书情报与档案管理、化学工程与技术2个博士学位授权点，材料科学与工程、计算机科学与技术2个硕士学位授权点获得自治区财政资助共计130万元。

2012年2~3月，广西民族大学组织申报2012年中央财政支持地方高校发展专项资金项目12个，包括省级重点学科建设项目2个，教学实验平台建设项目7个，公共服务体系建设项目3个。2012年3月19日，学校与广西民族医药研究院深入洽谈了合作办学事宜，双方在以下几个方面达成了共识：①双方商定合作共建民族医药学院（名称暂定）。②以合办本科教育为切入点，逐步推进研究生教育合作。③双方也可以利用广西民族大学的东盟语言优势和广西民族医药研究院民族医药优势，开设东盟传统医药专业，面向东盟十国，建设出有民族特色、实用型的东盟传统医药专业。④双方尽快就合作的相关问题向各自主管部门汇报，加快合作推进的步伐。

2012年，自治区专项资助建设学位点学科公布。广西民族大学2012年共有4个学位点学科获得专项资助，分别为数学、外国语言文学2个博士学位授权点，法学、教育学2个硕士学位点首次获得专项资助经费共计110万元。2013年3月11日，原广西民族大学副校长袁鼎生主持召开编制学校发展定位规划（2012~2020年）研讨会，就学校发展定位规划、学科建设、发展对策等问题进行交流与研讨。袁鼎生副校长根据学校"民族性、区域性、国际性"的办学定位，从社会需求、自身优势、可获取资源等方面加以论证，提出学校将努力发展特色学科，积极加强与东盟国家学校的合作，找准路线，走内涵发

第三章　广西民族大学"四位一体"研究生教育综合改革的保障机制

展道路,努力培养高素质应用型人才,提高办学质量。至 2013 年 9 月,形成了《广西民族大学发展定位规划(2012－2020 年)》初稿。

此外,根据《关于编制中央财政支持地方高校发展转型资金 2013－2015 年建设规划的通知》(桂财教〔2013〕79 号)和《关于印发中央财政支持地方高校发展专项资金管理实施办法的通知》(桂财教〔2010〕52 号),制定了《广西民族大学中央财政支持地方高校发展专项资金 2013－2015 年建设规划》。计划在 2013～2015 年申请中央财政支持地方高校发展专项资金建设项目 14 个,包括民族学建设项目、中国语言文学建设项目、外国语言文学建设项目等 3 个自治区重点学科建设类项目;包括中国—东盟"政治、法律研究基地"建设项目、混杂计算与集成电路设计分析重点实验室建设项目、广西林产化学与工程重点实验建设项目等 3 个科研平台和专业能力实践基地建设类项目;包括数字图书信息资源和共享平台二期工程建设项目、科研创新团队培育与扶持类建设项目、师资队伍培训与交流类建设项目等 3 个人才培养和创新团队建设类项目。14 个项目三年合计申请资金 12 400 万元,其中申请中央财政资金 6 200 万元,申请地方财政安排资金 3 720 万元,学校自筹资金 2 480 万元。

2013 年,广西民族大学已获资助项目 6 项,总资助额 1 500 万元,获资助项目分别为民族学建设项目、材料科学基础实验教学中心建设项目、中国—东盟"政治、法律研究基地"项目、创新人才培养和引进类建设项目、科研创新团队培育与扶持类建设项目、师资队伍培训与交流类建设项目。

2015 年,根据《关于开展〈高等学校发展定位规划(2014－2020 年)〉备案工作的通知》(桂教规划〔2015〕1 号)文件精神,以及教育厅规划专家组反馈的规划修改意见,对《广西民族大学发展定位规划(2013－2020 年)》作出了修改和完善,并于 2015 年 5 月提交教育厅备案;2015 年下半年,广西民族大学全面启动"十三五"规划编制工作,按照学校领导指示,结合教育厅精神,拟定《广西民族大学"十三五"发展规划编制工作方案》,严格按照方案布置安排工作,组织全校各相关单位完成 9 个专项规划和各学院规划,并在此基础上形成了《广西民族大学"十三五"发展规划》初稿;针对当前高等教育发展形势和自治区经济社会发展需要,在原副校长吴尽昭带领下,对理工类学院和一些与理工科联系紧密学院进行学科发展调研,组织形成理工科振兴计划初稿,并就材料学院组建事宜,以及商学院与管理学院相关学科调整工作开展相关调研工作。

2016年，按照广西民族大学发展要求，结合自治区教育厅精神，严格按照《广西民族大学"十三五"发展规划编制方案》布置安排工作，在此基础上形成《广西民族大学"十三五"发展规划》。经学校教师代表大会讨论原则通过，修改完成，并确定最终印发时间。按照广西民族大学工作部署，启动学校一流学科发展规划编制工作。深入开展学科建设调研，对现有学位授权点和学校"十三五"期间拟增设学位授权点开展状态数据摸底工作，掌握学校学科建设现状及在区内所处水平，为合理规划建设一流学科提供决策依据。

2017年，广西民族大学正式启动学位点动态调整工作，主动适应国家战略需求和地方经济社会发展需求，加快紧缺人才特别是新兴学科、交叉学科人才培养，撤销社会需求不大、办学水平不高的学科专业。

2019年，广西民族大学召开深化改革工作推进会，对《广西民族大学学科、学院调整方案》进行讨论。副校长崔晓麟指出学科、学院调整的三个原则：一是按照一级学科要求进行学科建设；二是落实学校第三次党代会精神，通过整合，做大、做强、做优特色优势学科；三是顺应学科发展和时代发展。

2020年，组织学校各单位编制完成本单位"十四五"规划，并做好广西民族大学"十四五"规划编制。2020年7月，学校召开广西民族大学学科建设工作会议，会议围绕广西一流学科建设、广西民族大学"十四五"学科建设规划、学位授权点新增审核、教育部第五轮学科评估、校级"广西一流学科"培育项目等，研究商讨学科建设相关事宜。与会人员对"十四五"学科建设规划（讨论稿）进行审议和讨论，在规划的定位、目标、导向等方面提出意见和建议。

（二）广西民族大学学科建设

广西民族大学自1952年创办以来，在人才培养、科学研究和社会服务等方面，为地方经济社会的发展特别是促进广西的发展作出了较大贡献。但是，自1952年创办至1997年，一直没有研究生教育。1996年，学校民族学研究所张友隽教授和徐杰舜教授共同指导培养学校办学史上第一个硕士研究生，但由于学校当时没有学位授予权，只能挂靠在云南大学并与之联合招收培养。

1998年，学校民族学和中国少数民族语言文学2个专业获得硕士学位授予权，结束了学校没有硕士学位授予权的历史，使学校办学层次迈上一个新的台阶。1999年，民族学和中国少数民族语言文学2个专业首度开始招生，共招收6人，自此，学校揭开了研究生招生的新篇章。

2000年，广西民族大学新增亚非语言文学、马克思主义理论与思想政治教育、行政管理、档案学等4个学术型硕士学位授权点，使学校硕士学位授权点扩大到6个。2001年，全校6个学位点共招收23名研究生。2003年，学校又新增诉讼法、马克思主义民族理论与政策、中国少数民族史、语言学及应用语言学、科学技术史、基础数学、计算数学等7个硕士学位授权点，使学校学术型硕士学位授权点扩大到13个。2004年，全校13个硕士学位授权点共招生186人；2005年，在校研究生规模达483人；2006年，在校研究生规模达719人。2006年，学校新增民族学和马克思主义理论2个一级学科硕士学位授权点，并在全国第十次硕士学位授权点评审中，新增伦理学、美学、刑法学、政治理论、中共党史、社会学、体育教育训练学、民族传统体育学、文艺学、汉语言文学、中国古代文学、中国现当代文学、比较文学与世界文学、外国语言学及应用语言学、专门史、应用数学、生物化学与分子生物学、计算机应用技术、应用化学、社会保障、图书馆学等学科硕士学位授权点，加之民族学和马克思主义理论两个一级学科新增设的二级学科，共收获27个二级学科硕士学位授权点，使学校学术型硕士学位授权点增加到40个。2007年，全校共有39个二级学科授权点招生，共招收硕士生334人。2009年，学校被成功列为博士点建设单位，民族学、中国少数民族语言文学和亚非语言文学等3个学科被自治区列为学校博士点建设学科。马克思主义理论、数学和科学技术史被列为相应的博士点建设支撑学科。2009年，学校还新增了法律硕士和汉语国际教育硕士2个专业硕士学位授权点，实现了专业学位授权点零的突破。

2010年，学校新增政治学、中国语言文学、外国语言文学、历史学、数学、计算机科学与技术、化学工程与技术、图书馆情报与档案管理等8个一级学科硕士点。同年，学校又新增了翻译硕士、公共管理硕士（MPA），使得招收硕士研究生的二级学科授权点达45个，覆盖了哲学、历史学、法学、教育学、文学、管理学、理学、工学、经济学等9个学科门类。

2013年5月，学校的民族学、中国语言文学、外国语言文学、应用数学

广西民族大学"四位一体"研究生教育综合改革的探索与实践（1999~2020）

等4个学科被推荐为广西优势特色重点学科。2013年6月，根据《广西民族大学关于遴选校级重点学科的通知》要求，学校组织了2013年校级重点学科的申报遴选工作，共遴选18个学科为校级重点学科，分别为社会工作、汉语国际教育、法语语言文学、材料学、思想政治教育、工商管理、应用心理学、广播电视艺术学、体育教育训练学、世界近代史、控制理论与控制工程、网络工程、民族法学、知识产权、化学工程与技术、海洋科学、管理科学与工程、应用经济学。

2014年4月，经国家民委教育科技司审核，学校的人类学、生物化学与分子生物学两个二级学科被确定为国家民委重点学科，截至2014年，学校省部级重点学科达24个。按照《关于开展增列硕士专业学位授权点审核工作的通知》和《关于开展增列硕士专业学位授权点审核工作的补充通知》，通过持续争取自治区的申报支持，2014年4月学校的教育学、国际商务两个学科通过自治区专家组审核并获得硕士专业授予权。2014年10月，学校顺利完成中英学院、东南亚语言文化学院组建，明确海洋与生物技术学院构成。2014年10月，上报了《广西民族大学教育硕士专业学位点建设自评报告》。继续做好博士点学科建设，为资助设置目录内、外的博士点提供参考意见与建议；2014年11月，配合进行申请广西民族大学列为优秀应届本科毕业生免试攻读硕士学位研究生单位的撰写工作，按要求开展申报"必要性、特殊性"论证工作。2014年，学校被批准为教育硕士专业学位研究生培养单位，2015年开始招生。

2015年，参照《广西民族大学学科团队暨学科带头人遴选管理办法》，由学院审核推荐并报学校审批，最终确认33个学科团队共聘任103名学科方向负责人，聘期自2014年7月至2018年6月。个别学科团队空缺的方向负责人待条件成熟后择机补选。2015年，学校还组织召开了学科团队服务地方经济社会发展座谈会。会上，原副校长袁鼎生着重指出，将学科建设的模式转换为进一步和地方经济社会发展相结合的模式，使自然科学和人文科学一同为社会经济发展贡献力量，增强学校与社会的广泛联系。学科团队建设在基础学科、应用学科的研究方面协调发展，做到了发展学术和服务社会统一发展，开辟出一条新的路径，形成了一种服务社会的新机制和考评方法。"一带一路"建设是我国对外开放的新举措之一，它得到了国际社会的广泛认可，是

第三章 广西民族大学"四位一体"研究生教育综合改革的保障机制

国家战略和地方经济发展的高度统一。广西占"一带一路"建设的份额较大,学校学科研究要主动与"一带一路"建设相结合,更好地服务国家战略和地方经济发展。2015年,根据教育厅要求,学校组织填报了"十三五"期间拟新增硕士(博士)授权学科发展规划表,申报学科均按照一级学科要求填报,共收到学校各单位申报新增博士授权学科8个,申报新增硕士授权学科20个,得到教育厅专家组反馈意见后,认真组织各学院学习以完善不足之处。2015年,民族学、外国语言文学2个学科分别获得自治区100万元专项资金资助。

2016年,根据全国第四轮学科评估的邀请函,学校组织了13个一级学科点参评,6月完成资料提交,11月完成信息公示;民族学、中国语言文学、外国语言文学3个学科获得自治区专项资金资助300万元,并提交重点学科建设任务书;根据《关于下达2016年度民族院校特色学科建设项目的通知》文件精神,学校法学、民族教育学、公共管理学等3个民族院校特色学科建设项目获资助300万元,已按要求编制预算并执行;根据《关于开展广西重点学科中期检查自评工作的通知》文件精神,组织2013年以来获教育厅认定的12个广西重点学科开展中期检查自评工作,掌握学校广西重点学科的发展情况,并向教育厅提交《广西民族大学高校重点学科建设工作总结》和《广西民族大学高校重点学科自评报告》;在加强学科创新团队建设工作方面,2016年,学校共资助33个学科创新团队建设经费共计495万元。

2017年,组织民族学、外国语言文学、中国语言文学3个重点学科组织填报《2017年广西高校重点学科建设任务书》。2018年,开展广西民族大学2018~2020年校级重点学科遴选建设工作。根据《广西壮族自治区教育厅办公室关于开展民族院校特色学科建设评估工作的通知》,广西民族大学的民族学、中国语言文学、法学、民族教育学、公共管理学共5个民族院校特色学科建设项目接受了评估。

2019年,启动广西民族大学"广西一流学科"项目建设绩效中期自评工作,具体评估项目为:民族学、中国语言文学、外国语言文学、化学工程与技术(培育)、数学(培育)。开展广西民族大学2019年度学位授权点动态调整工作,经过学校学位评定委员会决定:同意艺术(1351)申请自主增列硕士专业学位授权点,同意材料与化工(0856)、理论经济学(0201)申请省级统

广西民族大学"四位一体"研究生教育综合改革的探索与实践（1999~2020）

筹增列硕士学位授权点。2020年3月30日，国务院学位委员会公布了《国务院学位委员会关于下达2019年动态调整撤销和增列的学位授权点名单的通知》，同意广西民族大学通过动态调整增列艺术、材料与化工2个专业硕士学位点，经国务院学位委员会批准公布。至此，学校专业硕士学位授权点已经达到13个。截至2020年，广西民族大学学位授权点情况见表3-2。

表3-2　　　　　　　　广西民族大学学位授权点情况

博士学位授权一级学科（4个）			
专业代码	学科名称	专业代码	学科名称
0304	民族学	0501	中国语言文学
0502	外国语言文学	0817	化学工程与技术
硕士学位授权一级学科（16个）			
专业代码	学科名称	专业代码	学科名称
0202	应用经济学	0502	外国语言文学
0301	法学	0602	中国史
0302	政治学	0701	数学
0304	民族学	0712	科学技术史
0305	马克思主义理论	0812	计算机科学与技术
0401	教育学	0817	化学工程与技术
0403	体育学	1204	公共管理
0501	中国语言文学	1205	图书情报与档案管理
硕士专业学位授权点学科（13个）			
专业代码	学科名称	专业代码	学科名称
0254	国际商务	0854	电子信息
0351	法律	0856	材料与化工
0451	教育	1252	公共管理
0452	体育	1254	旅游管理
0453	汉语国际教育	1255	图书情报
0551	翻译	1351	艺术
0651	文物与博物馆		

第三章 广西民族大学"四位一体"研究生教育综合改革的保障机制

续表

硕士学位授权二级学科（3个）			
专业代码	学科名称	专业代码	学科名称
010105	伦理学	071010	生物化学与分子生物学
010106	美学		

2020年7月召开的广西民族大学学科建设工作会议指出，加快推进广西民族大学学科建设发展：一是要明晰各级建设责任，勇于担起学科建设责任；二是完善学科建设配套管理文件，落实奖惩制度；三是进一步推进学科发展机制改革，适当放权；四是对标对表，精准施策，推进一流学科建设、学科水平评估、学位点申报等工作；五是强化绩效管理，过程管理，加强统筹协调抓落实，并取得建设实效。学科建设需要人人有责、各负其责、重在落实。学科建设重心在学科，各学科带头人是第一责任人，所在学院是责任单位，各建设主体单位、学科要强化落实与加大执行力度，对标对表和科学推进建设，各相关职能部门要提供一流服务和全方位的支撑。学校将进一步推进深化学科发展机制改革，落实"放、管、服"，权责清晰，加大学科建设协同推进合力，扎实推进一流学科建设，以一流学科建设引领带动学校整体发展。

（三）广西民族大学博士、硕士学位授权点分布及结构

广西民族大学现有1个博士后科研流动站；民族学、中国语言文学、外国语言文学、化学工程与技术共4个一级学科博士学位授权点（博士学位授权点数量在全国民族院校中仅次于中央民族大学，且学校目前是全国民族院校中唯一获得理工科博士点的高校）；16个学术型一级学科硕士学位授权点，3个二级学科硕士学位授权点（不含一级学科覆盖点）；13个类别的专业硕士学位授权点。学校现有法学、文学、历史学、理学、工学、管理学6个学科门类硕士学位一级学科，学科涵盖了哲学、经济学、法学、教育学、文学、历史学、理学、工学、医学、管理学、艺术学等11个学科门类（见表3-3至表3-6）。

广西民族大学"四位一体"研究生教育综合改革的探索与实践（1999～2020）

表 3-3　　　　　广西民族大学博士后科研流动站名称

学科门类	学科代码	博士后科研流动站名称
法学	0304	民族学

表 3-4　　　　　广西民族大学博士学位授权点分布及结构

学科门类	学科代码	一级学科博士学位点
法学	0304	民族学
文学	0501	中国语言文学
文学	0502	外国语言文学
工学	0817	化学工程与技术

表 3-5　　　　　广西民族大学学术学位硕士授权点分布及结构

学科门类	学科代码	一级学科硕士学位点	二级学科硕士学位点
哲学	010105		伦理学
哲学	010106		美学
经济学	0202	应用经济学	
法学	0301	法学	
法学	0302	政治学	
法学	0304	民族学	
法学	0305	马克思主义理论	
教育学	0401	教育学	
教育学	0403	体育学	
文学	0501	中国语言文学	
文学	0502	外国语言文学	
历史学	0602	中国史	
理学	0701	数学	
理学	071010		生物化学与分子生物学
理学	0712	科学技术史	

· 52 ·

第三章 广西民族大学"四位一体"研究生教育综合改革的保障机制

续表

学科门类	学科代码	一级学科硕士学位点	二级学科硕士学位点
工学	0812	计算机科学与技术	
	0817	化学工程与技术	
管理学	1204	公共管理	
	1205	图书情报与档案管理	

表3-6　　　　广西民族大学专业学位硕士授权点一览

专业学位类别代码	专业学位类别
0254	国际商务
0351	法律
0451	教育
0452	体育
0453	汉语国际教育
0551	翻译
0651	文物与博物馆
0854	电子信息
0856	材料与化工
1252	公共管理
1254	旅游管理
1255	图书情报
1351	艺术

学校秉承"为少数民族和民族地区经济社会发展服务，为国家民族工作服务"的历史使命，始终与解决国内民族问题相联系，始终与民族地区的发展和社会需求相适应，始终与少数民族和民族地区人才资源开发相契合。以民族学学科群、东盟学学科群、数学与信息科学交叉学科群三大学科群为依托，提升哲学、文学、历史学、法学、教育学、经济学、管理学等人文社会学科竞争

力，大力发展理工科，积极培育广西特色资源开发与环境治理学科群，适当发展药学养生学，促进人文社会科学与自然科学的高度融合，培育新兴交叉学科，主动服务创新驱动国家战略，紧扣"民族性、区域性、国际性"办学定位，强化人才培养、科学研究、社会服务、文化传承创新、国际合作与交流五大功能，全面提高教育教学质量，进一步提升办学水平。

广西民族大学依托民族学、亚非语言文学两个特色优势学科，辐射带动相关学科集群发展，建成民族学和东盟学两大学科群，占领国内民族学研究制高点，引领中国东盟学科新发展。民族学学科群形成了民族语言、民族历史、民族经济、民族教育、民族文化、民族艺术、民族宗教、民族体育、民族科技等特色学科方向；东盟学学科群形成了东盟语言文学、东盟政治法律、东盟教育、东盟科学技术、东盟经贸商旅、东盟历史文化、东盟民族宗教、东盟艺术体育等系列学科方向。依托2大特色学科群，培育出民族学国家级教学团队，获得6项国家哲学社会科学重大招标课题，3项国家级人文社会科学成果奖，100多项广西哲学社会科学优秀成果奖，2门国家级精品课程，1门国家级精品视频公开课，2门国家级精品资源共享课。

（四）广西民族大学硕士学位授权点的发展历程

自1999年民族学、中国少数民族语言文学2个专业开始招收硕士研究生以来，经过20多年的建设与发展，学校现已拥有16个一级学科硕士学位授权点，3个二级学科硕士学位授权点。

2002年，学校有二级学科硕士学位授权点6个，分别是：民族学、中国少数民族语言文学、亚非语言文学、马克思主义理论与思想政治教育、行政管理、档案学。

2003年，学校有硕士学位授权点13个。其中，新增一级学科硕士学位点1个：科学技术史；新增二级学科硕士学位点6个：诉讼法学、马克思主义民族理论与政策、中国少数民族史、语言学及应用语言学、基础数学、计算机数学。

2006年，学校硕士学位授权点增长迅猛，达到42个。其中，新增2个一级学科硕士学位点：民族学、马克思主义理论；新增29个二级学科硕士学位点：刑法学、政治学理论、中共党史（含党的学说与建设）、社会学、中国少数民族经济、中国少数民族艺术、马克思主义基本原理、马克思主义发展史、马克思主义中国化研究、国外马克思主义研究、思想政治教育、中国近现代史基本问题研究、体育教育训练学、民族传统体育、文艺学、汉语言文字学、中国古代文学、中国现当代文学、比较文学与世界文学、外国语言学及应用语言学、专门史、应用数学、生物化学与分子生物学、计算机应用技术、应用化学、伦理学、美学、社会保障、图书馆学。

2009 年，学校新增法律、汉语国际教育 2 个专业硕士学位授权点。

2010 年，学校新增翻译、公共管理 2 个专业硕士学位授权点。

2009~2010 年两年内，学校共获得 4 个专业硕士学位授权点，实现了专业学位授权点翻一番的目标。

2011 年，学校硕士学位授权点获得重大突破，一级学科硕士学位授权点从 3 个增至 11 个，二级学科硕士学位授权点达 66 个，学位授权点数量实现了历史性跨越。其中，新增一级学科硕士学位授权点 8 个：政治学、中国语言文学、外国语言文学、中国史、数学、化学工程与技术、计算机科学与技术、图书情报与档案管理。在原有 40 个二级学科硕士学位点、4 个专业硕士学位点的基础上，2011 年 11 月，学校共资助设置国务院学位委员会、教育部颁布的《学位授予和人才培养学科目录》内二级学科点 13 个，目录外二级学科点 9 个，使二级学科硕士学位点总数增至 66 个。

2013 年 12 月 11 日召开的学位评定委员会审议了学校专业学位授权点建设，投票遴选出教育硕士、国际商务、化学工程以及软件工程等 4 个学科为申报增列专业硕士学位授权点。其中，教育硕士、国际商务、化学工程 3 个点通过自治区专家组审核。

2014 年 4 月，经国家民委教育科技司审核，确定学校的人类学、生物化学与分子生物学两个二级学科为国家民委重点学科；截至 2014 年，学校省部级重点学科达 24 个，这是深化学科建设工作的又一大成果。同年 4 月，学校的教育学、国际商务两个学科通过自治区专家组审核并获得了硕士专业学位授予权。学校的专业学位领域得到了进一步拓展，研究生教育结构持续优化。

2018 年，学校新增应用经济学、教育学、法学、体育学、公共管理学等 5 个一级学科硕士授权点，体育、文物与博物馆、工程、旅游管理、图书情报等

5个硕士专业学位授权点，至此，学校的一级学科硕士授权点达到16个，硕士专业学位授权点达到11个。

（五）广西民族大学博士学位授权点的发展历程

博士学位授予单位建设是学校工作的大局，更是学科建设的重中之重。广西民族大学从2004年开始启动申博工作，2009年1月成为广西壮族自治区2008~2015年新增博士学位立项建设单位。2011年6月，学校通过国务院学位委员会中期检查。2013年1月，经国务院学位委员会学科评议组评议，学校民族学、中国语言文学、外国语言文学3个博士学位授权一级学科全部通过验收，学校学科建设实现了跨越式发展。

2003年4月，《广西民族学院2003-2010年发展战略规划》提出"争取成为博士学位授予单位"的学科建设目标。5月，在学校第一次学科建设工作大会开幕式上，何龙群院长号召全校员工提高认识，统一思想，推动学校学科建设进入新起点，为实现学科建设战略和申报博士点打下了基础。

2004年制定的《广西民族学院2005-2010年学位授权点学科建设与研究生教育发展规划》，进一步明确了未来5年学校以申报博士点为核心的学科建设与研究生教育工作总体目标和具体措施。

2005年，学校正式启动申博工作，将申报博士学位授权单位、建设博士学位授权点列入《广西民族大学"十一五"发展规划》，提出了大力加强特色学科群建设、积极扶持新学科点和学科群、扶持专业硕士点、加强人文社科重点研究基地和重点实验室建设等具体建设目标。

2006年，申博工作进入实质性阶段。学校制定了《广西民族大学申博工作方案》，成立了申博工作领导小组，学校党委书记梁颖、校长何龙群担任领导小组组长，领导小组下设申博办公室，指定专人负责具体事宜，为科学有序地推进博士学位授予单位立项建设学科申报工作做了充分准备。

2007年初，学校组织召开申博工作领导小组会议，下发《广西民族大学申博攻坚阶段工作方案》。方案明确了申博工作的指导思想、今后努力的目标和建设的重点，落实了申博工作的组织机构、工作职责及工作机制，并就申博工作的重点内容、时间进度、阶段任务、人员分工等进行了科学的统筹安排。

第三章 广西民族大学"四位一体"研究生教育综合改革的保障机制

2008年,国家对学位授权审核办法进行了改革,学校随即召开会议,结合学校实际,认真领会相关文件精神。9月,学校制定并实施了《广西民族大学申博冲刺阶段工作方案》,确立民族学、亚非语言文学、中国少数民族语言文学3个学科为拟立项建设的授权学科,科学技术史、马克思主义中国化研究、计算数学为拟立项建设的支撑学科,要求进一步加强申博学科的建设、论证、整合与外联工作,举全校之力编制好《2008—2015年新增博士、硕士学位授予单位立项建设规划》。

2009年9月,学校在本校青年教师及在读研究生中遴选优秀人才,为民族学、亚非语言文学、中国少数民族语言文学3个学科的学科带头人和方向负责人,以及马克思主义中国化研究、计算数学、科学技术史3个学科的学科带头人配备了学术助手,以协助完成科研立项,鼓励多出高水平、高档次的科研成果。

2010年1月5日,学校党委下发《关于成立博士单位建设领导小组的通知》,决定根据学校发展,将原学校申博工作领导小组更名为博士单位建设领导小组,组长由时任校党委书记钟海青、校长何龙群担任,副组长由学校副职领导担任,成员由各学院院长、有关职能部门负责人组成。

2011年9月,根据博士学位授权单位学科规划均按一级学科进行建设的要求,学校为民族学、外国语言文学、中国语言文学3个授权学科的学科带头人及方向负责人,以及马克思主义理论、数学、科学技术史3个支撑学科的学科带头人继续聘任学术助手,促进申博学科取得更多科研成果。到目前为止,学校已有4个博士研究生学位授权一级学科(见表3-4)。

2013年7月19日,国务院学位委员会文件《关于下达2008—2015年立项建设博士、硕士学位授予及其授予学科名单的通知》正式下达,这标志着广西民族大学在构建完整的人才培养体系方面实现了新的突破,在建设高水平民族大学的进程中实现了又一次具有里程碑意义的跨越。

2018年,学校理工科博士点实现了零的突破。根据《国务院学位委员会关于下达2017年审核增列的博士、硕士学位授权点名单》,广西民族大学化学工程与技术获得一级学科博士点,是本次新增申报工作中民族类院校唯一获得的理工科博士点。

三、广西民族大学学科专业建设的发展

(一) 广西民族大学学科发展状况

1. 学科简况

广西民族大学现有 4 个一级学科博士学位授权点；16 个一级学科学术学位硕士授权点，3 个二级学科硕士学位授权点（不含一级学科覆盖点），13 个类别的专业学位硕士授权点，学科覆盖了哲学、经济学、法学、教育学、文学、历史学、理学、工学、管理学、艺术学等 10 个门类；学位授权点分布于 20 个学院。

2. 学科分析

2003 年 4 月 3 日，学校第四届二次教职工代表大会通过了《广西民族学院 2003－2010 年学科建设与队伍建设规划》。该规划实事求是地分析了学科和队伍建设的现有基础，明确规定了 2003～2010 年学科建设的指导思想和发展目标，提出了要在七八年内，力争建立起一个适应广西经济建设和社会发展及学校自身发展需要，在区内外有一定影响，特色突出，优势明显的学科体系。具体目标是，在发展优势、特色学科的同时，重点发展应用学科，积极发展新兴学科和边缘学科。

2004 年上半年，学校组织制定了《广西民族学院 2005－2010 年学位授权点学科建设与研究生教育发展规划》。该规划进一步明确了未来 5 年学校学科建设的指导思想、总体目标、具体措施，为学校未来 5 年学科建设与研究生教育工作提供了行动纲领。

2005 年，学校成立了广西民族学院学位授权点学科建设领导小组，起草了《广西民族学院学科建设与队伍建设"十一五"计划和 2020 年长远规划》《广西民族学院学位授予点学科建设要求及经费使用管理办法（试行）》等文件。经过多次论证修改，2007 年 3 月 12 日，《广西民族大学"十一五"学科与队伍建设规划》《广西民族大学学位授权点学科建设要求及经费使用管理办法》正式颁布实施。

2007 年 6 月，学校编制了《2007－2010 年中央与地方共建高校特色优势

第三章　广西民族大学"四位一体"研究生教育综合改革的保障机制

学科实验室项目规划》。经过多方努力和积极争取，规划共申报项目15个，最终有11个项目获得财政部立项。申报工作有力地促进了学校实验室和人文社科研究中心的长远建设与发展，也为申请博士学位工作奠定了良好的硬件基础。

2010年3~5月，学校组织编制、论证并上报了《广西民族大学2011-2015年学位点学科与研究生教育发展规划》《广西民族大学2010-2015年硕士专业学位教育发展规划》。学术型硕士学位点和硕士专业学位点两大学位授权点学科建设规划具有全局性意义。学校共有60个学位授权点学科和专业学位点学科列入了自治区专项规划，为学校在"十二五"期间新一轮的学科建设工作奠定了良好基础。学校上报的《广西民族大学2011-2015年学位点学科与研究生教育发展规划》中，有31个学术型学位点学科列入自治区"十二五"学位点学科建设规划，其中规划的8个博士学位授权一级学科、9个硕士学位授权一级学科中，有16个学科将获得自治区财政专项资助建设。《广西民族大学2010-2015年硕士专业学位教育发展规划》中，有20个硕士专业学位类别，有29个硕士专业学位点列入了自治区2010~2015年硕士专业学位教育发展规划。两个规划明确了学校未来5年学位点的布局与中心，既巩固了民族学、东盟学等传统人文社会科学学科群的特色优势，又拓展和扶持了理工科、交叉学科的专业设置，有助于优化和改善学科结构，极大地丰富了学校高层次人才培养内涵。

（二）广西民族大学重点学科建设与学科评估

1. 重点学科的建设情况

广西民族大学目前有24个重点学科，其中民族学、中国语言文学、外国语言文学为省部级一级重点学科，人类学、生物化学与分子生物学为国家民委重点学科，其他为省部级二级重点学科（见表3-7）。

学校以"特色—优势—品牌"的学科建设思路为引导，按照"有所为，有所不为"和"重点推进，统筹发展"的原则，充分发挥民族学、亚非语言文学和中国少数民族语言文学三大特色学科在区域、人才、成果、项目等方面的辐射、带动作用，逐步形成了多学科交叉融合的品牌学科群。

表 3-7　　　　　　　　广西民族大学省部级重点学科一览

年份	重点学科名称	级别
2005	亚非语言文学	省部级二级重点学科
	民族学	省部级二级重点学科
2007	马克思主义中国化	省部级二级重点学科
	中国少数民族语言文学	省部级二级重点学科
	计算数学	省部级二级重点学科
2012	文艺学	省部级二级重点学科
	英语语言文学	省部级二级重点学科
	中国少数民族经济	省部级二级重点学科
	少数民族史	省部级二级重点学科
	民族教育学	省部级二级重点学科
2013	马克思主义基本原理	省部级二级重点学科
	诉讼法学	省部级二级重点学科
	档案学	省部级二级重点学科
	行政管理	省部级二级重点学科
	中国语言文学	省部级二级重点学科 自治区优势特色学科
	外国语言文学	省部级二级重点学科
	民族学	省部级二级重点学科
	应用数学	省部级二级重点学科
	计算机软件与理论	省部级二级重点学科
	应用化学	省部级二级重点学科
	教育学原理	省部级二级重点学科
	国际贸易学	省部级二级重点学科
2014	人类学	国家民委重点学科
	生物化学与分子生物学	国家民委重点学科

一是民族学学科群。该学科群以 2011 年国家民族事务委员会首批人文社会科学重点研究基地"中国南方与东南亚跨境民族研究基地"及壮学研究中

心、瑶学研究中心两个自治区级人文社科重点研究基地为依托,与中国社会科学院边疆史地研究中心共建中国边疆历史与社会研究广西工作站,形成了以壮学研究、瑶学研究、西南族群研究、跨境民族研究等为优势,以民族理论与政策、民族史、民族语言与文学、民族经济、民族生态美学、民族艺术、民族体育等为特色的中国南方与东南亚民族研究人才小高地创新团队,力争成为中国南方地区最有创新活力和影响力的教学、科研重地之一。学校成为中国及东南亚地区最重要的壮学、瑶学研究基地。

二是东盟学学科群。该学科群以东盟语言文学为基础,以东盟经贸商旅、东盟政治法律、东盟历史文化、东盟民族宗教、东盟艺术体育等系列学科为亮点,积极打造越南语、泰国语、老挝语、柬埔寨语、缅甸语、印度尼西亚语、马来语等品牌专业,培育了若干具有较强研究能力和竞争力的创新群体,发挥其在全区乃至全国的引领作用。

三是中国少数民族语言文学学科。该学科下设壮侗族语言、民族民间文学、审美文化、跨国民族语言比较等4个研究方向。2007年,生态审美与民族文学研究基地成为广西高校人文社科重点研究基地,同时成为中央与地方共建高校特色优势学科实验室项目。2008年,成立广西少数民族语言文学研究中心、广西少数民族非物质文化遗产研究中心。该学科建有国内唯一的壮侗语言文化网站,其壮侗族语言研究等具有鲜明的地域色彩、学科优势和国际影响力。

此外,自治区级重点学科马克思主义中国化研究、计算数学,以及政法经贸学学科和一些基础性、应用型学科,如化学、管理学等也形成了集群趋向。其中,数学与计算机科学交叉学科群的建设,有利于推动基础数学、计算数学、计算机系统集成与开发及电子通信、信息处理等学科的壮大与发展。学校积极扶持上述学科争取承担省部级以上的重大项目与课题,产出一批在国内外学术界有重要影响的标志性成果。经过十几年的建设,这些学科群交叉、融合与发展,使学校学科建设的整体优势及学科品牌效应日益凸显。

2. 学位点学科评估

2003年,自治区学位办公室组织的专家组到学校进行了硕士学位授权点验收和实地考察。专家组对学校第一批和第二批启动建设的学位授权点以及 2003 年拟申报学位点的工作给予了充分肯定，认为学校首批启动建设的学位授权点经费到位，管理规范，经费配套力度大，验收合格。在学校当年申报的 14 个学位点中，有机化学、基础数学、计算机应用技术、科学技术史、语言学及应用语言学、中国现当代文学、中国少数民族史、中共党史 8 个学科达到了申报学位点的基本要求，法语语言文学、马克思主义民族理论与政策、诉讼法学、教育技术学、应用化学、计算机数学 6 个学位点基本达到所申报学位点的基本要求。通过实地考察，上述 14 个学位点全部获得同意申报。

2006 年，学校组织制定和完善了 2006 年获自治区财政资助学位点学科建设任务书，按学科建设任务书的要求进行学位点建设。自治区学位委员会专家组到学校对硕士学位授权点建设进行了检查评估和实地考察。硕士学位授权点建设最终获得了顺利通过。

2007 年 4 月，学校顺利通过了自治区学位委员会、教育厅专家组对学位授权点学科建设工作进行的年度检查与评估。学校 2005 年、2006 年启动的国际贸易学、伦理学、美学、物理化学、分析化学、管理学、社会学、民族学、法语语言文学等 9 个学位点的学科建设工作，获得了专家组的一致好评。5~6 月，按照自治区学位委员会《关于下达 2007 年财政专项经费资助建设学位授权点学科名单的通知》，学校认真组织修订了《学位授权点学科建设任务书》，督促各学位点按照任务书的要求加强规范管理和学科建设。10 月，学校及时将自治区学位委员会《关于反馈 2007 年学位授权点学科建设任务书专家审查意见的通知》下发给 2007 年启动建设的学科点，要求将意见贯彻落实到学科建设中，强调合理使用学科建设经费。

2008 年初，学校对 2006 年获自治区财政资助启动建设的伦理学、国际贸易学、美学、社会学、物理化学等 5 个学位授权点学科，以及 2005 年获自治区财政资助启动建设的民族学、公共管理学（MPA）、分析化学、法语语言文学等 4 个学位授权点的学科建设情况，进行了校内预评估。3 月下旬，上述 9 个学位授权点学科顺利通过了专家组的年度检查。

2009 年，学校对自治区学位委员会、教育厅学位点学科年度评估验收工作进行了周密布置，要求 2006 年启动建设的伦理学、国际贸易学、美学、社会学、物理化学 5 个学科认真准备验收自评报告、整理支撑材料和制作汇报课件，同时做好学校层面自评报告的撰写以及学校领导汇报课件的制作。由于"领导重视、管理规范、特色鲜明、成效显著"，评估专家组一致同意这5个学科通过验收。

2010年10月，自治区学位委员会、教育厅专家组对学校学位授权点学科进行常规检查验收工作，同意2005年获自治区财政资助启动建设的法语语言文学、公共事业管理、分析化学3个学位授权点学科通过验收；同意2007年、2009年获自治区财政资助启动建设的中国少数民族艺术、文艺学、中共党史、政治学理论、英语语言文学、计算机软件与理论、体育教育训练学、刑法学、概率论与数理统计、生物化学与分子生物10个授权点学科通过验收；同意2007年、2009年获自治区财政资助启动建设的旅游管理、凝聚态物理、人类学、系统分析与集成、企业管理等5个授权点学科通过中期检查。

2014年，在国务院学位委员会组织的学位授权点专项评估工作中，学校参评的法律、汉语国际教育、公共管理、翻译4个类别专业学位硕士授权点顺利通过专项评估。民族学、中国语言文学、外国语言文学3个博士学位授权点，积极开展国务院学位委员会组织的2017年的学位授权点专项评估工作。

2016年，在全国第四轮学科评估中，学校有7个学科进入全国前70%，其中，民族学为B、中国语言文学和外国语言文学为B−、科学技术史为C+、政治学为C、马克思主义理论和数学为C−，居全广西同类高校前列。学校所有学科在教育部开展的合格评估中，通过率为100%。在2018年教育部开展的合格评估工作中，学校参评的11个一级学科、3个二级学科和2个类别的专业学位点的评估初步结果均为"合格"。

2020年，国务院学位委员会、教育部发布《关于下达学位授权点合格评估结果及处理意见的通知》，公布了全国首次（2014~2019年）学位授权点合格评估结果及处理意见。广西民族大学有10个学位授权点参与评估，评估结果均为"合格"。①自我评估结果为"合格"且未被抽评的硕士学位授权点名单：伦理学、美学、马克思主义理论、中国史、数学、生物化学与分子生物学、科学技术史、计算机科学与技术。②评估抽评结果为"合格"的硕士学位授权点名单：政治学、图书情报与档案管理。

第二节 广西民族大学研究生招生机制的改革

一、研究生招生机制改革的内涵与意义

深化研究生招生考试改革，通过考试、申请、审核、推荐等方式选拔优秀生源，促进高层次专门人才的培养，维护教育公平和社会公平，是研究生招生考试的核心要义。研究生人才的选拔和培养，事关国计民生，党和中央对此高度重视。《教育部　国家发展改革委　财政部关于加快新时代研究生教育改革发展的意见》中明确指出，深化招生计划管理改革，健全供需调节机制；深化考试招生制度改革，精准选拔人才。其一方面强调建立适应经济社会发展的招生计划调节机制，向重大科研平台、关键学科领域等方面有突破性进展的高校倾斜；另一方面深化考试制度改革，完善分类考试、综合评价、多元录取、严格监管的研究生考试招生制度体系。

研究生招生机制改革是经济社会发展的必然结果。人才是国家经济社会发展的第一资源，是国家培育高水平创新型人才的主要途径，是国家创新机制的关键构成。研究生招生选拔方式改革，也必然服务于国家改革发展的主线。招生方式改革是经济社会发展的必然结果。经济社会的发展必然促使教育理念和教育体制不断转变，而教育的外延式发展也使研究生教育由精英化转变为普及化，教育理念的变革必然推动研究生招生方式的转变，从而选拔出适应经济社会发展需求的创新型人才。

研究生招生机制改革是研究生教育管理模式的改革呈现。随着研究生教育的发展，特别是教育"放管服"改革的实施，研究生招生自主权不断增加。"去笔试化"选拔方式顺应了教育管理模式改革的趋势。

研究生招生机制改革是人才选拔评定的内在要求。考试在我国人才选拔的历史中一直占据着重要的地位。招生方式改革的根本在于提高人才选拔的有效性。在研究生招生中，应该更加注重考查考生的科研潜力和创新意识，而考试这种评价方式，存在明显的局限性。提高人才评定选拔的有效性成为研究生招

生机制改革不断努力的方向。

二、广西民族大学研究生招生制度的发展

为促进研究生教育质量的提升,广西民族大学高度重视学校研究生招生入学选拔机制的改革。早期研究生招生的学科门类较少,数量少,招生制度和模式相对单一,主要按照国家相关政策全国统考的方式完成招生。随着研究生招生规模的不断扩大,国家招生权力的下放,特别是近几年招生数量急剧增加,为选拔真正有科技创新能力和学术潜能的学生进入研究生阶段继续深造,广西民族大学广泛吸收借鉴其他高校的研究生入学选拔的成功经验,积极探索研究生招生选拔机制的改革。

（一）1999 年以来广西民族大学研究生招生基本情况

1995 年,为全面落实《中国教育改革和发展纲要》,国家教育委员会提出《关于进一步改进和加强研究生工作的若干意见》,对研究生的招生规模和发展速度、招生办法、招生政策都作出了规划,提出了指导性意见。文件强调,研究生教育应当保持一个适当的规模和发展速度,要在 1995 年招生规模的基础上,逐年增加招生数,到 2000 年时在校研究生达到 20 万人左右。国家将逐步试行通报当年研究生分配和需求情况,为研究生招生工作提供参考。在政策激励和引导下,学校积极申请硕士学位授权点,1998 年,广西民族大学获得了民族学和中国少数民族语言文学 2 个学术型硕士学位授予权,1999 年正式招生,共招收 6 名研究生,揭开了学校研究生教育发展的新篇章。

广西民族大学自 1999 年开始研究生招生以来,始终严守国家招生工作的规章制度,做到统一标准、从严掌控、以考生为本,全面实现阳光招生。在实际工作中,学校坚持公开、公平、公正的原则,不断完善生源选拔评价机制,创新招生培养工作方式,进一步提高研究生的生源质量。回顾 20 多年的招生工作,学校实现了招生工作的零事故,圆满完成了国家布置的招生任务,1999 年以来广西民族大学研究生（不含留学生）招生人数统计见表 3-8。

表 3-8　1999 年以来广西民族大学研究生（不含留学生）招生数　　单位：人

招生年份	招生人数				合计
	硕士研究生	其中：学硕	其中：专硕	博士研究生	
1999	6	6	—	—	6
2000	10	10	—	—	10
2001	24	24	—	—	24
2002	27	27	—	—	27
2003	58	58	—	—	58
2004	186	186	—	—	186
2005	239	239	—	—	239
2006	303	303	—	—	303
2007	334	334	—	—	334
2008	400	400	—	—	400
2009	435	435	—	—	435
2010	455	404	51	—	455
2011	459	359	100	—	459
2012	493	380	113	—	493
2013	516	400	116	—	516
2014	528	369	159	10	538
2015	548	356	192	14	562
2016	566	345	221	19	585
2017	613	340	273	25	638
2018	663	340	323	27	690
2019	736	380	356	30	766
2020	1 725	624	1 101	35	1 760
合计	9 324	6 319	3 005	160	9 484

作为地方民族院校，学校研究生教育发展受国家政策引导的影响较大，研究生招生呈现出以下四个特点。

（1）随着学校学科建设、教师队伍的发展，学校办学实力不断增强，加

第三章 广西民族大学"四位一体"研究生教育综合改革的保障机制

快推进研究生教育发展步伐,学校研究生整体规模逐年扩大。以 2004 年为界,1999~2004 年研究生招生数量增长缓慢,每年招生人数不足 60 人;2004 年,因为国家政策调整,研究生招生人数迅速成长,突破 150 人;2004~2019 年,广西民族大学研究生招生人数持续增加。2020 年,广西民族大学研究生招生出现了数量上的高峰,研究生招生人数突破 1 700 人,特别是专业学位硕士招生数量是 2019 年的 3 倍多。

(2)广西民族大学研究生规模的增长主要表现在硕士研究生数量的增长上,其中自 2010 年专业硕士研究生招生以来,一直呈现逐年增长的趋势,2010~2019 年,招生人数稳步增长,2020 年专业硕士研究生招收 1 101 人,达到顶峰。学术型博士生的招生人数虽有一定数量增长,但增长速度相对平缓,2014 年招收 10 人,2015 年招收 14 人,2016 年招收 19 人,2017 年招收 25 人。截至 2020 年,博士研究生招生人数总计 160 人,其中,2020 年也仅为 35 人。

(3)从生源地分布情况来看,广西民族大学研究生主要的生源地为广西壮族自治区本地,随着招生规模的扩大,学生生源地也在不断增多,外省的生源主要集中在广东、河南、山东、湖北、山西等省份。

(4)招生自主权不断扩大。2003 年教育部改革了研究生考试录取制度,扩大了学校的招生自主权。广西民族大学紧随国家政策要求,积极推进研究生招生考试改革,复试采用笔试、面试和实践能力考试等方式进行,注重考查学生的专业素质和综合能力。广西民族大学招生办公室负责制订招生计划、颁布研究生招生文件,编制研究生招生专业目录,并指导各研究生招生学院做好复试和录取工作,做好学校各类研究生的招生宣传、咨询以及录取工作。

(二)广西民族大学研究生招生机制改革

21 世纪以来,我国的学位与研究生工作进入了一个崭新的发展阶段,国家和社会对研究生教育提出了更高的要求。作为地处祖国西南边陲的民族高等院校,广西民族大学立足于学校招生工作的实际,全面统筹区内区外两个大局,兼顾广西以及国家民族地区的基础教育情况,真抓实干,锐意进取,逐步走出了一条适合本校研究生发展的特色招生之路。

在具体的招生工作中,广西民族大学立足学科专业设置情况、研究生考生报名情况、广西经济发展情况,全面考虑专业建设与研究生招生的关系、学校

广西民族大学"四位一体"研究生教育综合改革的探索与实践（1999~2020）

建设与广西区域经济发展的关系、民族教育与边疆地区社会稳定的关系，做到严格执行国家规定，活学活用民族招生政策，重点扶持落后地区的民族考生。实践证明，学校的研究生改革之路，符合学校发展的实际，顺应广西地区经济发展的要求，得到了广大考生的信任理解和支持。具体表现在以下三个方面：

1. 精心组织编制招生专业目录

广西民族大学每年会按照教育部编制研究生招生专业目录的通知要求，准确理解和把握编制招生专业目录的各项规定，制定出学校招生专业目录。改革部分招生专业的研究方向，同时进一步优化自命题科目设置，积极加大按一级学科（群）设置考试科目的改革力度，鼓励学校招生的各学科门类均按照一级学科命题。

2. 加强考试管理，确保考试安全

广西民族大学把考试安全保密工作作为研究生招生工作的重中之重，常抓不懈。认真贯彻落实《中华人民共和国保守国家秘密法》《国家教育考试考务安全保密工作规定》《国家教育考试违规处理办法》《中华人民共和国刑法修正案（九）》等有关考试安全保密的法律法规，建立健全考试安全保密的规章制度体系。

学校成立了以校长为组长兼主考、分管研究生工作的副校长和分管纪委工作的副书记为副组长兼副主考的考点工作领导小组，同时下设办公室、考务、财务、监察、保卫、宣传、设备保障、后勤保障等职能工作组，分别以各职能部门的主要领导为组长，确保考点各项工作能安全、有序的进行。

按照教育部和自治区招生考试院的要求，加强复试工作管理，按照初试的要求来布置考场、组织考试，复试工作全程录音录像，实现复试过程可追溯、可再现，从客观上遏制各种形式的作弊行为。

加强同学校保卫处、网络中心、宣传部等各部门的协同配合，加强封堵有害信息，净化校园网络环境，消除有害信息对考试安全造成的不利影响。

加强命题教师队伍的教育和管理工作，特别制定了《关于加强研究生考试命题保密工作的通知》，强调每一位命题教师都必须签订保密承诺书，让他们清楚地认识自己要承担的保密义务以及泄密的严重后果，严防泄题、漏题等重大事件发生。严禁命题教师参加任何形式的考研辅导班。针对自命题工作环节多、范围大、周期长的特点，加强对自命试题的印刷、运送、保管等各个环节

第三章 广西民族大学"四位一体"研究生教育综合改革的保障机制

试题、试卷安全保密工作,确保试题、试卷的安全保密工作落到实处。

3. 全面落实教育部文件精神,进一步改革完善调剂复试制度

根据教育部有关文件精神,广西民族大学注重对历年复试方案的总结,同时结合学校的实际情况,每年都会制定出较为完善的硕士研究生的调剂、复试和工作办法。

一是细化调剂程序。为了保证调剂工作的公正性,健全导师集体决策和监督机制,学校在复试工作办法中对于调剂工作做了详尽规定,要求调剂时,必须通知本二级学科每一位校内导师到场,集中协商与讨论,到场协商的导师不得少于3人;对争议较大的调剂备选考生,可实行无记名投票的办法决定,赞成票必须达到2/3及以上,方可列入调剂名单;调剂名单原则上必须每位到场的导师签字。

二是提升调剂效率。从便利考生出发,推动招生单位及时反馈受理结果,减少考生等待,考生填报志愿后,系统锁定时间由原来的48小时缩短为36小时,如招生单位未明确受理意见,系统自动解锁,考生可继续填报其他志愿;强化考生服务,在调剂系统进行"在线咨询",对调剂过程中的热点共性问题集中统一答复。

三是强化调剂监管。在复试过程中,学校专门成立了研究生招生工作监督小组,负责调剂、复试和录取工作各个环节的监督检查工作,严肃招生纪律。同时,学校各学院成立以学院党总支书记或党委书记为负责人的复试监督小组,复试监督小组成员3～5人,加强学院内部的人员管理,负责学院调剂、复试和录取过程各个环节的监督检查,并受理考生的举报、投诉事宜。

为了确保录取的公正、公平,学校还对复试录取方法做了明确、详细的规定,要求各学科专业严格按照第一志愿考生、调剂考生的总成绩分别由高到低排序,并依据排序依次确定拟录取名单和国家招生计划名单;为了鼓励第一志愿考生,特别规定了第一志愿考生录取比例不低于调剂考生录取比例。同时,录取中贯彻国家的少数民族政策,对于少数民族考生,在同等条件下优先录取。

四是加大信息公开力度,自觉接受社会监督。根据教育部文件的要求,学校在研究生院的网页特别设立了招生专栏,向社会公布招生简章、招生专业目录、各专业招生人数、复试工作办法、破格复试条件及考生、初试成绩、拟录

取名单、复试各项考试成绩等重要信息，对于拟录取名单，公示时间都在7个工作日以上，每一个变动的名单，都特别作出说明，另行公示7个工作日。同时，学校还公布了举报电话号码、受理举报部门和通信地址，保证考生举报和申诉渠道畅通，并按照有关规定及时调查处理。

　　五是坚持以人为本，做好服务考生、维护考生合法权益的工作。做好为考生服务、维护考生合法权益的工作是研究生招生管理工作的重要内容，直接关系到研究生招生工作的形象。学校改变观念，牢固树立服务意识，改进服务态度，提高服务水平，切实维护广大考生的利益。利用网站、微博、微信等多种形式广泛宣传学校研究生招生政策和规定，积极开展咨询活动；复试报到时实行"一站式"服务，让所有学院集中一处进行办公；复试期间安排校医院医生待命，同时加强了考场周围的安保力量，以确保考试顺利进行；充分利用"全国硕士研究生调剂复试服务系统"，为考生调剂提供更加便利、更加规范、更加有效的服务；公布投诉电话，重视考生的信访和申诉工作，认真调查处理考生反映的问题，在校园网发布《广西民族大学硕士研究生招生声明》，树立了研究生招生工作的良好风气。

三、广西民族大学研究生招生类型与模式

　　广西民族大学研究生招生类型按培养层次可以分为硕士研究生和博士研究生，按照学位授予类型分为学术型学位和专业型学位，按照生源来源地国家看可以分为国内全日制研究生和国际留学研究生。此外，还招收过广西地方性计划研究生班学员、高校教师在职攻读硕士学位等。

　　（一）硕士研究生

　　广西民族大学硕士研究生招生工作严格按照教育部文件精神、广西壮族自治区招生考试院有关规定和《广西民族大学硕士研究生调剂、复试和录取工作办法》进行，并由学校纪检监察部门全程监控招生的各个环节。

　　广西民族大学硕士研究生招生总数逐年增长，特别是2020年增长较快，其中，学术型硕士研究生自2010～2019年保持缓慢递减的趋势，专业学位硕士研究生数量逐年递增（见表3-9）。

第三章 广西民族大学"四位一体"研究生教育综合改革的保障机制

表3-9　　广西民族大学2011年以来硕士研究生招生人数　　单位：人

年份	中国内地 学术型硕士	中国内地 专业学位	外籍留学生 学术型硕士	外籍留学生 专业学位	总计
2010	404	51	48	17	520
2011	359	100	34	17	510
2012	380	113	47	1	541
2013	400	116	58	0	574
2014	369	159	43	0	571
2015	356	192	17	13	578
2016	345	221	17	12	595
2017	340	273	21	13	647
2018	340	323	15	20	698
2019	380	356	18	10	764
2020	624	1 101	10	9	1 744
总计	4 297	3 005	328	112	7 742

广西民族大学现行的硕士研究生招生模式是采用普通招考的方式进行，招生对象必须通过全国统一考试，经过复试后方可取得入学资格，这是现行研究生招生模式的主体形式。硕士研究生由两部分组成，即初试和复试。初试是由国家组织统一的考试，复试是各招生单位组织的考试。除教育部批准的34所自行划定本校复试基本分数线外，其他高校均采用国家统一划线。由于广西民族大学地处广西壮族自治区，是国家划定的研究生考试的B类地区，分数线较A区分数线低，每年都会有许多调剂的学生选择本校。

专业学位硕士研究生相对于学术型硕士研究生而言，更加注重适应社会行业和职业发展实际的需求，需要培养扎实的实践技能来适应应用型高层次专门人才的要求。教育部决定从2009年起，大部分专业学位硕士开始全日制培养，并发"双证"，2013年继续推行将硕士研究生教育从以培养学术型人才为主向以培养应用型人才为主转变政策，实现研究生教育结构的历史性转型和战略性调整。目前，我国专业学位教育正处于发展的大好时机。由于我国经济社会的发展迅速，经济结构正处于调整和转型时期，职业分化越来越细，职业种类越来越多，技术含量越来越高，社会在管理、工程、建筑、法律、经济、教育、农业等专业领域对高级专门人才的需求越来越强烈，专业学位教育所具有的职业性、复合性、应用性的特征也在逐渐地为社会各界所认识，其吸引力定会不断增加。

广西民族大学紧紧抓住国家发展专业学位硕士的良好契机，大力发展和扩大专业学位硕士的招生数量。从2010年起招收专业硕士研究生，2010年第一次招收法律硕士27人，汉语国际教育硕士24人。为更好地满足国家经济社会发展对高层次应用型人才的迫切需求，调整研究生教育类型结构，优化研究生教育培养学科体系，广西民族大学根据教育部文件精神，积极调整硕士研究生学科结构，扩大专业硕士研究生的招生计划，逐步递减学术型招生计划，积极关注专业硕士的发展。2010年专业硕士招生专业仅为2个，2014年，学习被批准为教育硕士专业学位研究生培养单位，2015年开始招生，2015年专业硕士招生专业增加到14个，2020年学校有22个专业学位硕士专业招收硕士研究生。

（二）博士研究生

广西民族大学博士研究生教育以学术型博士为主，目前正在积极申请专业学位博士研究生的授予权，在招生的数量和规模上都相对较小。自2014年正式招生博士生以来，截至2020年学校共招生228名博士生，其中包含68名外籍留学生。学校博士生的招生规模较小，但也呈现出逐年上升的趋势。学校博士研究生招生目前还是通过公开招考的方式进行，同时也在积极探索博士研究生招生模式的改革，建立健全博士研究生"申请—考核"招生选拔机制（见表3-10）。

表3-10　　　　广西民族大学博士研究生招生人数　　　　单位：人

年份	中国内地 公开招考	外籍 其他	总计
2014	10	3	13
2015	14	10	24
2016	19	19	38

第三章　广西民族大学"四位一体"研究生教育综合改革的保障机制

续表

年份	中国内地	外籍	总计
	公开招考	其他	
2017	25	12	37
2018	27	11	38
2019	30	6	36
2020	35	7	42
合计	160	68	228

广西民族大学博士研究生招生考试主要采用普通招考的入学考试的方式。2020年，在国家政策的支持引导下，为深化和完善博士研究生招生改革，选拔科研能力强、具有培养潜质的优秀创新人才，提高博士生生源质量，学校积极探索研究生招生改革，拟定了《广西民族大学博士研究生"申请—考核"制招生管理办法（征求意见稿）》，向学校各研究生培养单位广泛征求意见。经学校学位评定委员会审议通过，并于2020年12月19日印发执行。2021年，广西民族大学博士研究生招生开始实行研究生申请考核制。

1. 普通招考

普通招考的入学考试分为初试和复试两部分。整个招生考试工作要严格遵循教育部的文件精神，组织初试和复试。2013年7月学校获批民族学、中国语言文学、外国语言文学3个一级学科博士点，2014年正式面向全国招收博士研究生。学校高度重视博士研究生招生考试工作，在以钟海青书记、谢尚果校长为组长的学校招生工作领导小组的领导下，学校成立了以袁鼎生副校长为组长的博士研究生招生工作领导小组和以杨再延副书记为组长的博士研究生招生工作监督小组，指导、监督博士研究生招生工作的顺利进行。

认真学习教育部有关博士研究生招录的政策、文件，主动与区内外多所高校联系，反复咨询取经，多次组织业务培训，严格工作纪律，明确工作流程，制定了《广西民族大学2014年博士研究生招生工作管理办法及实施细则》，从制度上保证了博士研究生招生工作在"阳光"下进行。加强博士研究生考试管理，按照硕士研究生初试、复试的程序设置博士研究生的初试、复试程序，确保考试安全、平稳地进行。2014年，共有63名第一志愿考生报考广西

广西民族大学"四位一体"研究生教育综合改革的探索与实践（1999~2020）

民族大学，广西民族大学共录取博士研究生10名，圆满完成国家下达的招生计划。

首届博士研究生10人中，除1人的研究方向所属二级学科不是首次招收博士生外，其余9人均为所属二级学科研究方向首次招收的博士研究生，开创了广西民族大学办学历史上的多项第一。在学校党委、行政的直接领导和博士研究生招生工作领导小组、监督小组的指导、监督，以及研究生院等职能部门、招生学院、考务人员和相关师生的共同努力下，广西民族大学首届博士研究生招生工作严格遵守了教育部的文件精神，操作严谨，过程规范，实现了整个考试、招生过程的零投诉，为今后广西民族大学博士研究生招录工作开了一个好头。

2015年，广西民族大学继续采用普通招考的方式面向全国招收博士研究生。考试期间，校长谢尚果、党委副书记杨再延、副校长袁鼎生等学校党政领导亲临考场和复试现场检查指导工作。经过严格的考试和面试程序，广西民族大学民族学、中国语言文学、外国语言文学3个博士学位授权点从66名第一志愿考生中择优录取了14名博士研究生。值得一提的是，2014年广西民族大学自主设置的3个目录外二级学科博士点（民族教育学、民族法学、生态美学）、1个目录内二级学科博士点（汉语言文字学）于2015年成功招生，博士研究生培养领域得到切实拓展。

2020年，广西民族大学初试科目主要是外语、业务课一、业务课二。同等学力考生须加试思想政治理论科目。为进一步加强学校研究生招生考试自命题工作的规范化、制度化、保密化管理，提高命题质量，确保研究生招生考试各项工作安全顺利实施，2019年，广西民族大学专门出台了《广西民族大学研究生招生考试自命题工作管理办法》，对"命题"进行严格要求。命题遵循科学性、规范性、安全性原则，学校研究生招生工作领导小组负责对全校自命题工作的领导和统筹管理，各招生单位成立以院长为组长的学院研究生招生工作领导小组，负责本单位自命题工作的组织及实施。初试命题要求，相近学科（类别）、专业（领域）的试题难度要尽量保持一致；命题一般应根据教育部和有关部门组织制定的或广西民族大学制定的教学大纲的要求，并能反映本学科、专业主干课程的主要内容和要求，能够考查学生相关学科的基本知识。复试则全面考查考生的专业素质与能力，广西民族大学复试内容包含学术水平测试以及思想政治素质和品德考核等。复试考核内容由各研究生培养单位确定。广西民族大学每年都会制定详细的《博士研究生招生工作管理办法及实施细则》，指导各研究生培养单位做好博士招生工作。复试中学术水平的考核又以综合面试、外语听说测试的方式进行，考查考生综合运用所学知识的能力、科研创新能力、对本学科前沿领域及最新研究动态的掌握情况等，判断考生是否具备博士研究生培养的潜能和素质。此外，对于以同等学力身份（以报名时为准）报考、跨学科及专业硕士学位的考生，均需按照招生专业目录上的所列科目进行加试，考试采用闭卷笔试的形式，由各研究生培养单位命题并组织考试。根据教育部、自治区教育厅的文件精神和学校博士研究生入学考试改革的精神，学校不断扩大考生入围复试的比例，复试和初试成绩的权重各占50%，给予各研究生培养单位充分的人才选拔空间。

2. 申请考核制

为深化和完善博士研究生招生改革，扩大博士生导师的招生自主权，切实选拔科研能力强、具有培养潜质的优秀创新人才，提高博士生招生、培养质量，广西民族大学2020年10月制定了《广西民族大学博士研究生"申请—考核"制招生管理办法（征求意见稿）》并面向全校征求意见，经学校学位评定委员会审议通过，2021年开始部分名额采用"申请—考核"制选拔方式，其余名额采用普通招考方式选拔。管理办法明确指出，满足以下两个条件的导师方具有申请考核制招生资格：

（1）列入广西民族大学博士生招生专业目录的两院院士、"千人计划"国家特聘教授、"万人计划"专家、"长江学者奖励"专家、国家级奖励获得者首位人员、国家杰出青年基金获得者、"八桂学者"或者学校其他第五层次以上高层次人才，且在公布招生计划当年或近三年正在主持国家级科研项目的博士生导师均可在当年博士生招生总指标内，通过"申请—考核制"选拔的方式，招收1名博士生（招生指标不单列）。

（2）指导的博士、硕士研究生近五年在国家和省级学位论文抽查中出现"不合格"结果的导师不得通过该方式招收博士生。

申请考核制的基本程序如下：首先，符合条件的考生需要登录广西民族大学制定的博士生"申请—考核"制招生网上报名系统，按照要求提交申请和相关材料（包括招生申请表、专家推荐书、本科毕业证、学位证和研究生毕业

广西民族大学"四位一体"研究生教育综合改革的探索与实践（1999～2020）

证、学位证复印件及学籍学历和学位验证报告、成绩单、学术成果、个人陈述书、入学政审表等）。学科和招生学院对申请人报考资格进行初步审核，主要审核申请材料是否齐全、真实以及是否符合要求。对不符合申请条件者，不予进入下一轮选拔程序。各学院须按照一级学科或相近二级学科成立由5名以上（含5名，申请人选择的导师必须参加审核工作）博士生导师组成的审核工作小组，对申请者的硕士阶段课程成绩、硕士学位论文（含评议书，应届硕士毕业生硕士论文开题报告）、科研经历、发表论文、出版专著、获奖等情况及专家推荐意见、申请者自我评价、攻读博士学位科学研究计划等材料全面审查，并对考生的科研创新能力、专业学术潜质和综合素质作出评价，评价结论将作为录取的重要参考依据。择优确定取得复试资格的申请者名单，招生学院在本单位网站上公布审核结果，并及时通知申请者参加综合考核。综合考核形式，各学院根据学科特点，可采取面试或笔试或两者相结合的方式对申请者进行。考核小组一般由本学科副教授以上职称的博士生指导教师组成，不少于5人，组长一般由学科带头人或负责人担任。考核内容包括：①专业素质和能力以及外语水平考核：各学院应根据学科专业的特点和申请人具体情况，设计符合本学科形式的考核方式，以充分考察申请者对本学科前沿知识及最新研究动态掌握情况、综合运用所学知识能力、科研能力、培养潜质及是否具有创新精神和创造能力等，应用性学科专业还可安排相应形式的实践内容考核，辅助考察申请人分析问题、解决问题的能力；外国语或专业外语（如文献阅读、写作、口语和听力等）测试。②综合素质考核：主要包括申请人的政治态度、思想表现、道德品质、遵纪守法、学习（工作）态度等方面的情况，申请者的科学精神、学术道德、专业伦理、诚实守信等方面的情况，以及申请者的人文素质以及举止、表达和礼仪及心理素质、身体素质等。同等学力者，除参加学校组织的政治理论考试，复试阶段须加试（笔试）两门由报考学院确定的本专业硕士学位主干课程。考核成绩以百分制的形式呈现。招生学院可制定相应的标准以综合成绩进行排名。综合成绩包括材料评审、综合考核成绩以及招生学院认为重要的其他成绩，排名方式中应当说明材料评审、综合考核成绩及学院认为重要的其他成绩的权重分布等。综合考察结果由招生学院在本单位网站上公布，并及时通知申请者。

各学院根据考生的申请材料审查评价结果、综合考核结果，以及思想政治

第三章　广西民族大学"四位一体"研究生教育综合改革的保障机制

素质和品德考核结果、体检结果等作出综合判断，按照"择优录取、保证质量、宁缺毋滥"的原则，根据综合成绩排名结果提交拟录取名单；在学院官网公布5个工作日无异议后，将拟录取名单提交研究生招生办公室进行复核，并报校博士研究生招生工作领导小组审议通过后，由研究生院统一公示10个工作日。整个招生考试录取工作均做到信息公开、有据可查。考核程序符合国家要求，有现场记录、成绩和评语等；评审内容、复试过程及成绩和结果等，均有可复查的原始记录；面试各环节全程录音录像。

为保障"申请—考核制"方式录取的博士研究生的培养质量，招生管理办法中明确指出，凡通过"申请—考核制"方式录取的博士研究生，必须保证攻读博士学位期间取得突出科研成果，具体要求由各学科根据学科实际情况确定（原则上是统考学生的两倍），考生须出具科研成果产出承诺书。攻读博士学位期间取得的科研成果达不到承诺书要求的，不具备向学校递交博士研究生学位申请的资格。

目前，《广西民族大学博士研究生申请考核制招生管理办法（征求意见稿）》还在征求意见中，将在2021年实行。这是广西民族大学研究生招生方式的一大变革。

（三）广西民族大学区内地方性计划研究生班

广西民族大学积极做好研究生班招生的准备工作。2002年，经广西壮族自治区教育厅批准，同意本校举办地方性研究生班，强调2002年招生规模严格控制在150人以内，并尽快制定招生简章、认真做好研究生班招生报名及录取工作。

2002年，共有民族学、行政管理、中国少数民族语言文学3个专业招生第一次录取研究生班学员138人，补录20人，合计158人。2003年，招收295人。2004年，民族学、行政管理、诉讼法学、语言学及应用语言学专业4个专业招收150人。2005年，招收221人。2006年，增加比较文学与世界文学、社会保障、图书馆学、文艺学、中国古代文学、中国现当代文学6个专业，共招收研究生班学员468人。2007年，增加档案学、法律硕士（非法学）、汉语言文字学、计算机应用技术、伦理学、民族传统体育学、社会学、思想政治教育、体育教育训练学、刑法学、亚非语言文学、政治学理论、中国少数民族经济、中国少数民族艺术 14 个专业，共招收 792 人。2008 年，增加美学、中共党史 2 个专业招生，共招收 1 099 人。2009 年，增加法律（法学）、政治学原理、外国语言学及应用语言学 3 个专业，共招收 1 318 人。2010 年，增加生物化学与分子生物学、应用化学、中国近现代史基本问题研究 3 和专业，共招收 973 人。2011 年，增加公共管理、汉语国际教育、马克思主义中国化研究、英语笔译、英语口译 5 个专业，共计招收 1 597 人。2012 年，增加国际关系、情报学、中国史 3 个专业，共招收 1 522 人。2013 年，增加马克思主义基本原理、马克思主义经济理论与应用 2 个专业，共招收 2 854 人。根据上级文件精神，自 2014 年起，广西民族大学不再招收地方性计划研究生班学员。

（四）外籍研究生

广西民族大学地处广西首府南宁市，毗邻东南亚国家，凭借天然的地缘优势，在招生外籍研究生上具有一定优势。2005 年，广西民族大学创建了国际教育学院；2020 年，中英学院合并到原国际教育学院，组建成为新的国际教育学院。学院是学校国际教育的重要平台，主要承担中外合作办学、来华留学生教育与管理、应用型高职教育等三大职责。学校早在 20 世纪 80 年代就招收留学生，是广西乃至全国招收东南亚留学生历史最为悠久的大学。学院精心打造"留学民大"品牌，不断扩大留学生规模和提高质量。目前在册留学生 700 多人，来自 40 多个国家与地区（东南亚国家居多），分布在全校 15 个学院，涵盖从专科、本科、硕士到博士的完整的学历体系的学科与专业，留学生在每年的广西、全国中华经典诵读比赛中荣获多项集体组和个人组冠军（表 3 - 11）。学院致力于培养来华留学生"知华、友华、爱华"情怀，有的留学生在广西民族大学本硕博连读毕业后还留在学校担任外教。

表 3 - 11　　　　　　广西民族大学历年留学生研究生人数　　　　　单位：人

年份	硕士研究生	博士研究生	小计
2004	3	0	3
2005	2	0	2
2006	2	0	2

第三章　广西民族大学"四位一体"研究生教育综合改革的保障机制

续表

年份	硕士研究生	博士研究生	小计
2007	7	0	7
2008	7	0	7
2009	18	0	18
2010	65	0	65
2011	51	0	51
2012	48	0	48
2013	58	0	58
2014	43	3	46
2015	30	10	40
2016	29	19	48
2017	34	12	46
2018	35	11	46
2019	28	6	34
2020	19	7	26
合计	479	68	547

近年来，凭借"一带一路"政策的带动，广西民族大学在国际化方面领先区内许多高校。学校高度重视研究生教育的国际化，将研究生出国研修项目与高层次留学生教育作为重点，依托孔子学院等合作交流平台，积极探索研究生教育的国际化培养模式。特别是2008～2013年，广西民族大学外籍研究生招生数量显著上升，2014年起招收博士留学生研究生。研究生院不断加强外籍研究生培养工作。为保证学校授予来华留学研究生学位的质量，2019年专门制定了《广西民族大学来华留学研究生学位授予办法》，在日常培养过程中，积极学习国外先进经验，不断实现课程设置、教学内容、教学方法和手段的国际化。同时，学院积极打造国际化校园文化活动品牌，组织开展外国文化艺术节、中外文化交流体验、中华经典诵读大赛、中文歌曲大赛、中秋晚会、东南亚泼水节、美食节等活动，促进中外学生和谐共处、多元文化融合，增强学校国际化教育校园文化氛围，方便外籍研究生在校学习和生活。

广西民族大学"四位一体"研究生教育综合改革的探索与实践（1999~2020）

　　学校高度重视同东南亚国家的教育合作，先后与20个国家、地区的167所高校和机构建立了实质性的交流与合作关系，与泰国玛哈沙拉坎大学、老挝国立大学、印尼丹戎布拉大学合作建立了孔子学院，为学生赴国外交流学习搭建了平台。近年来，广西民族大学大力实施国际性大学发展战略，通过派出研究生到国外学习交流、聘请外国专家到校任教讲学、与国外高校或研究机构开展人才培养与科研合作等方式，不断提升学校研究生教育国际化水平。

　　广西民族大学从2004年招收留学研究生至今，共培养了来自韩国、越南、柬埔寨、印度尼西亚、泰国、缅甸、老挝、巴西、也门、蒙古国、新加坡、马来西亚、波兰、葡萄牙等10多个国家和地区的473名硕士研究生，68名博士研究生。2004年，学校仅有两个专业（民族学、语言学及应用语言学），培养留学生硕士研究生3人。2005年增加对外汉语专业招生，2006年增加行政管理专业招生，2007年增加少数民族语言文学专业，2009年增加汉语国际教育专业，2010年增加计算机应用技术、社会保障、专门史3个专业，2011年增加法律、诉讼法学、比较文学与世界文学、汉语言文字学4个专业，2012年增加生物化学与分子生物学、国际关系2个专业，2013年增加国外马克思主义研究专业，2015年增加中国现当代文学、文艺学、亚非语言文学、国际商务、体育教育训练学5个专业，2016年增加民族法学、社会学2个专业，2017年增加中国少数民族经济、企业知识管理2个专业，2019年增加应用经济、政治学、马克思主义理论、旅游管理4个专业。至此，学校共培养了29个专业的留学研究生。2009~2010年，留学研究生的数量增长较快，从18人增长到了65人，这与招生专业增加有关。2010年，招收硕士留学生的6个专业中，社会科学类的专业共有5个，占招生专业总数的83%。自2004年招生以来，外籍研究生的生源国家数不断递增，从最初的2个国家递增到10多个国家，这表明学校的国际化教育水平在不断提高，国际影响力也在不断增强。但是，学校外籍研究生主要来自东南亚地区，2004年至今，学校90%以上的外籍研究生集中在越南、泰国、老挝、柬埔寨、印度尼西亚等国家和地区。

　　广西民族大学国际教育学院每年通过学校官网对外公布招生简章。目前，留学生申请就读广西民族大学的途径主要包括：通过申请广西民族大学广西政府东盟国家留学生奖学金、广西民族大学中国政府奖学金或直接递交申请材料到广西民族大学国际教育学院申请报读（自费留学生）。申请的基本条件为：

报读硕士研究生学位，应具有学士学位，申请者需有两名相关专业教授或副教授推荐，汉语言水平（HSK）须达到4级水平；报读博士研究生学位，应具有硕士学位，申请者需有两名相关专业教授推荐，汉语言水平（HSK）须达到5级水平。申请奖学金的留学生按照国家留学基金委的要求做好招生录取和管理工作。

截至2020年，外籍研究生在校生共140人，其中硕士研究生83人，博士研究生57人，其中，东盟国家学生最多。

四、广西民族大学研究生招生考试管理

广西民族大学全国硕士研究生招生考试考点和同等学力广西借考、区考的实施，是学校办学规模不断扩大、办学能力不断提升的重要体现，为研究生教育综合改革提供了保障。

（一）全国硕士研究生招生考试报名点

广西民族大学作为全国硕士研究生招生考试报名点，保障研究生招生考试工作安全、有序进行，这是自治区招生考试院、教育厅对学校办学质量提高的充分肯定和高度信任，有助于完善人才培养体系。

2013年6月6日，自治区招生考试院、教育厅将广西民族大学确定为全国硕士研究生统一入学考试报考点，接受包括广西民族大学、广西中医药大学、玉林师范学院、梧州学院、钦州学院和百色学院等10所广西高等院校的应届本科毕业生及其他社会考生报考。为做好考点工作，学校在制度建设、队伍建设、硬件建设等方面给予了大力支持，专门成立了招考工作领导小组、监察小组，在招生考试的各个环节制定了严格的规章制度，要求每位监管人员落实到位，确保保密室、标准化考场等硬性条件符合规定，并规范各个考试流程，保障了硕士研究生入学考试安全、保密、有序的进行。

2014年1月5~6日，广西民族大学举行了研究生入学考试，共有2 720名考生报名选择广西民族大学考点参加全国硕士学位入学考试。学校严格按照考试纪律要求，考前对全体参与考试的200多名监考老师和考务工作人员进行了严格的岗前培训并签署责任承诺书，考试中使用金属探测仪、信号屏蔽器和

身份证识别仪等设备，禁止无线通信网络进入考场。全校各部门协调联动，齐心协力，做到领导管理到位、工作人员服务到位，使得考试得以平稳、有序、顺利完成，获得了自治区考试院的高度评价。

2015年硕士研究生统一入学考试的考点工作顺利开展。按教育部的统一要求，广西民族大学于2014年11月10～14日组织了2015年全国硕士研究生统一入学考试现场确认工作。来自全区各地的3 061名考生携带本人身份证、学生证（或学历证书）及网上报名编号等相关材料到广西民族大学科技楼一楼大厅报考点，有序排队进行身份信息确认并现场照相。

2015年硕士研究生报名仍采用网上报名与现场确认相结合的方式，所有考生在网上报名之后必须到指定报考点进行现场确认。为保证现场确认工作的顺利开展，原副校长袁鼎生亲临报考点进行监督和指导，学校研究生院高度重视、精心筹备，按照实际情况和报考人数制订了详细的工作方案，包括开设专门咨询服务台，安排工作人员全天值守，为考生提供政策解读和咨询服务；增开工作通道，节省考生时间，提高工作效率；配置图像采集、计算机及打印机等设备，服务广大考生；通过张贴《国家教育考试违规处理办法》及现场确认注意事项，要求考生签订《诚信考试承诺书》等，对考生进行考前考风考纪宣传教育等。广大考生高度认可广西民族大学严谨务实、热情周到的工作作风。在为期5天的现场确认工作中，共接待了全区3 061名考生进行现场确认。

2016年全国硕士研究生招生考试于2015年12月26～27日举行，广西民族大学报考点共接待了3 820名考生。研究生院在学校考点工作领导小组的领导下，认真总结前两次考点工作的经验，严格遵守考点工作规定，规范流程，确保硕士研究生入学考试安全、保密、有序的进行。

2017年广西民族大学报考点共接待考生3 000名，2018年接待考生4 426名，2019年接待考生4 420人，2020年接待考生4 220名。广西民族大学作为2021年全国硕士研究生招生考试考点接待考生4 500名。

（二）组织同等学力广西借考、区考

2014年，广西民族大学成为广西同等学力人员申请硕士学位外国语水平和学科综合水平全国统一考试（以下简称借考）及区内地方性计划研究生班外国语水平和学科综合水平考试（以下简称区考）考点。这是继广西民族大学在2014年初成为全国硕士研究生统一入学考试考点之后新增的一项重要工作，是广西民族大学在自治区教育厅、学位委员会的领导和大力支持下，办学规模进一步扩大、办学层次和办学质量不断提高的重要体现。

借考及区考的报名流程仍是学员先网上报名，再到考点现场确认。工作流程为验证考生资格、缴费、照相、交表。2014年，报名参加借考并选择将广西民族大学作为考点参加考试的网络报名人数为2 590人，报名参加区考并选择将广西民族大学作为考点参加考试的网络报名人数为2 703人。为方便考生，广西民族大学还提供了现场补报及修改信息等服务。

学校党政领导高度重视考点工作，专门成立了考点工作领导小组，制定了突发事件应急处置预案和考试违规处理工作领导小组，在考点工作领导小组的领导下，考点工作顺利开展。涉考人员均签订考试安全责任书，落实各个工作环节。使用合格的保密室，全程监控国家试卷的出入，安排24小时不间断人员值守，认真记录保密室日志。国务院学位中心巡视组和自治区学位委员会办公室领导等上级部门对广西民族大学所展现的组织协调和多方联动能力，尤其是组织相关学院领导亲临考场协助处理突发事件的做法表示充分肯定。

2015年，广西民族大学仍作为广西同等学力人员申请硕士学位外国语水平和学科综合水平全国统一考试及区内地方性计划研究生班外国语水平和学科综合水平考试考点之一。在广西民族大学参加本次借考、区考的考生共有3 229人次。

自2016年起，学校不再承担广西同等学力人员申请硕士学位外国语水平和学科综合水平全国统一考试及区内地方性计划研究生班外国语水平和学科综合水平考试考点工作。

第四章 广西民族大学"立德树人"目标的改革策略分析

第一节 "立德树人"目标改革的内涵与意义

一、"立德树人"目标改革的内涵

党的十八大报告指出,"把立德树人作为教育的根本任务,培养德智体美劳全面发展的社会主义建设者和接班人","立德树人"首次作为教育的根本任务得以正式确立。在当代教育的实践中,人们逐渐将"立德"与"树人"相提并论。2007年8月31日,胡锦涛同志在全国优秀教师代表座谈会上接见全国优秀教师时发表的讲话中,明确提出"要坚持育人为本、德育为先,把立德树人作为教育的根本任务",对"培养什么人、怎么培养人"提出了具体要求,为进一步做好新形势下的高校德育工作指明了方向。从此,"立德树人"成为教育领域的一个重要理论。2016年12月7日,习近平同志在全国高校思想政治工作会议上又从"培养什么样的人、如何培养人以及为谁培养人这个根本问题"的高度上对"立德树人"赋予了新的理论内涵,提出了更高的实践要求。"高校立身之本在于立德树人""要坚持把立德树人作为中心环节"[1]。"立德树人"的理论意蕴更加深刻。

---

[1] 全国高校思想政治工作会议12月7日至8日在北京召开 [EB/OL]. 中华人民共和国中央人民政府网站,http://www.gov.cn/xinwen/2016-12/08/content_5145253.htm#1,2016-12-08.

第四章 广西民族大学"立德树人"目标的改革策略分析

广西民族大学准确把握"立德树人"的内涵,正确理解"立德"与"树人"的关系。通过研究生日常管理我们发现,无论是"立德"还是"树人"都不能简单地理解为德育。就教育者来说,"立德"意味着自身以德立世并垂范他人,而不是使他人之德得以形成。习近平同志在全国高校思想政治工作会议上强调的"加强师德师风建设""引导广大教师以德立身、以德立学、以德施教",这才是真正的"立德",即通过正面教育引导学生培养和塑造品格。与此同时,"树人"也不能简单地理解为在思想道德方面培养人,真正的"树人"是促进人的全面发展。"立德树人"是对"育人为本,德育为先"理念的深化。广西民族大学"立德树人"改革目标的实现是关注人的全面发展。"树人"为教育提出了更高的目标,强调最大限度地发挥人的潜能,促进人的全面发展,为社会各个领域培养出更多、更优秀的人才。"立德"与"树人"是递进关系,"立德"是"树人"的基础和保障,"树人"是"立德"所要实现的全面性目标或总体目标。

综上所述,立德树人是教育的根本任务,也是研究生思想政治教育的核心任务。"立德树人"改革目标的确立为广西民族大学研究生德育指明了方向,拓展了研究生教育的实践领域,强调通过适当的教育引导和激励学生成长发展的方式,培养造就社会有用人才。2018 年,教育部专门发布《全面落实研究生导师立德树人职责的意见》,要求高校和导师全面落实立德树人的根本任务,将国家要求的全民道德建设贯穿在整个研究生教育之中[①]。这为广西民族大学制定相关制度提供了政策依据。

二、"立德树人"目标改革的意义

立德树人对高校的教育教学和管理服务都有非常重要的意义。从研究生教育管理的角度来看,立德树人具有高校研究生教育管理的理论意义,抓住了我国社会主义教育事业的本质要求,明确回答了"培养什么人、怎么培养人、为谁培养人"的问题,有助于进一步明确我国社会主义教育本质,不断提高人才培养质量,推动高校思想政治教育向前发展。广西民族大学"立德树人"目标改革进一步明确了

---

① 教育部. 关于全面落实研究生导师立德树人职责的意见 [EB/OL]. (2018 - 01 - 18) [2018 - 02 - 09]. http∥:www.moe.edu.cn/srcsite/A22/s7065/201802/t20180209_327164.

研究生培养的目标，即努力培养当代研究生的社会主义核心价值观。

从研究生思想政治教育的角度来看，广西民族大学"立德树人"目标改革的确立对学校研究生教育发展来说具有现实意义。"立德树人"是全面贯彻党的教育方针的具体要求。随着经济社会的发展和时代的不断进步，社会对人才不仅有专业知识和技能方面的要求，在思想道德品质修养方面也有一定的要求。"立德树人"目标的实施，进一步提高了学校研究生思想政治理论学习的积极性和主动性，有助于促进研究生的健康成长，推动研究生培养质量提升。

立德树人在坚定理想信念、塑造道德品质的过程中，可以帮助研究生领悟学术真谛、规范制度机制，保障研究生的学术道德，激发研究生的学术情怀。习近平总书记指出，立德树人有助于"推动知识传授、能力培养与理想信念、价值理念、道德观念的教育有机结合"[①]。

立德树人是思想政治教育目的的最新定位。立德树人思想政治教育的目的是在"五位一体"和"四个全面"的中国特色社会主义布局下，在坚持以人为本和人民主体地位的基础上，努力推进思想政治教育与"新常态"和"供给侧"之间内在契合思维的结果。广西民族大学"立德树人"目标的确立，是在党和国家领导下的一次正确的改革，有助于促进研究生思想政治教育，有助于坚定"四个自信"。

从人才培养的标准来看，立德树人是高校人才培养的首要标准。从高等教育的任务看，立德树人是我国教育事业的根本任务。从高校发展的依据看，立德树人是高等院校发展的立身之本。

第二节 广西民族大学"立德树人"目标改革的实践

一、制度层面：提高方向意识，完善制度保障

坚持以习近平新时代中国特色社会主义思想为指导，全面贯彻党的教育方

[①] 中共教育部党组. 高校思想政治工作质量提升工程实施纲要 [R/OL]. (2017-12-05) [2020-07-06]. http://www.moe.gov.cn/srcsite/A12/s7060/201712/t20171206_320698.html.

第四章 广西民族大学"立德树人"目标的改革策略分析

针,落实立德树人根本任务,把培育和践行社会主义核心价值观融入广西民族大学研究生教育的全过程,以提升研究生教育质量为核心,深化改革创新,推动内涵发展。主要措施是充分发挥研究生思想政治理论课的主渠道、主阵地作用,利用党团组织引导广大研究生积极向上,通过资助体系等方式解决研究生的实际困难。加强研究生思想政治教育工作体制机制建设,构建了学校、学院、导师三级研究生教育管理机制,狠抓研究生学术道德规范与学风建设,不断创新思想政治工作方式方法,拓展工作领域,坚持把立德树人作为研究生教育的中心环节,把思想政治工作贯穿研究生教育教学全过程。在解决研究生生活问题与思想问题、维护校园安全稳定、防范研究生教育的意识形态安全等方面形成了良好的工作机制,为研究生人才培养打下了坚实的思想基础。

制定合理的培养方案是保证培养质量的重要内容,也是制定研究生个人培养计划的依据。针对现代社会对高层次人才需求的多样化,在制定研究生培养方案时,要根据社会和行业需求灵活制定培养目标和设置课程。学校制定了《广西民族大学关于加强和改进研究生思想政治工作的实施意见》《广西民族大学研究生导师立德树人职责实施意见》一系列制度,并针对性地修订了《广西民族大学学生管理规定》《广西民族大学研究生学籍管理暂行规定》《广西民族大学硕士研究生培养规程》《广西民族大学硕士研究生课程学习和成绩管理暂行规定》《广西民族大学硕士研究生中期考核办法》《广西民族大学硕士学位论文开题报告管理规定(试行)》等文件,对研究生培养流程的各个重要环节作了全面、详尽的规定。为了明确研究生培养各个责任主体的责任,专门印制了《广西民族大学研究生导师工作手册》《广西民族大学博士研究生手册》《广西民族大学硕士研究生手册》并发给相关人员,做到了人手一册。学校针对每一届研究生开展学术道德教育,注重研究生德育的培养,落实立德树人根本任务。

加强研究生日常管理的制度保障。研究生的日常管理与本科生的管理不同,研究生日常管理更加强调研究生的自我管理。

第一,学校加强制度保障。为了维护学校正常的教学秩序和良好的学习、生活环境,保护学生的合法权益,促进学生身心健康发展,广西民族大学颁行了一系列规章制度,规范研究生的日常管理。这些规章包括《广西民族大学学生管理规定》《广西民族大学学生纪律处分规定》《广西民族大学学生违纪处分程序规定》《广西民族大学学生申诉处理办法》《广西民族大学学生安全教育管理规定》《广西民族大学研究生校外住宿管理规定》《广西民族大学研究生证管理规定》等。

第二，建立学校研究生会和学院研究生会，发挥研究生会的功能。各学院通过推荐和选举的方式，任用研究生会干部和委员，开展研究生会基本工作，加强与研究生之间的交流与沟通。鼓励研究生会组织各类文体活动。举办研究生十大歌手比赛、研究生辩论赛、野外拓展等形式多样、生动活泼的校园文化活动，举行"名师有约""我的研究"等学术活动。

第三，重视研究生心理健康教育和咨询工作。与学校心理健康教育中心联合首次对研究生新生进行心理普查，积极开展研究生心理健康普查、心理健康教育、心理咨询和危机干预等工作，增强心理调适能力，提高心理健康水平。

此外，学校开展多种形式的活动，对研究生进行思想道德教育和学风教育。校内各学院举办专题报告、研讨会、主题班会、上党课等活动，对研究生开展思想道德教育。通过组织研究生教育管理人员座谈会、研究生座谈会和发放调查问卷等形式，全面、深入了解学校研究生日常管理工作状况。

二、操作层面：优化奖助体系，加强研究生思想政治教育

奖助学金制度是国家有关部门和各级各类学校为奖励品学兼优的学生和学习特殊专业的学生而设立的经济资助制度，对维护部分学生的基本生活来源，帮助解决家庭经济困难、学习优秀的学生完成学业，激励学生提高学习水平，形成良好的学习氛围具有十分重要的作用。广西民族大学坚持以学生为本，从学生的实际出发，逐步建立了长效、多元的研究生奖助政策体系。强化国家奖学金、学业奖学金、国家助学金及社会奖助学金对研究生的激励作用。

（一）广西民族大学奖学金管理机构与职责

为保障各类奖助学金的公平评审和有效发放，真正发挥奖学金的功能和价值，广西民族大学成立了各类研究生奖助学金评审领导小组，由校主管领导、相关职能部门负责人、各学院分管研究生工作负责人、研究生导师代表等组

成。评审领导小组负责制定名额分配方案；统筹领导、协调、监督本校评审工作；裁决学生对评审结果的申诉；指定有关部门统一保存本校的奖助学金评审资料。各学院成立相应的研究生奖助学金评审委员会，由学院主要领导任主任委员，研究生导师、分管研究生工作负责人、行政管理人员、学生代表任委员，负责本学院研究生奖助的名额分配、申请组织、初步评审等工作。各学院根据本办法的评选条件，结合本学院情况，科学合理地制定本学院研究生奖助学金评审细则。研究生院负责审核各学院制定的实施细则及其评定结果，财务处负责研究生奖助学金的发放工作。

(二) 广西民族大学研究生奖助学金体系与管理

广西民族大学建立包括研究生国家奖学金、学业奖学金、国家助学金、自治区优秀毕业研究生奖金、校级优秀毕业研究生奖金、校长奖学金、考取博士研究生奖励、研究生"三助"经费等制度在内的一整套奖学金体系，为研究生的培养与发展奠定了基础。

1. 研究生国家奖学金

根据教育部、财政部《研究生国家奖学金管理暂行办法》和《普通高等学校研究生国家奖学金评审办法》等相关文件精神，为进一步推进研究生培养机制改革，提高研究生培养质量，国家自2012年起建立了研究生国家奖学金制度。博士研究生国家奖学金奖励标准为每生3万元；硕士研究生国家奖学金奖励标准为每生2万元。研究生国家奖学金的奖励对象为取得正式学籍、已注册的全日制二年级及以上研究生中特别优秀的学生（科研潜力突出的一年级新生也可以申请参评），不包括在职生、委托培养研究生、港澳台研究生和外国来华留学研究生。每位研究生在规定学制年限内均有资格申请，且可多次获得研究生国家奖学金，但获奖成果不可重复申报使用。除了公派出国及优秀博士培养计划的研究生外，其余类型的延期毕业研究生均不能参评研究生国家奖学金。

广西民族大学2018年修订了《广西民族大学研究生国家奖学金管理办法》，规定研究生国家奖学金每年评审一次，所有具有中华人民共和国国籍且纳入全国研究生招生计划的全日制（全脱产学习）研究生均有资格申请。当年毕业的研究生不再具备申请研究生国家奖学金资格。

广西民族大学国家奖学金申请条件：申请者的基本条件为热爱社会主义祖国，拥护中国共产党的领导；遵守宪法和法律，遵守高等学校规章制度；诚实守信，道德品质优良，无恶意拖欠学费、住宿费；学习成绩优异，无补考记录，科研能力显著，发展潜力突出。研究生在基本修业年限内可多次获得研究生国家奖学金，但获奖成果不可重复申报使用。二、三年级研究生的评奖成果须以在读研究生身份获得。超出学制期限基本修业年限的研究生，原则上不再具备研究生国家奖学金参评资格。

广西民族大学国家奖学金评审程序：首先，符合申请条件、有意愿申请国家奖学金的研究生，本人如实填写《研究生国家奖学金申请审批表》，提供相关证明材料，向所在学院提出申请。其次，学院评审委员会对申请国家奖学金的研究生进行初步评审，评审过程中应充分尊重本学院学术组织、研究生导师的推荐意见。学院评审委员会确定本学院获奖研究生名单后，应在本学院内进行5个工作日的公示。公示无异议后，提交学校研究生国家奖学金评审领导小组进行审定，最后，审定结果在学校范围内进行5个工作日的公示。公示内容应注意保护研究生个人隐私信息。

2014年，经研究生个人申请、学院推荐、学校评审，共评选出31名2014年研究生国家奖学金获得者。评选过程严格按照教育部、教育厅的文件精神进行，对评选中存在的问题按程序规定依法解决，确保了评选工作的公平性，保障奖金及时发放到研究生个人账户。2015年，研究生国家奖学金的评选工作顺利开展，共评选出32名研究生国家奖学金获得者，发放奖金64万元。2016年评选出国家奖学金获奖者35人（其中，博士研究生1名，硕士研究生34名），奖励金额为71万元。2017年，学校评选出1名博士研究生和34名硕士研究生国家奖学金获奖者，奖励金额为71万元。2018年，为33名研究生发放2018年国家奖学金68万元（其中，博士研究生2名，硕士研究生31名）。2019年，为32名研究生发放2019年国家奖学金66万元（其中，博士研究生2名，硕士研究生30名）。2020年，为39名研究生发放2020年国家奖学金81万元（其中，博士研究生3名，硕士研究生36名）。自2014年以来，学校共有228名硕士研究生、9名博士研究生，共237名研究生获得国家奖学金。

2. 研究生国家助学金、学业奖学金

2014年，国家对全日制研究生实行全面收费政策，同时相应提高在校研

第四章 广西民族大学"立德树人"目标的改革策略分析

究生国家助学金额度,并对 2014 级研究生实行学业奖学金制度。国家和自治区各级政府、财政、教育等部门高度重视国家助学金发放和学业奖学金评选工作。

为做好这项工作,研究生院根据《关于完善我区研究生教育投入机制的实施意见》《广西研究生国家助学金管理暂行办法》和《广西研究生学业奖学金管理暂行办法》,结合广西民族大学实际,会同财务处共同草拟并经校长办公会讨论通过了《广西民族大学研究生学业奖学金管理暂行办法》《广西民族大学研究生国家助学金管理暂行办法》。依照这两个文件,研究生院于 2014 年 12 月向各研究生培养单位下发了《关于发放研究生国家助学金的通知》和《广西民族大学研究生新生学业奖学金实施细则》,就国家助学金、学业奖学金的相关问题做了详细说明,并会同财务处督促各培养单位尽快将国家奖助金发放到位。其中,国家助学金惠及 1 256 名研究生,发放金额 377.34 万元;学业奖学金覆盖 496 名研究生,发放金额 135.58 万元。

2014 年首次进行的这项工作意义重大。其中,研究生国家助学金用于资助学校纳入国家研究生招生计划的所有 2012 级、2013 级、2014 级全日制研究生(有固定工资收入的除外),博士生按每生每年 10 000 元、硕士生按每生每年 6 000 元的标准进行资助,学业奖学金评选对象覆盖 2014 级全体研究生,分一、二、三等奖进行评选,所需经费由中央财政和自治区财政按 8∶2 的比例共同分担。奖助金政策的全面实施有利于对外招生宣传、吸引优质生源,对补助研究生基本生活支出、提高在校研究生待遇,鼓励研究生安心研究钻研学术,为实行国家奖助金动态调整机制积累经验、进一步规范和完善学校研究生奖助体系影响深远。

(1)国家助学金。

2018 年,学校修订了《广西民族大学研究生国家助学金管理办法》(以下简称《管理办法》),《管理办法》中对资助标准及预算分配、助学金的发放、管理与监督进行了详细的说明。研究生国家助学金用于资助学校纳入国家研究生招生计划的所有全日制研究生(有固定工资收入的除外),补助研究生基本生活支出。获得资助的研究生须具有中华人民共和国国籍。博士研究生资助标准每生每年 13 000 元,硕士研究生资助标准每生每年 6 000 元。每年 7 月上旬,学校统计符合研究生国家助学金资助条件的在校硕士、博士研究生人数,并编制本校研究生国家资助名额和预算分配建议方案，上报自治区学生资助管理办公室。学校每月按自治区财政厅、教育厅下达的研究生国家助学金数，足额发放到在校硕士、博士研究生账户，按10个月（2月、8月不发）通过银行直接转入学生个人银行卡。

（2）学业奖学金。

研究生学业奖学金由自治区财政及学校共同设立，由学校负责组织实施。学校按规定统筹使用财政拨款、学费收入、社会捐助等，奖励和支持表现良好的研究生更好地完成学业。从2014年秋季学期起，学校研究生学业奖学金按博士研究生每生每年10 000元的标准及在校生人数50%的比例、硕士研究生每生每年8 000元的标准及在校生人数30%的比例给予支持，所需资金按自治区财政厅核拨的学业奖学金数，纳入学校预算管理程序和年度部门预算。

2018年，学校修订了《广西民族大学研究生学业奖学金管理办法》（以下简称《管理办法》），《管理办法》对奖励比例、标准及基本条件，评审组织与程序，资金管理都进行了明确的规定。

广西民族大研究生学业奖学金奖励比例、标准与基本条件为：学校统筹安排自治区财政补助资金，同时根据研究生收费标准、学业成绩、科研成果、社会服务和家庭经济状况等因素，分档设定奖励标准，确定研究生学业奖学金的覆盖面、等级、奖励标准和评定办法，并报自治区财政厅、教育厅备案。研究生学业奖学金标准不超过同阶段研究生国家奖学金标准的60%。研究生学业奖学金名额分配向基础学科和国家及自治区亟须的学科（专业、方向）倾斜。①博士研究生学业奖学金分三等。其中，一等奖8 000元，名额占年级总人数的10%；二等奖6 000元，名额占年级总人数的30%；三等奖4 000元，名额占年级总人数的60%。②硕士研究生学业奖学金分三等。其中，一等奖6 000元，名额占年级总人数的10%；二等奖4 000元，名额占年级总人数的15%；三等奖2 000元，名额占年级总人数的75%。③学业奖学金名额分配到相关学院，由学院按程序组织评审确定名单后，报送研究生院汇总。④学校根据实际情况，对研究生学业奖学金覆盖面、等级和奖励标准实行动态调整。

申请学业奖学金的研究生应当符合以下基本条件：①热爱社会主义祖国，拥护中国共产党的领导；②遵守宪法和法律，遵守高等学校规章制度；③诚实守信，品学兼优；④积极参与科学研究和社会实践；⑤参评学年有课程考试不及格者，不得参加评选一等奖和二等奖；⑥二三年级研究生的评奖成果须以在读研究生身份获得。

获得研究生学业奖学金奖励的研究生，可以同时获得研究生国家奖学金、研究生国家助学金等其他研究生国家奖助政策以及校内其他研究生奖助政策资助。

学校建立研究生学业奖学金评审机制，成立研究生学业奖学金评审领导小组，各学院成立研究生学业奖学金评审委员会，评审程序与国家奖学金评审程序基本一致。

2015年，学业奖学金获奖者1 026人（其中，博士研究生24名，硕士研究生1 002名），奖励金额为342.6万元；2016年，学业奖学金获奖者1 520人（其中，博士研究生43名，硕士研究生1 477名），奖励金额为422.8万元；2017年，学业奖学金获奖者1 583人（其中，博士研究生58名，硕士研究生1 525名），奖励金额为431万元；2018年，学业奖学金获奖者1 694人（其中，博士研究生70名，硕士研究生1 624名），奖励金额为473.2万元；2019年，学业奖学金获奖者1 663人（其中，博士研究生30名，硕士研究生1 633名），奖励金额为484.6万元；2020年，学业奖学金获奖者2 707人（其中，博士研究生27名，硕士研究生2 680名），奖励金额为757.1万元。

3. 校级奖学金

校级奖学金是为了激励在校学生勤奋学习、争优创先，奖励品学兼优的优秀学生。其中，最为重要的一项为校长奖学金，此外还通过中国银行奖学金、考取博士研究生奖励、设立的"助研、助教、助管"三助岗位覆盖全校等方式对研究生进行奖励和资助。

（1）校长奖学金。

为进一步营造良好的校风、学风，表彰在学科竞赛、科学研究、创新发明、实践服务、文体特长等方面有突出成绩和贡献的学生，树立先进典型的榜样，培养毕业生爱校情结，经学校研究决定，特设立广西民族大学校长奖学金。2015年，学校制定了《广西民族大学校长奖学金评选办法》，对评选对象、评选名额和奖励金额、评选时间、参评条件、评审机构、评选程序均作出了明确的说明。

学校每年4月份组织校长奖学金评选，评选名额50名，每人奖励5 000

元，评审对象为当年全日制毕业生。参评学生应当在大学期间表现良好，在学科、科研、创新、实践和文体等方面获得突出成绩和荣誉，为学校赢得了较大荣誉，产生了较大积极影响。

广西民族大学校长奖学金申请需达到如下基本条件：①具有坚定正确的政治方向和远大理想，忠于祖国，拥护中国共产党的领导；②自觉遵守国家法律法规以及学校的各项规章制度，无违法违纪行为；③诚实守信，道德品质优良，在学生中起到了模范带头作用；④积极参加体育锻炼，身心健康；⑤完成了本专业规定的课程学习，学习成绩优秀，历学年学习成绩、综合测评均排在本年级专业或班级前30%。除满足基本条件外，积极践行社会主义核心价值观、学科（学业）竞赛成绩突出、科学研究成果质量高、科技创新成果显著、文体类竞赛成绩突出等五个方面表现优秀的可以优先推荐。参评者所获成果或荣誉均要求冠有"广西民族大学"字样或具有代表学校参加评比的证明材料。

广西民族大学校长奖学金由学校党/校办公室、学生工作部（处）、研究生院、教务处、科研处、校团委及学院的负责人组成的校长奖学金评审委员会进行评审。评审委员会下设办公室，办公室设在学生工作部（处）。学院成立相应的校长奖学金评审小组，由学院领导班子及辅导员、班主任、学生代表组成。

校长奖学金评审程序如下：首先，由学生自愿申请，申请人须于报名截止日前向学院递交《广西民族大学校长奖学金申请审批表》，并附事迹材料及相关证明或文件。其次，学院评审领导小组对申请人所提交的材料进行初审。其中，申请人的学术类或发明类证明材料须由学院班子鉴定审查。确定本学院获校长奖学金拟推荐名单，并在本学院范围内公示不少于3个工作日。再次，学校评审委员会办公室对学院推荐人选进行资格复查，确定进入最终评选的候选人。最后，学校评审委员会召开评审会，讨论决定校长奖学金获奖人选，在全校范围内对校长奖学金获奖人选进行5个工作日的公示，无异议后，报学校批准，以学校名义下文表彰。学校主要领导会在每年一度的毕业典礼上对获奖者进行表彰奖励，颁发荣誉证书。

2015年，校长奖学金获奖者5人，奖励金额为2.5万元；2016年，校长奖学金获奖者5人，奖励金额为2.5万元；2017年，校长奖学金获奖者6人，奖励金额为3万元；2019年，校长奖学金获奖者6人，奖励金额为3万元。

第四章　广西民族大学"立德树人"目标的改革策略分析

（2）其他奖助学金政策。

2015年，广西民族大学鼓励学生从事科学研究、辅助教学、辅助教务实验室管理等活动，设立的"助研、助教、助管"三助岗位覆盖校、院各级部门办公室、学生工作办公室、教研室、实验室等几乎所有部门，发放助学津贴总额达42.3765万元。自治区优秀毕业研究生奖金，投入金额0.56万元；校级优秀毕业研究生奖金，投入金额2.88万元；考取博士研究生奖励5万元。

2016年，广西壮族自治区普通高等教育优秀大学毕业生7人，奖励金额为0.42万元；广西民族大学优秀毕业研究生48人，奖励金额为2.88万元。

2017年，6人获"广西民族大学校长奖学金"荣誉称号，28人考取博士研究生并获得奖励合计2.492万元，56人获"广西民族大学优秀毕业研究生"称号；共推荐26人参加中国银行奖学金评选，23人获得中国银行奖学金奖励（2名团体，21名个人），获奖金额共计1.25万元；关心研究生学习、科研、生活条件的改善，2017年学校为共计357名研究生提供勤工助学和担任辅导员工作，发放勤工助学资金共计48.0953万元。

2018年，共为359名研究生办理助学贷款385.211万元；组织研究生参加各类奖学金评选，共评出1 760人次和1个研究生团队获各类奖学金549.58万元；为271名研究生办理城镇医疗保险缴费5.962万元；评选出7名广西优秀毕业生，57名学校优秀毕业研究生；修订了3个关于研究生国家奖学金、研究生学业奖学金和研究生国家助学金的奖助管理文件。

2019年，学校25名研究生获得中国银行奖学金1.5万元；8名毕业硕士研究生获得2019年广西壮族自治区普通高等教育优秀大学毕业生称号，59人获得2019年广西民族大学优秀毕业研究生称号。为378名研究生办理助学贷款403.9245万元。

广西民族大学切实做好研究生奖、助、贷工作，为研究生顺利入学、安心学习提供资助保障。学校严格按照相关文件要求，做到各类奖助学金及时、足额发放到研究生个人的银行账户。研究生院加强了各类奖助学金的评审以及毕业研究生评优工作的监控力度，及时公布意见反馈和监督举报方式，认真答复学生疑问，耐心做好解释工作，切实做到信息公开，以确保评选工作的公开、公平、公正。

为更好地完善奖助政策体系为保障，解除研究生的"后顾之忧"，广西民族大学将统筹国家、社会各种资源，积极筹措研究生教育奖助资金，拓宽资金来源渠道。强调研究生导师要从个人科研经费中拿出一定数量的资金，直接作为研究生的学业奖学金，资助研究生展开学术研究。建立奖助学金激励竞争机制，充分调动研究生努力学习、潜心科研、全面发展的积极性。下一步，学校将加快制定有关制度，保障各项研究生资助政策落实落地。

（三）研究生思想教育与管理

广西民族大学大力加强研究生思政工作体制机制建设，把研究生德育工作放在首位，提高研究生思想政治素质，树立全面质量观。狠抓研究生学术道德规范与学风建设，不断创新思想政治工作方式方法，拓展工作领域，坚持把立德树人作为研究生教育的中心环节，把思想政治工作贯穿研究生教育教学全过程。

加强研究生思政工作的体制机制建设。根据学校"三全育人"工作部署和安排，整合学校相关资源和力量，统筹推进《广西民族大学关于加强和改进研究生思想政治工作的实施意见》，建立研究生思想政治工作良好工作机制体制。按照研究生培养机制改革要求，形成了广西民族大学研究生思想政治教育工作实施意见和广西民族大学研究生思想政治教育管理工作系列文件，研究生思想政治教育工作的体制机制进一步理顺。

不断创新工作方法，拓展研究生思想政治工作内容。借助研究生学术论坛平台，以举办学术讲座、学术报告、学术演讲竞赛等形式，邀请校内外德高望重的高水平专家为在校研究生讲授学术知识，传播勤奋学习、严谨对待学术研究的正能量；组织全校研究生全国科学道德和学风建设宣讲教育报告会，对研究生进行学术道德教育，强化科学道德与学风建设教育工作；以集中宣讲、开办学习讲座的形式，组织研究生学习党的政策文件精神宣讲，100%覆盖全体在校研究生。在新生入学教育中，加强思想教育，增强研究生理性把握人生的能力。拓展了网络班级、QQ 群、虚拟学生组织等管理模式，确保了研究生日常管理的全覆盖。开展毕业生离校教育、新生入学教育等主题活动，提高研究生的理想抱负。畅通信息渠道，确保校园和谐稳定。定期召开研究生座谈会，定期开展思想动态研判，及时解决学生危机事件。

坚持立德树人根本工作。将《广西民族大学全面落实研究生导师立德树人职责实施细则（试行）》落到实处，切实把思想政治工作贯穿研究生教育教学全过程。综合推进思想政治工作。加强研究生党支部建设。落实和推进"支部建设年"，深入实施研究生党支部"对标争先"建设计划，着力提高研究生党支部的组织力、感召力、引领力和执行力，推动《中国共产党支部工作条例（试行）》落地见效。开展研究生思想政治教育系列文化活动。以新生入学教育为契机，结合学校精神文明建设和校园文化建设要求，开展学雷锋精神活动、"5.25"心理健康教育活动、优秀论文展示活动、读书分享交流学习活动等。加强研究生意识形态工作。开展研究生思想动态调查，管好研究生学术和文化活动阵地，定期开展意识形态形势分析研判，做好重大舆情事件的防范处置工作，维护学校安全稳定大局。

学校将进一步加强党对研究生教育的领导。我们牢记研究生教育立德树人的初心，坚持党委领导下的校长负责制，健全党对研究生教育领导的组织体系、制度体系、工作机制，把政治标准、政治要求落实到位，提高研究生党建工作水平。坚持马克思主义在意识形态领域的指导地位，加强对学术论坛、报告会、研讨会、学术沙龙等活动的规范和管理，加强学校网络自媒体的管理，及时掌握情况，化解风险、消除隐患，维护学校安全稳定。继续加强和改进研究生思想政治教育。要用党的创新理论武装研究生头脑，进一步坚定中国特色社会主义道路自信、理论自信、制度自信、文化自信；加强研究生思想政治理论课程建设，推进研究生课程思政建设；把思政工作情况作为教师职称评定和人才选拔评价的重要内容。

第三节　广西民族大学"立德树人"目标改革的研究发现与思考

"立德树人"目标改革的成功与否直接制约着研究生教育综合改革的实现，影响研究生教育可持续发展。通过对广西民族大学"立德树人"目标改革的实践发现，优化研究生奖助贷体系、加强研究生思想政治教育是实现"立德树人"的主要途径。在"立德树人"目标的实现中，要明确和落实研究生、研究生导师、研究生教育管理者立德树人职责。

广西民族大学"四位一体"研究生教育综合改革的探索与实践（1999~2020）

高校研究生教育综合改革要以"立德树人"目标为引领，这是高校师德师风、学风校风的建设的关键。在"立德树人"目标改革的过程中，我们发现，"立德树人"改革具有以下四个方面的特征：第一，政治性。高校研究生立德树人教育的政治性主要体现在，要坚持中国共产党的正确领导，弘扬社会主义、共产主义理想和价值，努力成为中国特色社会主义事业的建设者和接班人。第二，人本性。立德树人的人本性体现在，要坚持以人为本，要以研究生人才培养为中心，加强研究生思想政治教育和学术道德教育，各项工作开展要以促进人的全面发展为出发点和落脚点，为实现个人思想道德水平的提高而不懈奋斗。加强奖助贷管理和支持力度，保障学生无后顾之忧。第三，实践性。立德树人是研究生思想政治教育的中心环节。落实立德树人的根本任务，加强思想政治教育是一项实践活动，要遵循思想政治工作规律、遵循教书育人规律、遵循学生成长成才规律。立德树人的理念来源于我国社会发展的实践，研究生立德树人理念的认识和落实，要充分考虑研究生科技创新能力和导师育人的实践现状和现实需要。第四，价值性。研究生立德树人的价值性表现在对人才培养首要标准的确定。研究生立德树人是人才培养的第一步，进而才能为科学研究、社会服务、文化创新提供保证。研究生立德树人是培养研究生学术道德，进而开展学术问题研究的基础。研究生独立批判精神和责任担当，是落实立德树人的保障。

立德树人是加强思想政治教育的目的，也是一个长期性的系统工程，要逐步建立和完善研究生立德树人机制。为了实现立德树人思想政治教育目的，就必须建立立德树人的长效机制。研究生立德树人应该遵循理论与实践相统一、自发与自觉相统一的原则，这对研究生教育综合改革中如何践行立德树人的根本任务，具有重要的指导作用。第一，要遵循理论和实践相结合的原则。认识真理的过程，也是不断实践的过程。在立德树人改革中必须坚持理论联系实际并坚持理论与实际相结合的原则，在实践中发现和认识理论，在实践中检验理论，在正确理论的指导下推动实践的顺利进行，这对研究生立德树人现实问题的解决具有重要的指导作用。高校立德树人理念的形成是在实践中产生的，高校立德树人的理论成果也只有在指导具体实践的过程中才能检验其真理性。一方面，理论来源于实践指导实践。正确的理论可以推进实践活动，错误的理念则会导致实践的失败。研究生立德树人的具体实践，首先应该致力于提高研究生、研究生导师、研究生教育管理者立德树人理论的认识。另一方面，实践是检验真理的唯一标准。只有立德树人的实践与立德树人的理论相一致时，才能保证立德树人实践活动的有序推进。第二，要遵循自觉和自发相结合的原则，要坚持从自觉到自发再从自发到自觉的原则。一方面，研究生立德树人要坚持自发到自觉的原则，要通过对研究生关于思想道德的认识，有意识地引导和教育学生，促进立德树人理论的深入和系统化，将自发的认识逐步转变成为自觉的遵循。另一方面，要坚持自觉到自发原则，让立德树人的自觉意识进一步转化成自发的潜意识。

对"立德树人"目标改革实践的思考，是找寻优化立德树人实施对策的关键。因此，在制定研究生教育改革优化策略时，必须认识立德树人改革的特征，遵循理论与实践相统一、自发与自觉相统一的原则。

第五章 广西民族大学"科研、实践"二平台育人的改革策略分析

第一节 "科研、实践"二平台育人改革的内涵与意义

一、"科研、实践"平台育人改革的内涵

高校科研平台是高校开展科研工作的重要保障,是国家提升自主创新能力、培养优秀人才、开展高水平学术交流的重要载体。广西民族大学注重研究生科研平台建设,对科研平台建设给予资金、科研、教师团队等方面的支持和制度保障。研究生科研学术交流是研究生培养过程中一项重要任务,学校科研交流平台的搭建,有助于启发学生的创新思维,拓宽研究生的学术视野,培养研究生的科技创新能力。

广西民族大学为促进研究生科研能力的提升,搭建研究生科研学术交流平台,开展多种形式的学术交流活动,如组织研究生参加各位学术论坛、学术讲座、学术会议、学术沙龙,鼓励研究生参加各类学术竞赛,聘请校外专家到校开展学术讲座、名师讲坛或授课等,开阔研究生的学术视角,营造良好的学术交流氛围。

研究生教育综合创新实践平台是以研究生为主体的自主实践平台,重点关注研究生在锻炼和成长的实践活动过程中获得的创新体验以及研究生主观能动

性的发挥。它是培养研究生创新能力的重要条件,是改进研究生培养模式的主要载体。

广西民族大学积极开展研究生教育创新实践平台建设,一方面构建高效科学的研究生教育创新实践平台运行管理体系,另一方面做好培养环节的过程管理工作。通过自治区、学校两级研究生创新计划项目的实施,研究生联合培养基地、产学研实践基地的建设推进研究生实践能力提升。

二、"科研、实践"平台育人改革的意义

我国经济进入高质量发展阶段,社会经济发展动力从要素驱动、投资驱动向创新驱动转变。近年来,教育部发布的《国家中长期人才发展规划纲要(2010－2020年)》《教育部　国家发展改革委　财政部关于加快新时代研究生教育改革发展的意见》等一系列文件把大力加强实践平台建设,大力开展研究生联合培养基地建设摆在突出地位。广西民族大学"科研、实践"平台育人改革的实施,是对国家研究生教育政策的贯彻落实,能够促进实践教学和人才培养模式改革创新,提高研究生的实践创新能力。

广西民族大学科研平台、实践平台建设中存在常见的问题有以下两个。一是缺少稳定的建设经费与运行经费的投入,导致科研平台、实践平台建设的基础条件和运转较为困难。特别是学校的研究生教育创新计划项目因为缺少稳定的经费的投入,不得不面临缩减项目名额和经费的困境。二是大部分科研平台、实践平台缺少专职管理人员和科研人员。学校科研平台一般没有固定的人员管理,多数由学校各学院负责具体管理,学院教学秘书又多兼任科研秘书,各学院科研平台、实践平台的考核标准不统一。因此,在"大众创新、万众创新"的新形势下,探讨地方院校研究生创新实践能力提升途径对建设创新型国家具有重要意义。

第一,构建科研平台、实践平台,对地方院校应用型科技创新人才的培养具有重要意义。对于像广西民族大学这样的地方民族院校来说,学校职责是培养服务地方经济发展的应用型创新人才,这是新形势下社会对人才的迫切要求。一方面,在新工业革命的背景下,需要构建出融合多学科的科技创新实践平台新工业革命是以新能源、"互联网＋"、制造业为主导的"第四次工业革

命"。在新工业革命时代，需要通过重大"平台创新"与持续"微创新"有机结合，全面推进技术创新、产品创新、应用创新、管理创新与商业模式创新的集成、协同与良性互动。另一方面，地方院校内涵式发展转型，需要创新实践平台助力。地方高校占我国高校比例的1/3以上，且多数为新建本科院校，本科专业建设实践较短，相对于老牌本科院校而言，国家及所在地方资金扶持力度有限，科研基础和实践相对较为薄弱。地方院校想要突出重围，就要加强科研平台和创新实践平台建设，牢固树立服务地方经济发展的理念。构建科研育人平台、创新实践育人平台，成为地方院校内涵式转型发展的关键。

第二，科研平台、实践平台建设，有助于促进人的全面发展。应用型创新人才的培养，需要扎实的知识基础，科技创新能力的培养需要合作开放宽松的学习氛围，对于研究生教育来说，更需要给予学生独立发展的自主空间。科研平台、实践平台的搭建，有助于培养研究生创新能力和实践能力，培养学生的批判思维和独立发现问题、思考问题、解决问题的能力，通过实践和科研探索未知领域的真相，实现人的全面发展。

第二节　广西民族大学"科研、实践"二平台育人改革的实践

一、制度层面：加强研究生科研管理、实践管理制度建设

为了鼓励研究生进行学术创新，培养他们的综合能力，广西民族大学积极推荐研究生申报研究生创新计划项目，积极举办研究生学术论文竞赛和研究生学术演讲竞赛，以及开展研究生学术沙龙；制定了《广西民族大学2006－2010年研究生教育创新计划》《广西民族大学研究生报销核心期刊论文版面费规定》《广西民族大学研究生教育创新计划项目管理办法》《广西民族大学研究生学术论文竞赛暂行规定》和《广西民族大学研究生学术演讲竞赛暂行规定》等文件，推进研究生创新项目三级资助体系，除积极组织研究生申报自治区研究生创新项目外，设立校级、院级研究生科研创新项目；积极申报广西高

校研究生联合培养基地，共有外国语学院与广西社会科学院联合申报的"东盟高层人才培养基地"等 4 个联合培养基地获得批准。

研究生创新创业联合培养基地是培养单位为加强研究生创新创业实践能力培养，与行业、企业、社会组织等（以下简称合作单位）共同建立的人才培养平台，是研究生进行创新创业实践和专业实践的主要场所，是产学研结合的重要载体。以建设联合培养基地为驱动，充分发挥基地在规范基地管理、培养创新创业能力、建设"双师型"导师团队、构建产学研结合的长效机制等方面的先行先试、引领带动作用。根据教育部《关于加强专业学位研究生案例教学和联合培养基地建设的意见》精神，为深化广西研究生培养模式改革，强化产教融合协同育人机制，推进教学、科研、实践紧密结合，提高广西各高校研究生培养质量，自治区财政拨出专项资金开展研究生联合培养基地建设。

自治区学位委员会、自治区教育厅在每年会下发申报研究生联合培养基地的通知，并下拨专项经费用于研究生联合培养基地建设。各高校根据自治区财政专项资金的安排情况，适当配套经费，视实际培养需要及经费配套情况，合理确定建设基地数量。项目采取公开限额申报的方式，在各研究生培养单位完成校级基地遴选并推荐报送的基础上，自治区学位委员会组织专家评审，择优遴选符合条件的联合培养基地，公布名单并给予资助。

在项目申报中，自治区教育厅鼓励高校与战略性新兴工业产业共建联合培养基地；与粤港澳大湾区行业、企业和科研机构共建联合培养基地；与区外高水平大学，尤其是与广西签署战略合作协议的高校及科研机构共建联合培养基地；鼓励基础学科和集成电路、人工智能、储能技术等国家关键领域核心技术相关学科积极探索开展建设研究生联合培养基地；鼓励依托"广西普通本科高校现代产业学院"申报研究生联合培养基地，构建本硕资源共享、一体联动发展机制。

二、操作层面：打造研究生联合培养基地、研究生教育品牌

（一）加强科研平台建设，打造研究生联合培养基地

1. 广西民族大学研究生联合培养基地建立

广西民族大学根据自治区文件精神，认真组织申报广西民族大学研究生联

广西民族大学"四位一体"研究生教育综合改革的探索与实践（1999~2020）

合培养基地，并做好指导建设工作，定期检查各立项基地建设年度任务书执行情况，做好基地各项工作的总结。2012年成为"东盟高层次人才培养基地"，与广西社会科学院共同建设，项目建设经费100万元，所属学院及专业为外国语学院亚非语言文学专业。2013年成为"广西民族大学—广西化工研究院研究生联合培养基地"，与广西化工研究院共同建设，项目建设经费100万元，所属学院及专业为化学与生态工程学院应用化学专业。2014年成为"广西世居民族研究中心研究生联合培养基地"，与广西民族问题研究中心共同建设，项目建设经费100万元，所属学院及专业为民族学与社会学学院民族学专业。

2015年成为"广西非物质文化遗产研究创新人才联合培养基地"，与广西民族文化艺术研究院共同建设，项目建设经费100万元，所属学院及专业为文学院中国少数民族语言文学学科；成为"法律硕士专业研究生联合培养示范基地"，与南宁市中级人民法院共同建设，项目建设经费100万元，所属学院及专业为法学院法律专业。2016年成为"广西民族大学经济与管理专业人才联合培养示范基地"，与中国—马来西亚钦州产业园区管理委员会共同建设，项目建设经费120万元，所属学院分别为政治与公共管理学院、管理学院、商学院、东盟学院，所属专业为政治学、公共管理学、马克思主义理论（马克思主义经济理论与应用）、计算机科学与技术（商务信息管理）、国际商务、图书情报与档案管理；成为广西民族大学教育硕士专业学位"'学、习、研'三位一体研究生创新教育及联合培养基地"，与南宁市明秀小学、南宁外国语学校、广西民族大学附属中学、广西民族大学附属小学共同建设，项目建设经费40万元，所属学院及专业为教育科学学院教育硕士专业；成为"化学工程与技术研究生创新创业联合培养基地"，与广西壮族自治区化工研究院、广西壮族自治区产品质量检验研究院、广西科学院生物技术研究所共同建设，项目建设经费40万元，所属学院及专业分别为化学与化工学院化学工程与技术、海洋与生物技术学院生物学。2017年成为"学科教学（英语）专业学位硕士研究生联合培养基地"，与江苏理工学院共同建设，申请资助35万元，所属学院及专业为外国语学院教育学（学科教学）；成为"学科教学（思政）专业学位硕士研究生联合培养基地"，与南宁市第十五中学、南宁市第二中学、广西民族大学附属中学、百色学院附属中学共同建设，申请资助35万元，所属学院及专业为马克思主义学院学科教学（思政）；成为"材料工程研究生联合培养基

第五章　广西民族大学"科研、实践"二平台育人的改革策略分析

地",与北京优材百慕航空器材有限公司共同建设,申请资助 30 万元,所属学院及专业为理学院计算材料学。

2018 年成为"广西民族地区中学历史教育高层次人才培养基地",与广西民族师范学院附属中学联合建设,所属学院及专业为民族学与社会学学院学科教学(历史);成为"化学工程与技术学科研究生创新创业联合培养基地",与广西壮族自治区化工研究院、广西壮族自治区林业科学研究院、广西壮族自治区产品质量检验研究院、广西农垦明阳生化集团股份有限公司共同建设,所属学院及专业为化学与化工学院化学工程与技术专业;成为"法律硕士专业研究生联合培养示范基地",与广西万益律师事务所共同建设,所属学院及专业为法学院法律专业。

2019 年,"广西民族大学图书情报与档案管理研究生联合培养基地""广西民族大学翻译专业硕士研究生联合培养基地"和"广西民族大学电子信息工程硕士研究生联合培养基地"共 3 个广西研究生联合培养基地立项。2020 年,开展了"广西民族大学面向东盟经贸合作的专业学位研究生联合培养基地"和"文物与博物馆专业硕士联合培养基地"共 2 个广西研究生创新创业教育暨联合培养基地示范建设项目。

学校研究生院每年对立项建设基地进行定期检查,各基地均已按照任务书开展各项建设工作。一是建立起相关管理规章制度和工作领导小组,从制度上保障基地各项工作的开展落实。二是学校各相关培养单位和合作单位通过聘请研究生指导教师、参与研究生教学或实践指导、合作申报科研项目、为研究生提供实习和实践场所等方式开展实质性工作。三是基地建设经费已予以落实。学校各相关培养单位和合作单位双方均以提供实践生活保障、提供奖学金、提供项目经费等形式对基地建设进行经费投入。研究生进入实践基地开展实习或实践活动,并利用基地建设进行科研项目的申报,具有十分重要的意义。此外,合作单位导师以授课、指导论文等方式直接参与研究生培养工作,更有利于科研成果的产出。

但是,各基地建设还存在一些较为明显的问题,需要进一步解决。一是赴基地参与实习实践的研究生数量不够多,学校老师派出参与基地合作建设人数较少,双方资源尚未得到充分利用。二是基地评估未形成指标体系,不利于基地的建设发展。三是基地的联合培养研究生机制不够健全,使合作培养的日常

管理工作不够规范。四是校外导师激励机制不够完善，行业专家参与研究生培养的积极性有待提高。各基地要在自评和交叉检查的基础上针对存在的问题进行改进，进一步发展和促进基地的建设工作，加强对研究生联合培养基地的评估指标体系建设的探讨，提高基地建设的导向性和规范性。

2. 强化学术创新

2007年，学校首次创立并开展实施了广西民族大学研究生教育创新计划项目。学校拨出专款19.8万元，共立项资助研究生校级创新计划项目63项，其中人文社科类46项，每项资助2 500元；自然科学15项，每项资助5 000元；研究生教育科学专项课题2项，每项资助4 000元。此外，学校加大申报2017年自治区研究生教育创新计划项目的组织和宣传力度，采用书面通知和网上通知方式，最终获得教育厅批准立项24项，其中，研究生科研创新项目立项20项，研究生教育科学专项课题研究2项，研究生创新论坛1项，资助总额达24.6万元。组织研究生申报2008年自治区研究生教育创新计划项目。学校向教育厅共推荐课题49项，最终获得41项立项，其中，研究生科研创新项目35项，研究生教育科学专项课题研究4项，研究生创新论坛2项，教育厅拨款和学校配套的资助总额31.11万元。在研究生创新论坛活动中，有效地结合"相思湖世纪大讲坛"开展学术讲座活动，邀请了来自清华大学、中山大学、广西大学、广西师范大学、广西社会科学院等专家进行19场学术前沿报告活动。

继续实施广西民族大学研究生教育创新计划项目。2008年，学校研究生教育创新计划立项改为全部资助研究生科研创新项目，调整了资助额度，提高了资助数量，共立项资助研究生校级创新计划项目91项，其中文科75项，每项资助额度2 000元；理科16项，每项资助额度3 000元，资助总额19.8万元。2009年，自治区研究生教育创新计划项目，学校共获得研究生科研创新项目35项，研究生教育科学专项课题研究1项和研究生创新论坛2项，教育厅拨款和学校配套的资助总额达25.92万元。继续实施2009年广西民族大学研究生教育创新计划项目。加大对理工科专业的立项，共立项资助研究生校级创新计划项目100项，其中，文科76项，每项资助额度2 000元；理科24项（比上年多5项），每项资助额度3 000元，资助总额达22.4万元，比上年增加2.6万元。

第五章 广西民族大学"科研、实践"二平台育人的改革策略分析

实施2010年自治区研究生教育创新计划项目，共立项资助研究生校级创新计划项目101项，其中，文科78项，每项资助额度为2 000元；理科23项，每项资助额度3 000元。2011年组织研究生申报自治区研究生教育创新计划项目，共获得研究生科研创新项目35项，研究生教育科学专项课题研究8项和研究生创新论坛1项，教育厅拨款和学校配套的资助总额达36.21万元，比2010年增加3.3万元。继续实施2012年度广西民族大学研究生教育创新计划项目，共立项资助研究生校级创新计划项目103项，其中，文科81项，每项资助额度2 000元；理科22项，每项资助额度3 000元，资助总额22.8万元。2013年度获得广西研究生教育创新计划研究生科研创新项目7项，研究生教育科学专项课题研究项目4项和研究生创新论坛1项，教育厅拨款和学校配套资助总额共37万元。组织实施2013年度校级研究生教育创新计划项目，共立项资助研究生校级创新计划项目100项，其中，文科81项，每项资助额度2 000元；理科19项，每项资助额度3 000元，资助总额21.9万元。组织研究生申报2014年广西研究生教育创新计划项目。共获得2014年度自治区级研究生教育创新计划研究生科研创新项目14项、研究生教育科学专项课题研究12项、研究生创新论坛1项。继续实施2014年度广西民族大学研究生教育创新计划项目。共立项资助研究生校级创新计划项目101项，其中，文科87项，每项资助额度2 000元；理科14项，每项资助额度3 000元，资助总额21.6万元。2015年度学校共获得自治区级研究生科研创新项目15项（其中，博士研究生创新项目1项）、学位与研究生教育改革课题14项、研究生创新论坛1项，教育厅拨款和学校配套的资助经费总额达138万元。

2015年，研究生院组织在校研究生申报2015年度校级研究生科研创新项目，共立项资助100项。其中，文科类83项，每项资助2 000元；理科14项，每项资助3 000元；博士研究生项目3项，每项资助5 000元。资助总额22.3万元，立项经费由学校研究生培养费统筹解决。2016年获得经研究生个人申请、各研究生培养单位评选推荐、研究生院审核、学校领导审定，共立项资助广西民族大学研究生教育创新计划项目282项，其中，研究生科研创新重点项目136项（博士6项，硕士130项）；研究生科研创新普通项目90项（博士4项，硕士86项）；研究生学术论坛13项；学位与研究生教育改革课题15项。2017年自治区级研究生教育创新计划项目立项28项（其中，研究生科研创新

广西民族大学"四位一体"研究生教育综合改革的探索与实践（1999~2020）

项目18项，学位与研究生教育改革课题9项，研究生学术论坛1项）；设立校级研究生创新项目147项（其中，博士研究生创新项目7项，文科硕士研究生创新项目100项，理工科硕士研究生创新项目40项），研究生学术论坛10项；研究生教育改革创新课题11项。2018年自治区级研究生教育创新计划项目立项18项（博士3项，硕士15项）、9项学位与研究生教育改革课题和1项研究生学术论坛；学校资助154.6万元设立研究生创新项目289项，其中，研究生科研创新重点项目147项（博士8项，硕士139项）；研究生科研创新普通项目77项（博士5项，硕士72项）；研究生学术论坛15项；学位与研究生教育改革课题19项。2019年继续开展区级、校级研究生教育创新课题研究，其中，研究生科研创新重点项目143项（博士6项，硕士137项）；研究生科研创新普通项目92项（博士3项，硕士89项）；研究生学术论坛9项；研究生课程建设项目37项（教育改革课题20项，精品课程9项，教材专项2项，教学案例6项），经费资助89.9万元。2020年，共获得广西研究生教育创新计划项目30项，其中，博士研究生创新项目3项，硕士研究生创新项目15项，教改项目11项，研究生学术论坛1项。

3. 奖励发表高档次学术论文

为进一步提高学校研究生的培养质量，促进研究生创新能力提升，激励广大研究生在校期间积极开展科研工作，多出好的学术成果、多发表高质量论文，广西民族大学组织开展奖励发表高档次学术论文研究生和评选"学术之星"的活动。

2010年度共对61名研究生发表的91篇高档次论文进行了奖励，奖金共计2.288万元。2011年度共有12名研究生被授予"学术之星"荣誉称号。2012年度研究生高档次论文和"学术之星"评选工作，为10名研究生授予2012年度"学术之星"荣誉称号。2014年组织开展了2013年度研究生高档次论文和"学术之星"评选工作。经确认，蔡家华等53名研究生在国内外权威学术期刊发表了89篇高质量论文，其中，在二级学科国际一流期刊发表论文2篇，在SCI（科学引文索引）核心版期刊发表论文21篇，在《广西民族大学科研奖励中文期刊分级目录》所列特级期刊发表论文1篇、A级期刊发表论文5篇。在这次活动中，10名研究生获得2013年度"学术之星"荣誉称号。2015年组织奖励2014年研究生发表高档次论文活动，对43名研究生发表的72篇

第五章 广西民族大学"科研、实践"二平台育人的改革策略分析

高档次论文进行了奖励,奖金共计1.587万元。获奖的72篇高档次论文中,在《广西民族大学科研奖励中文期刊分级目录(2013版)》所列特级期刊发表的论文3篇、A级期刊发表的论文8篇,在SCI一区期刊发表的论文1篇、SCI二区期刊发表的论文5篇。评选了2014年度11名"学术之星",并为其颁发了荣誉证书。2016年,组织评选了2015年度"学术之星",奖励2015年度发表高档次论文的研究生。评选出10位学术能力突出的研究生,授予其"学术之星"荣誉称号;同时,对符合奖励条件的60篇高档次论文颁发奖金予以奖励。

(二)注重实践平台建设,打造研究生教育品牌

1. 加强田野调查

广西民族大学在硕士学位论文的选题和撰写方面,强调田野调查、社会调查、社区调查、企业调查,甚至跨国调查(对外汉语研究、跨国民族研究、亚非语言专业、东盟研究、东盟法律等方向),从社会实践中获得第一手原始资料,强化论文的原创性。为此,学校从2009年开始,专门拨出相应的经费,用于资助研究生进行田野调查、社会调查,特别是跨国田野调查。2010年,为发挥学校区位优势和特色,广西民族大学增设跨国田野调查项目,资助项目数为5项,每项资助额度为1 000元。另设普通田野调查项目,资助项目数为30项,每项资助额度为600元。2013年,开展校级研究生田野调查、社会调查立项工作,共立项资助跨国田野调查项目7项,每项资助1 200元;普通田野调查项目51项,每项资助800万元,资助总额4.92万元。2014年,继续开展学校研究生田野调查立项工作。共立项57项,其中,博士研究生田野调查项目2项,每项资助额度1 500元,硕士研究生普通田野调查项目44项,每项资助额度800元。硕士研究生跨国田野调查项目4项,每项资助额度1 200元,校研究生会普通田野调查项目7项,每项资助额度800元,资助金额合计4.86万元。

2015年继续开展广西民族大学研究生田野调查立项工作。这一项目共立项67项,其中,硕士研究生跨国田野调查项目立项12项,每项资助额的0.12万元;硕士研究生普通田野调查项目立项50项,每项资助额度0.08万元;博士研究生田野调查项目立项5项,每项资助额度0.15万元。资助金额合计

6.19万元。2017年，学校研究生田野调查项目达30项（其中，博士研究生田野调查项目5项，硕士研究生田野调查项目25项，硕士研究生跨国田野调查项目14项）。2018年，学校共立项研究生田野调查项目20项，其中，硕士研究生普通田野调查项目14项，每项资助2 000元；硕士研究生跨国田野调查项目6项，每项资助3 000元。资助金额共计4.6万元。2019年，学校共立项研究生田野调查项目27项，其中，博士研究生田野调查项目1项，资助4 000元；硕士研究生普通田野调查项目19项，每项资助2 000元；硕士研究生跨国田野调查项目7项，每项资助3 000元。资助金额共计6.3万元。

2. 突出实践环节

广西民族大学注重研究生实践能力的提升，特别是招收专业硕士研究生以来，学校通过制定实践规定、建设实践基地，在教育过程中突出实践环节等方式培养研究生的实践能力。

以教育硕士培养的研究来看，根据教育硕士研究生的培养目标和要求，学校高度重视专业实践教学，把开展实践教学作为培养应用型人才的一项重要保障之一，制定了《广西民族大学教育硕士研究生实践课程实施办法》，对实践教学有关工作作出明确规定和要求。其中，强调要采用集中和分段实践相结合的方式，明确实践教学活动不少于一年，从制度上规定把实践环节贯穿于教育培养全过程。

在实践教学过程中，学校重点突出三个方面：一是认识实践。在课程学习过程中，安排教育硕士到中小学参观，观摩课堂教学，初步体验、分析教育教学、教育管理的实践过程。二是专业实践，即专业技能训练。突出教育硕士的板书和普通话训练、多媒体教学技能训练等，课程教学贯穿案例教学、课程设计（含多媒体课件制作）、微格教学等专业技能训练形式，切实提高他们的专业技能。三是综合实践，即综合运用能力训练。除了在课程教学中的实习、实训等实践训练之外，学校让学生在教育硕士联合培养基地，利用半年左右时间，从事具体教学实习、班主任实习或教育管理实习，并撰写调研报告、设计教学方案、分析教学实例等实践成果，强化综合实践环节，提升学生的综合实践技能。

为了给学生实践教学提供广阔的天地，广西民族大学建设了一批合作关系稳定、针对性较强、功能较为齐全的教育科学研究基地和教育教学实践基地。

第五章　广西民族大学"科研、实践"二平台育人的改革策略分析

在校内，设有专门培养少数民族师资的广西教育教师基地、培养和培训壮族师资的广西壮族师资培养中心、广西民族团结教育师资培训基地、广西教育科学重点研究基地，同时，设有文科综合实验教学中心、物理实验教学中心等4个自治区级实验教学示范中心；在校外，建设了南宁市三十七中、武鸣高中、邕宁中学、横县中学、马山中学、田东中学、都安县高级中学、玉林民族中学、北海市职业学院、广西机电职业技术学院基础技能实训中心等55个教育实践基地。这些实践基地服务面较广、设备较先进，既包括涵盖各学科方向的综合性教育实践基地，也包含侧重于某专业领域的专业性教育实践基地，能较好地满足不同专业领域教育硕士研究生开展教育观摩活动、教育实习、实地说课和评教等实践环节教学的需要。

学校立足广西教育硕士培养定位，建设特色专业实验室和实践基地。在实践基地与实验室建设方面始终坚持与人才培养目标保持一致，即，始终是立足于民族地区、边境地区的基础教育，通过"专业学习（含学科专业与民族文化）+平台实践+项目研究"相结合的方式，为广西民族地区和少数民族的教育发展提供"民族文化+学科知识+教育实践+教育科学研究"等"四位一体"的复合型人力资源。基于此，学校选择建设了广西壮文学校、广西民族大学附属中学、广西机电职业技术学院基础技能实训中心等教育实习基地。这些实践基地中，有的基地较侧重于民族文化传承活动体验，如广西壮文学校等；有的基地则重视教学实践技能训练，如广西民族大学附属中学、附属小学等，通过不断完善和加强不同功能、不同层次的教育实践与调研基地建设，为教育硕士各专业学生实践教学与教师调研需要提供优质服务。整体来看，这些实习基地功能较为齐全、服务面较广、设备相对先进，通过开展教育观摩活动、教育实习、实地说课和评教等实践，将教育理念、学科知识、实践技能等培养目标有效融合，可以较好地满足教育硕士研究生培养的实践需求。另外，学校不断加大教育硕士教育工作相关的基础设施建设，不断建设和完善一批较稳定的、质量较高、功能齐全的教育教学实验中心和教育教学实践基地。通过支持优势特色专业、重点专业的实验室建设，充分发挥其科技辐射和带动作用。

3. 积极推动研究生产学研实践基地的建设

广西民族大学重视产学研人才培养和实践基地的建设。2016年7月，广西民族大学与中国—马来西亚钦州产业园区管理委员会签订了《广西民族大学

经济与管理专业人才联合培养示范基地》合作协议。

中国—马来西亚钦州产业园区作为中马两国投资合作旗舰项目，是继中新苏州工业园区、中心天津生态城之后，中外两国政府合作建设的第三个园区，与马来西亚—中国关丹产业园区共同开创了"两国双园"国际园区合作的新模式。此次合作，广西民族大学参与的学科领域包括计算机科学与技术（商务信息管理）、国际商务、图书情报与档案管理，开创了学校研究生文理学科合作使用同一实践基地的先河。同时，为研究生搭建了开展科研创新、学术讲座、研究生论坛、素质拓展、实训实践和创新创业等活动的大型实践平台，有利于深化研究生培养模式的改革，提高研究生培养质量。

截至2017年，学校有广西院士工作站1个，自治区级重点实验室（含培育基地）3个，教育部重点研究基地2个，国家民委重点研究基地2个，广西"2011协同创新中心"3个，广西人才小高地1个，广西科学实验中心1个，广西知识产权培训基地1个，广西高校重点实验室5个，广西高校人文社科重点研究基地9个。

学校与广西科学院生物研究所、江苏理工学院、广西壮族自治区档案局、北京优材百慕航空器材有限公司、广西质检院等12个单位合作，共创产学研合作培养机制，科研总经费达150万元，共培养研究生110人（见表5-1）。

表5-1　　　　　　广西民族大学近年产学研合作情况汇总

序号	企业、科研机构	合作项目	获批经费（万元）	培养人数（人）
1	南宁美洲翻译服务有限责任公司	共同建立翻译实践教育基地	0	0
2	广西壮族自治区对外科技交流中心—中国东盟技术转移中心	共同建立翻译实践教育基地	0	36
3	中报国际文化传媒（北京）有限公司—中国日报网	共同建立翻译实践教育基地	0	36
4	广西外事办公室	共同建立翻译实践教育基地	0	1
5	江苏理工学院—常州外国语学校	2017年广西研究生创新创业教育暨联合培养基地示范建设项目	35	18

续表

序号	企业、科研机构	合作项目	获批经费（万元）	培养人数（人）
6	史丹利化肥贵港有限公司	就业实习基地	0	5
7	北京优材百慕航空器材有限公司	广西研究生创新创业教育及联合培养基地	30	2
8	广西科学院生物研究所	化学工程与技术研究生创新创业联合培养基地	40	0
9	广西科学院	广西海洋天然产物与组合生物合成化学重点实验室培育基地	0	1
10	广西药用植物园	协同育人	0	1
11	广西化工研究院、广西质检院、广西科学院	化学工程与技术研究生创新创业联合培养基地	40	10
12	广西壮族自治区档案局	兰台奖学金	5	0
	总计		150	110

第三节　广西民族大学"科研、实践"二平台育人改革的研究发现与思考

广西民族大学在20多年研究生教育的发展中，深刻认识到研究生科技创新能力不足，科研能力、实践教学能力不强是学校亟待解决的关键问题。科研平台、实践平台建设与研究生教育相结合成为研究生培养与管理模式改革与创新的途径之一。

通过对广西民族大学研究生教育科研育人平台、实践育人平台改革的实践发现，研究生科研创新能力、实践能力是具有可培养性的。第一，科研能力、实践能力不是由先天决定的，而是在后天的教育和努力逐步培养和提高的。这就需要学校、研究生导师、研究生本人的共同努力。第二，高校通过研究生教育教学和平台搭建可以促进研究生科研能力、实践能力的培养。研

广西民族大学"四位一体"研究生教育综合改革的探索与实践（1999~2020）

究生导师通过对研究方式和方法的教授，可以使研究生学习到科学研究的方法，有助于提升研究生的科研能力、实践能力。此外，研究生科研能力、实践能力的高低与其接受的科研教育和实践训练密切相关。实践发现，研究生参加的科研活动、实践锻炼越多，参与的科研项目越多，研究生的科研水平越高，表现在学位论文的质量水平也就越高。第三，研究生导师指导下的科研实践是训练研究生科研能力和实践能力的重要途径。研究生导师在研究生科研实践能力的培养上具有至关重要的作用。研究生通过参与研究生导师的课题，可以帮助学生在科研实践的过程中潜移默化地提升科研能力和实践能力。研究生科研能力和实践能力的可培养性，为我们加强科研平台、实践平台的搭建提供了依据。通过学校、研究生导师、研究生教育管理者有目的、有计划的培养，以及研究生本人长期的学习和训练，研究生科研能力和实践能力必然会得到提高。

广西民族大学"科研、实践"二平台育人改革的实践中，一方面，注重加强制度保障，制定了研究生科研平台、实践平台管理的办法；另一方面，开展创新性的教学活动、科研活动和社会实践活动，提高研究生的整体素质。学校建立的研究生创新项目资助体系，即在自治区级项目之外，还设立了校级研究生科研创新项目，使更多研究生的科研创新活动得到了资助，极大地鼓舞了研究生科研创新的积极性。积极组织研究生参加社会实践活动，加强研究生联合培养基地建设，为研究生参与社会实践提供渠道。

"科研、实践"二平台育人改革的研究发现，科研、实践育人平台的搭建，使得研究生科研能力、实践能力得到了提升，也培养了研究生的动手操作能力、逻辑思维能力、资料搜集和整理的能力。研究生培养过程中的实践活动主要包括在研究生学习、科研、学位论文写作等方面进行的实践，如参加学校组织的暑期和寒假"三下乡"活动和社会实践调研活动、田野调查工作，到企业、学校参加各种社会实践活动。在这些实践活动中，既提高了研究生的生活阅历、实践调研能力，也培养了研究生运用理论知识解决实际问题的能力和动手操作能力。科研实践的训练也培养了研究生发现问题和解决问题的能力。科学研究的本身就是一个发现问题和解决问题的过程，因此，解决问题能力的培养贯穿研究生培养的整个过程。在科学实践阶段，通过项目申报与研究，集中培养了研究生问题解决的能

第五章　广西民族大学"科研、实践"二平台育人的改革策略分析

力。在项目申报过程中,要明确问题研究的目的和意义、研究内容、研究思路和技术路线、可行性分析和研究进度安排等,这一过程是研究生独立思考的过程,培养了研究生发现问题和解决问题的能力。此外,开展科学研究的过程中,锻炼了学生搜集资料和整理资料的能力。研究生科研平台、实践平台建设是一个相互联系的有机整体,因此在探讨研究生科研实践能力培养的具体对策时,要协同考虑。

第六章 广西民族大学"民族性、区域性、国际性"三融合的改革策略分析

第一节 "民族性、区域性、国际性"三融合改革的内涵与意义

一、"民族性、区域性、国际性"三融合改革的内涵

早在1980年,美国前加州大学总校校长克拉克·科尔在《扩展高等教育的国际维度》一书的序言中就呼吁:我们需要一种超越赠地学院观念的新的高等教育观念,即高等教育要国际化。1998年联合国教科文组织首届世界高等教育大会指出,不论发达国家还是发展中国家,都必须正视高等教育国际化的进程,强调"国际合作和交流是促进全世界高等教育的主要途径"。随着经济的增长和国家国际影响力的增强,我国在国际事务中的影响力不断提高。在经济全球化的背景下,国际化人才培养的要求日益突出。国际化是高等教育现代化的重要内容和主要标志。研究生国际化培养作为培养高等人才的重要方式,肩负着重大的责任。

《教育部 国家发展改革委 财政部关于加快新时代研究生教育改革发展的意见》中强调,深化开放合作,提升国际影响力。打造"留学中国"品牌,吸引优秀学生来华攻读硕士、博士学位,完善来华留学生招生、培养等管理体

系，保障学位授予质量。鼓励培养单位与国际高水平大学建立研究生双向交流机制，支持双方互授联授学位。支持引进国外优质教育资源，建设高水平中外合作办学，推动高层次人才培养和学科建设。优化国家公派出国留学研究生全球布局。创新国际组织人才培养项目，加大国际组织后备人才培养力度。

党和国家高度重视研究生教育国际化的发展，在这样的背景下，广西民族大学深刻地认识到要实现高水平民族大学的目标，必须坚定不移地走国际化办学道路。广西民族大学根据学校"民族性、区域性、国际性"的办学特色，以"民族融合、区域融合、国际化"为改革方向，提高研究生教育质量。学校成立了中华民族共同体研究院，按照"各美其美，美人之美，美美与共，天下大同"的理念，在研究生培养过程中融入多元文化整合的教育理念。一方面，坚持多民族和谐共处、共同发展的原则，通过充分发挥学校民族性的办学特色和地域文化特色，引导研究生尊重民族差异、加强交流、相互学习，营造良好校园环境，开展丰富多彩的校园文化活动，不断开创生动活泼、彼此尊重、团结和睦的多民族研究生融合共进的新局面；另一方面，发挥广西具有的天然地缘优势，高度重视同东南亚国家的教育合作，通过派出研究生到国外学习交流、聘请外国专家到校任教讲学、与国外高校或研究机构开展人才培养与科研合作等方式，不断提升学校研究生教育国际化水平，不断探索研究生教育的国际化培养模式。

二、"民族性、区域性、国际性"三融合改革的意义

21世纪，经济全球化、社会信息化和文化多样化的发展为高等学校国际化的发展提供了平台。一方面，在全球化的影响下，科学技术、信息技术迅猛发展，使得信息传播得更加迅速，人与人之间的交流更加方便，为国际交流学习提供了便利，此外，英语作为世界通用语言，也推动了教育国际化的发展。另一方面，随着世界经济的发展，国际间的经济贸易联系日益增多，对高水平国际化、科技创新人才的需求也更加强烈，世界各国纷纷加强高层次国际化人才的培养。研究生教育国际化是全球化背景下的必然发展趋势。

研究生教育国际化是"双一流"建设的重要任务之一。2015年11月，国家颁布的《统筹推进世界一流大学和一流学科建设总体方案》中，明确将

"推进国际交流合作"作为五项改革任务之一,提出:"加强与世界一流大学和学术机构的实质性合作,将国外优质教育资源有效融合到教学科研全过程,开展高水平人才联合培养和科学联合攻关。加强国际协同创新,积极参与或牵头组织国际和区域性重大科学计划和科学工程。营造良好的国际化教学科研环境,增强对外籍优秀教师和高水平留学生的吸引力"。

广西民族大学"民族性、区域性、国际性"三融合改革是推进学校"双一流"建设、加快实现蓝图的重要举措。学校坚持三性办学特色,进一步加强与国际高等高等教育的接轨与融合,努力拓展国际教育与合作的领域,全面推进研究生教育国际化进程,与国外高校开展全方位多层次的开放合作,增强学校服务国家战略的能力,强化国际化办学特色,提升学校国际影响力。

研究生教育国际化是研究生培养质量提升的内在要求。《国家中长期教育改革和发展规划纲要(2010-2020年)》提出:"适应国家经济社会对外开放的要求,培养大批具有国际视野、通晓国际规则、能够参与国际事务和国际竞争的国际化人才。"《教育部等八部门关于加快和扩大新时代教育对外开放的意见》进一步提出:"提升我国高等教育人才培养的国际竞争力,加快培养具有全球视野的高层次国际化人才。"深化广西民族大学"民族性、区域性、国际性"三融合改革,能够推进学校研究生不断借鉴国外的经验和先进技术开展科研合作,进一步提升研究生教育培养质量。

我国研究生教育国际化取得了一定的成绩,研究生的国际视野进一步开阔,研究生导师的国际化水平不断提升,但是仍然存在许多问题。一是研究生教育国际化的地域发展不平衡。处于东部沿海地区和中心城市的高校研究生教育国际化程度普遍较高,而中西部和偏远地区的高校国际化程度普遍较低。不同层次的高校发展也不平衡:部属高校研究生教育国际化开展得较早也发展得相对较好,而省属高校和地方院校研究生教育化相对滞后。地方院校研究生教育国际化的理念还没有普及,有些学校尚未认识到研究生教育国际化的重要性,部分高校虽认识到研究生教育国际化的重要性,但是教育资源的匮乏和师资水平的限制,研究生教育国际化发展缓慢。广西民族大学作为西部地区民族院校,研究生教育国际化的起步比较晚,资源也相对落后,与东部沿海地区高校相比还存在较大差距,改革势在必行。

二是国家合作派出生源地单向性。我国通过短期交流项目、硕博联合培养项目对外选派的硕士生和博士生绝大多数都是派往高等教育发达的欧美国家，但是欧美发达国家和地区几乎很少有研究生到我国学习。研究生教育国际化呈现出了明显的单向性，这是我国高等教育整体发展水平尚且落后于欧美发达国家和地区，研究生教育的创新性不足的一个重要原因。从广西民族大学历年留学研究生招生情况来看，同样存在留学生生源国单一的问题：广西濒临东南亚国家，招收来的留学生大多来自越南、泰国、老挝等国家，而欧美国家和地区的生源相对较少，导致留学研究生教育的创新性不强，培养的总体质量不佳。

三是研究生教育资源的国际化不足。我国研究生教育缺少国际化的先进设备，实验室建设、实验设备的落后，使研究生科研能力相对落后，很难实现与学科前沿保持同步。广西民族大学研究生教育中也存在国际化教育资源不足的问题，受经费的限制，很多实验室设备不能得到较快更新，而推进"民族性、区域性、国际性"三融合改革，将有利于解决这一问题。

四是研究生教育的培养方法的国际化水平不足。其具体表现在师资国际化水平不强；制度建设严重不足；评价方法的国际化严重不足三个方面。广西民族大学研究生教育中，也存在国际化师资短缺、资源不足等问题。为解决好上述问题，学校加强制度保障，加强国际化师资队伍培育，积极引进国外课程，努力实施"民族性、区域性、国际性"改革。

第二节 广西民族大学"民族性、区域性、国际性"三融合改革的实践

一、制度层面：规范研究生教育国际化制度化

广西民族大学一直把"国际性"作为学校的办学特色，大力推进研究生教育国际化水平，深化国际化建设改革。在学校教育国际化规划的引导下，为有效促进广西民族大学研究生教育国际化进程，提高研究生培养质量，学校专门制定了《广西民族大学推荐优秀博士研究生出国研修人员暂行办法》，积极组织制定《广西民族大学研究生短期出国研修管理办法》，规范研究生出国、

广西民族大学"四位一体"研究生教育综合改革的探索与实践（1999~2020）

出境管理，鼓励研究生出国出境参加国际学术会议和进行短期国际交流，资助优秀博士研究生出国研修，为推动研究生教育国际化提供制度性保障。

学校重视来华留学生教育教学质量规范工作，制定了 12 项关于留学生的规章制度，完善管理机制，实现了贯穿招生录取、教育教学管理到毕业结业等全过程的规范化管理，不断创新管理模式，提高管理水平，稳中求进，推动来华留学教育更好的发展。坚持"引进来"和"走出去"并重：一方面，注重来华留学生的生源和培养质量的提升；另一方面，积极建立国内外合作交流平台，为国内研究生创造更多"走出去"的机会。

（一）广西民族大学博士研究生出国研修

为贯彻落实自治区教育厅关于推荐财政专项资助广西优秀博士研究生出国研修文件精神，选拔广西民族大学优秀博士研究生出国研修，提升广西民族大学博士研究生培养质量，保证推荐工作公平公正公开，学校 2015 年颁布了《广西民族大学推荐优秀博士研究生出国研修人员暂行办法》，并每年定期发布通知，组织做好博士研究生出国研修的推荐工作。

广西民族大学优秀博士研究生出国研修的推荐对象为广西民族大学全日制在读博士研究生（已经完成课程学习环节，并通过学位论文开题）。出国研修期限最短不得低于 6 个月，最长不能超过 1 年。推荐的基本条件包括：①热爱祖国，热爱社会主义，品德优良，学习成绩突出，具有学成回国为广西经济和社会建设事业服务的事业心和责任感。②具有良好的专业基础和发展潜力，外语水平达到"广西优秀博士研究生出国研修外语条件"相关要求。③身体健康。在办理派出手续时需提供健康体检表。④出国研修计划应紧密结合在研项目、课题或博士学位论文进行。⑤研修学科应与本学科相同或者相近。

学校每年按照自治区教育厅分配给广西民族大学的出国研修人员名额，根据实际情况将名额分配给各相关学院，由各学院根据博士研究生在读期间的科研成果、承担课题、论文选题、学习奖励等方面制定详细的评分办法（评选前须报研究生院备案），通过公开答辩、打分的形式进行选拔。

申请人填写《广西优秀博士研究生出国研修候选人申请书》和《广西优秀在读博士研究生出国研修就业承诺书和导师推荐意见表》，提交纸质版和电子版文件，并附个人成绩单原件、科研成果复印件、获奖证书复印件等证明材

第六章 广西民族大学"民族性、区域性、国际性"三融合的改革策略分析

料，先向所在学院提出申请。申请人录取类别为"定向就业"的，还需定向就业单位出具同意其出国研修的相关证明。

各学院成立相应的选拔小组，组长由学院主要负责人担任，小组成员由相关学科博士研究生导师代表、硕士研究生导师代表和分管研究生工作副院长组成，人数不能少于5人。选拔小组依据本学院的评分办法对申报材料进行审核，并组织进行公开答辩和打分。

各学院根据申请人得分情况，按照总分从高到低顺序确定人选，并在学院内进行公示，公示期不少于3个工作日，公示无异议后将推荐名单报送研究生院。研究生院进行形式审核并组织校级评审专家评审，在学校内公示不少于7个工作日，公示无异议且推荐人名单经学校领导审批后，上报自治区教育厅学位管理与研究生教育处。

出国研修人员在申请博士学位前需在其本专业或相近专业的国内核心期刊或国外权威刊物发表学术论文2篇，并在显著位置标注"获广西研究生教育创新计划项目资助"。其中，"国外权威刊物"指：SCI（科学引文索引）、EI（工程索引）、ISTP（科技会议录索引）、SSCI（社会科学引文索引）、A&HCI（艺术与人文科学引文索引），需提供有资质的检索部门收录证明；"国内核心期刊"指：《中文核心期刊目录总览》（北京大学图书馆编写，北京大学出版社）和《中国科学引文数据库——核心库》中的期刊。

在经费的分配和使用方面，学校会按照自治区教育厅给广西民族大学的出国研修经费安排，按学校推荐名额分配资助经费。其中，出国研修人员出国所需的相关费用占总经费的80%，出国研修人员出国前的培训费用和出国期间和回国后发表高水平论文的资助经费占总经费的20%。资助标准和办法按国家留学基金委员会资助在职人员出国学习的标准和办法执行。项目启动至今，共有8名博士研究生出国学习。

（二）广西民族大学研究生出国、出境管理

为规范有序推进广西民族大学国际化进程，加强在校学生出国学习管理，学校在2008年就制定了《广西民族大学在校学生出国学习管理办法》。该办法适用于广西民族大学的在校专科生、本科生和研究生。办法中对出国学习的申请条件、审批程序、学习费用及管理都作出了明确规定。此外，还制定了

《广西民族大学外事管理工作若干规定》，对国（境）外来访团或人员的邀请和管理、举办国际学术会议、国际科研合作、汉语国际推广工作、在校学生出国留学的派出与管理、外国留学生的招收与管理等工作都作出了明确的规定。

为加快广西民族大学研究生教育国际化进程，培养具有国际视野和国际竞争力的高素质人才，提高广西民族大学研究生培养质量，根据教育部、国家发展和改革委员会、财政部《关于深化研究生教育改革的意见》和《广西民族大学教育国际化发展纲要（2016－2020）》等文件精神，研究生院也在积极推进研究生出国、出境的管理。研究生院经过征求各研究生培养单位意见，初步形成了《广西民族大学研究生短期出国研修管理办法》（征求意见稿）。目前，学校短期出国研究生大致分为三类。①短期出国研修，即学制内全日制在读硕士研究生到国外著名高校或科研机构进行3~6个月研修或联合培养。②短期国际交流，即由学校统一组织学制内全日制在读研究生到国外著名高校或科研机构进行30天以内的学习交流。③参加国际学术会议，即学制内的在读研究生参加在学科领域有重要影响的国际学术会议。国际学术会议指与会代表50人以上，有5个以上国家或地区（不含港澳台）的人员参加，且国外参加人数不少于20人，以学术研讨交流为目的的研讨会、报告会、论坛等纯学术性会议。

申请者须达到相应的申请条件，并提交申请材料，经学校审批之后才能进行出国研修。申请短期出国研修的基本条件为：①热爱祖国，热爱社会主义，品德优良，具有学成回国为广西经济和社会建设事业服务的事业心和责任感。②已经完成课程学习环节的非毕业年级研究生。③已公开发表学术论文或主持研究生项目或参与导师课题研究。④外语水平达到出国研修外语条件。⑤身体健康，在办理派出手续时需提供健康体检表。⑥出国研修学科应与本学科相同或相近，研修计划应紧密结合在研项目、课题或学位论文进行。申请时符合外语条件，且已取得外方邀请函者，可优先考虑。申请短期国际交流的基本条件为：①热爱社会主义祖国，具有良好的政治和专业素质。②已获国外大学或机构正式邀请信。③邀请方为与派出学生所在学院学科专业相同或相近的院校或科研机构。前期与邀请方院校有实质性合作的学院，且有较强国际交流能力的研究生，可优先考虑。申请参加国际学术会议条件为：①国际学术会议主题应与申请人学科专业领域紧密相关。②会期在完成学位论文答辩之前。③申请人

第六章　广西民族大学"民族性、区域性、国际性"三融合的改革策略分析

身心健康,具有较强的科研能力和良好的会议官方语言表达能力。④申请人以第一作者(或导师为第一作者、申请人为第二作者),并以广西民族大学作为第一署名单位的科研学术论文被国际学术会议接收,并获会议主办方的正式录用通知。⑤申请人获得会议主办方邀请函(同一篇论文只资助一人)。⑥正在境外学习研究的人员不允许申请。鼓励研究生在国际学术会议上作口头报告,以口头报告形式参加会议者,可优先考虑。

申请者须填写相应申请表,附上外方邀请函或国际学术会议邀请函,并提交外语水平证明、个人成绩单、科研成果等对应材料到所在学院提交申请。各学院成立相应的选拔小组,组长由学院主要负责人担任,小组成员由相关学科博士研究生导师代表、硕士研究生导师代表和分管研究生工作副院长组成,人数不能少于5人。选拔小组依据本学院的评分办法对申报材料进行审核,并组织进行公开答辩和打分。各学院进行初审,根据申请人得分情况,按照总分从高到低顺序确定人选,并在学院内进行公示,公示期不少于3个工作日,公示无异议后将推荐名单报送研究生院。研究生院进行形式审核并组织校级评审专家评审,在学校内公示不少于7个工作日,公示无异议推荐人名单,经学校领导审批后,予以公布。选派工作按照"选派一流学生、派往一流院校、师从一流导师"的原则,采取"个人申请,导师推荐,学院初审,学校评审,择优录取"的方式开展。学生在短期出国研修结束后,应当提交研修总结报告,并进行相应考核。鼓励研究生争取学校以外经费资助。

(三)广西民族大学留学生管理

广西民族大学高度重视留学生招生及教育管理工作。学校设立由中国政府奖学金、孔子学院奖学金、广西政府—东盟奖学金、南宁市友好城市奖学金、校级奖学金及校外企业奖学金等六大类奖学金构成,覆盖预科、本科、硕士、博士四类较为完善的奖学金体系。学校为留学生办理出入境签证、证件变更和户籍管理等工作,同时为留学生的学习、生活提供优质服务,并进行安全教育指导工作。学校还从教学体系、课程设置和管理方式等方面,对留学生教育进行了全方位的探索。

学校留学生招生及在校管理模式,是职能部门和教学单位协同合作、齐抓共管。其中,招生和入学咨询等工作由国际合作交流处和国际教育学院具体负

广西民族大学"四位一体"研究生教育综合改革的探索与实践（1999~2020）

责；留学生来校报到、注册、缴费、签证办理、活动组织以及日常生活管理等由国际教育学院负责；教学培养由各对口专业学院在学校教务管理部门指导下开展。

在留学生教学培养过程中，留学生在各专业学院与中国学生一同上课，语言生则集中在国际教育学院学习，全部实行小班制教学。针对留学生汉语水平的不同层次，学校开设了从零点班到高级班等6个层次的教学班。在这些教学班中，教师普遍采用多媒体与传统板书相结合的授课方式进行教学。每年还面向全体留学生开设汉语水平考试（HSK）考前专题辅导班，学校留学生的HSK通过率都保持在90%以上。

作为"中国政府奖学金""孔子学院奖学金"和"广西政府奖学金"等项目的留学生接收高校，自2007年接收首批奖学金生以来，学校共接收和培养汉语言学习、本科、硕士、博士各层次的奖学金留学生一千余人。

二、操作层面：加强国际交流与合作，促进民族区域国际融合

我国研究生教育的国际合作开始于20世纪初。1918年，蔡元培借鉴德国研究生教育模式在北京大学建立研究所，这被看作我国研究生教育国际化的开端。1931年，《学位授予法》以法律形式确定了我国近代学士、硕士、博士三级学位制度。新中国成立之前，我国研究生的培养方式主要借鉴欧洲、美国、日本，逐步形成了教学和科研统一的培养方式，教育国际化除体现为向外派遣留学生外，还体现为归国留学人员把国外研究生培养的教育理念、培养模式、教学内容等引入国内，结合实际情况融入高校的研究生教育。

新中国成立后，我国研究生教育工作在探索中不断前进，取得了一定成绩。1949年，我国的研究生招生数仅为242人，研究生毕业数仅为107人，研究生在学数仅为629人。改革开放以后，我国研究生教育事业进入快速发展阶段，1978年当年招收研究生10 708人。到了2019年，我国研究生共招收91.65万人，在学研究生达到286.37万人[①]，我国俨然已成为研究生教育

---

① 教育部. 2019年全国教育事业发展统计公报（2020 - 05 - 210）.［EB/OL］. 中华人民共和国教育部政府门户网站 http://www.moe.gov.cn/jyb_sjzl/sjzl_fztjgb/202005/t20200520_456751.html.

第六章　广西民族大学"民族性、区域性、国际性"三融合的改革策略分析

大国。

广西民族大学地处于首府南宁,靠近东南亚国家,凭借着地理位置的优势,形成了"民族性、区域性、国际性"三性合一的办学特色。学校立足实际,从自身优势特色出发,走国际化办学道路,是首批"国家外语非通用语种本科人才基地""中国—东盟法律培训基地""中国—东盟旅游人才培训教育基地""东盟国家汉语人才培训中心""海外汉语教师来华培训项目"执行学校"中国支持周边国家汉语教学重点学校""中国政府奖学金留学生接收高校""汉语水平考试(HSK)高等考点""汉语作为外语教学能力认定考试点""孔子学院奖学金生接收院校"和"国际汉语教师志愿者项目"培训和选拔院校,泰国教育部还在学校建立了泰语水平测试点。学校从1993年开始采取"3+1""2+2"的合作方式向东盟及其他国家派出留学生。

学校办学成绩受到有关国家政要肯定,柬埔寨国家元首西哈努克亲王、首相洪森,越南前国家主席陈德良、前副总理范加谦,泰王国诗琳通公主,老挝前总理波松及前国会主席巴妮·雅陶都,缅甸副总统赛茂康等东盟国家政要都曾先后来校参观访问。他们都高度赞赏了学校与东盟高校、政府机构、学术机构所取得的富有成效的合作。学校曾分别向柬埔寨洪森首相及其夫人文拉妮女士授予了文学名誉博士学位,对于服务"一带一路"、促进中柬友好事业向前发展,推进中柬高等教育的合作与发展及中华文化的传播具有积极深远的影响,是广西目前唯一一所向外国政要授予名誉博士学位的高校。

"十三五"期间,广西民族大学在校研究生规模由1 000多人增长至3 000多人,实现了较大幅度的扩张,实现了预定增长目标。但是在研究生教育国际化方面,还存在研究生教育国际化程度不高,与学校国际化的办学定位的要求还有距离等问题。学校高度重视研究生国际化教育的发展,在制定学校研究生教育"十四五"规划时,突出强调要多措并举提升教育国际化水平。

在研究生课程改革方面,建立以"专业英语文献阅读—英语论文写作—国际会议汇报"需要的读写说能力为核心的研究生英语课程,提升研究生国际化水平。在研究生导师国际化水平方面:鼓励研究生导师参加国际学术会议、海外访学,根据专业特点,鼓励教师使用原版教材和双语授课,不断开阔导师的国际视野,把国际前沿的理论与方法引入研究生教学内容中,提升研究生导师的国际化水平。

广西民族大学"四位一体"研究生教育综合改革的探索与实践（1999~2020）

广西民族大学在与国外（境外）高校联合培养博士研究生方面：加大与国外（境外）高水平大学合作力度，联合培养博士研究生，逐步提高博士研究生中具有国外（境外）学习经历的比例。

在拓展研究生国际化培养渠道方面：鼓励研究生参加境外高水平学术会议和短期研修，推进与境外高水平大学的研究生互换、学分互认和学位互授联授，鼓励研究生申请公派出国留学项目，探索海外实习与志愿服务机制，积极拓展研究生国际化培养渠道，招收外国留学生攻读博士和硕士学位，提升广西民族大学研究生国际化教育水平。

（一）广西民族大学国际交流与合作发展的表现

进入新时期以来，广西民族大学国际交流与合作呈现出蓬勃发展的势头，具体表现在以下三个方面。

1. 国际化办学意识日益增强

广西民族大学坚持"民族性、区域性、国际性"的办学定位，把实现教育国际化列入学校的整体发展规划中，统筹推进，提出了加强国际合作与交流、提升学校国际化发展的切实可行的目标和举措。

2. 国际交流与合作成绩斐然

为了强化国际性，2004年，学校招收来自越南等国家的留学研究生3名，之后招生人数逐年增加。目前，学校与东盟国家联合培养研究生工作得到较大发展。2007年和2008年，学校分别和越南的岘港大学、泰国玛哈沙拉坎大学达成联合培养中越语言文学、中泰语言文学专业硕士研究生。2009年开始招收中泰语言文学专业硕士研究生共11人，2010年招收8人，研究生分别在广西民族大学和玛哈沙拉坎大学学习一年，两校分别聘请相关的专家教授担任导师和从事教学工作，实行跨国培养的双导师制。

来华留学生规模不断扩大。1993年至今，累计派出16 685名学生赴海外学习，累计培养了来自全球78个国家和地区的近2万名知华、友华、爱华的留学生。学术交流日益频繁，平均每年有100多人次出席各类国际学术会议和出国调研。留学归国教师人数不断提高，外教规模逐渐扩大，已分别占全校专任教师总数的4%和3%。引进国外优质教育资源初见成效，合作办学已覆盖本科、专科层次；中英学院会计与金融本科专业成为广西第一个获得教育部批

第六章 广西民族大学"民族性、区域性、国际性"三融合的改革策略分析

准的中外合作项目。教育服务贸易取得新进展,目前与国外高校合作创办了3所海外孔子学院。

3. 国际交流与合作环境逐步改善

广西经济社会持续发展为加强国际交流与合作奠定了物质基础,教育质量和水平不断提高为加强国际交流与合作奠定了事业基础,教师队伍素质逐步提升为加强国际交流与合作奠定了人才基础。同时,近年来国家和自治区等陆续出台的一系列旨在推动教育对外合作与交流的政策,为广西民族大学加快教育国际化提供了制度保障。

目前,广西民族大学高等教育的总体水平与欧美发达国家和地区、国内发达地区的高等教育发展水平相比还有较大差距,教育国际化总体上还处于起步阶段,存在国际合作项目比较少,来华留学生规模有待扩大等问题。

广西民族大学推动教育国际化还受到许多主客观因素的制约:一是认识不足,目前不少单位对教育国际化的重要性、紧迫性还缺乏全面、深刻的认识。二是办学水平不高,还没能与世界知名高校直接交流合作,还没有建立国际科研合作平台和国际化产学研基地,专业课程建设以及师资建设相对国际化要求还有明显差距。三是政策环境还不配套,管理制度和服务体系还不能适应教育国际化的需要。

为深入贯彻落实党的教育方针,推进广西民族大学国际交流与合作,提高高等教育质量,建设成为高水平民族大学,增强学校服务经济社会发展的能力,学校根据《国家中长期教育改革和发展规划纲要(2010-2020年)》《广西中长期教育改革和发展规划纲要(2010-2020年)》和《广西壮族自治区人民政府关于深化高等教育综合改革的意见》,特制定《广西民族大学教育国际化发展规划(2016-2020年)》(以下简称《规划》)。《规划》中强调:紧密围绕建设高水平大学的宏伟目标,坚持"拓宽渠道、扩大规模、提高层次、突出特色、务求实效"的工作方针,以"服务国家总体外交、服务广西开放发展"为行动方向,努力促进和全面提升广西民族大学教育国际化的整体水平,为加快实现广西壮族自治区"两个建成"宏伟目标作出新的贡献。

《规划》中提出广西民族大学教育国际化的发展目标是:到2020年,初步建立与广西壮族自治区经济社会发展水平相适应的教育国际化体系和运行机制,教育国际化的主要指标达到或超过全国平均水平,广西民族大学教育整体

实力显著提升。全校留学生规模 2020 年接近或达到 10%，其中，学历教育留学生占留学生总数的 60% 以上，研究生层次的留学生占 5% 以上。全校专任教师中外国文教专家的比例，到 2020 年应增加到 5%，其中，专业类外国文教专家达到外国文教专家总数的 2% 以上。出国（境）访学 3 个月以上专任教师的比例，到 2020 年增加到 20%。全校开设的全外语和双语教学课程占课程总数的比例，到 2020 年应分别增加到 3%~5%；有 2~3 个专业的主干课程能实现全外语授课。交换生和短期交流生占在校生总数的比例，到 2020 年增加到 8%~9%。全校参与国际合作研究项目的教师人数，到 2020 年在目前的基础上增加一倍以上，争取到的国际合作科研项目数和经费支持额度在目前的基础上增加 30% 以上。争取建立 1 个国际化程度较高的科研协作平台或 1 个国际化产学研基地。全校中外合作办学项目 2020 年增加到 2 个。

2021 年 1 月 8 日，学校召开了外事与留学生教育工作大会。会议讨论了学校下一步教育对外开放工作。并对《广西民族大学来华留学生教育发展规划（2021-2025 年）》进行分组讨论。目前该文件和相关制度还在进一步修订中。

基本原则包括 5 个方面：

（1）坚持服务地方经济和社会发展的原则。积极推进教育国际化与广西经济社会发展大局有机结合，支撑广西和区域经济社会发展，切实推进丝绸之路经济带与 21 世纪海上丝绸之路有机衔接，从地方经济社会发展的实际需要出发，推动和加快广西民族大学教育国际化进程。

（2）坚持致力于提高广西民族大学高等教育发展水平的原则。主动把握教育国际化带来的机遇，不断创新教育理念和方式，通过教育创新获得更广的发展空间、更高的教育质量和更强的办学活力，形成"以开放促进创新，以创新带动质量提升和特色凝炼"的格局。

（3）坚持"引进来"与"走出去"相结合的原则。以"提高水平、扩大服务"为宗旨，在加强"引进来"工作的同时，积极推进"走出去"，努力实现广西民族大学教育国际化的可持续发展。

（4）坚持统筹兼顾与重点推进相结合的原则。既统筹兼顾，制定远景目标和整体规划，又重点推进，明确近期目标和工作重点。

（5）坚持点面结合、以点带面的原则。重点扶持若干个国际化特色院、所和中心，形成一批国际化特色专业，培养一批具有国际视野及双语教学能力

第六章 广西民族大学"民族性、区域性、国际性"三融合的改革策略分析

的教学、科研人才和团队,尽快实现国际化办学,发挥其示范效应和辐射带动作用,引领全校提高整体国际化水平。

(二)广西民族大学教育国际化的主要任务

广西民族大学教育国际化的主要任务如下。

(1)更新观念,明确国际化发展目标。

加强宣传和教育,使全校进一步树立教育国际化观念,形成全球化视野和国际化战略思维,增强国际合作与交流意识,把教育国际化作为加速提升教育整体实力的重要途径,切实提高对教育国际化内涵及其重要性的认识,逐步把广西民族大学推进教育国际化的方向统一到学习和借鉴世界各国发展高等教育的先进理念和成功经验,吸引优质高等教育资源,增强广西民族大学在国际高等教育市场的竞争力,全面提高广西民族大学教育质量和办学水平上来。

(2)加大引进和培养力度,提升广西民族大学师资和管理队伍的国际化水平。

进一步加强教师对外交流工作。逐步完善教师聘用和职务晋升政策,鼓励教师出国进修、访问;积极支持教师参加国内著名高校组织的各类高水平学术研讨班和国际学术会议;加强与国外同类高水平高校的校际沟通与协作,有选择地建立海外教师培训基地;加强管理,提高教师出国进修和出访工作的针对性和有效性。

进一步加强和改进外国文教专家和留学归国人员的聘用工作。积极创造条件、开辟渠道,面向全球广揽贤才。充分发挥知名专家学者、校友会、驻外使领馆教育处(组)、专业学术团体、留学人员联谊会等各方面的作用,积极做好海外高端人才的引进工作。

进一步拓展管理人员尤其是学校领导的国际视野。加大管理人员"走出去""引进来"的工作力度,重点加强与国外同类优秀高校的交流,不断更新办学观念,完善管理制度,提高管理水平。

(3)加强专业、课程建设和学生双向交流,提升广西民族大学人才培养的国际化水平。

实施外语能力提升工程,在全校积极开展面向管理人员和教师的外语培训

活动，着力提高管理人员和教师的专业外语水平和语言交际能力。进一步改进外语教学，努力营造学生主动学习外语的大环境，增加学生实践机会，提高学生外语应用能力。

实施学生双向交流工程，鼓励广西民族大学与国外同类高水平高校建立长期的全面合作关系，扩大双向交流生、交换生规模。进一步拓展学生交流渠道，丰富学生交流形式，为学生提供更多的国际交流机会。

学校组织相关学院，结合各自专业特点，着力开发全外语授课课程和双语课程。积极借鉴和吸收国外同类高校在课程体系改革、教学内容更新、教学方法创新等方面的先进经验，提高广西民族大学专业和课程建设水平，建设1~2个国际化专业或面向国际招生的专业。

（4）加强国际学术交流和科研合作，提升广西民族大学科研实力和学科建设的国际化水平。

充分利用学校现有海外优质资源，推动和拓展国际科研合作和学术交流，提高学科建设的国际化水平。鼓励有条件的院、所和中心主办或承办国际学术会议，鼓励教师参加具有重要影响的国际学术会议。

鼓励并支持学校教学科研人员参与国际合作研究项目，申请国际组织和其他国家的科研项目；鼓励与国外高校、科研机构共同建立科研协作平台；鼓励与国外政府部门、学术界和产业部门共同建立产学研用基地。有条件的院、所、中心可尝试与国外高校共建实验室。

（5）大力发展留学生教育和境外办学，增强广西民族大学教育服务贸易竞争能力。

按照"扩大规模、优化结构、规范管理、保证质量"的工作方针，着力推进学校留学生招生管理、教育管理、服务管理和监督管理体制改革。完善留学生服务机制和监管体制，建立与广西壮族自治区国际地位、教育规模和水平相适应的来华留学工作与服务体系。

实施留学教育推介工程，组织广西民族大学到国外举办教育展，介绍广西的经济、社会、文化、教育资源情况和来校就读的相关优惠政策，吸引外国学生来广西民族大学留学；有选择地在部分国家设立招生代理处或招生中心，方便国际学生办理来校留学手续。加强学校外文网站建设。

实施留学教育质量提升工程，不断创新留学教育培养模式。整合资源，打

第六章 广西民族大学"民族性、区域性、国际性"三融合的改革策略分析

造品牌专业,优化专业结构,建设对来校留学更有吸引力的专业课程体系。加强留学教育师资队伍建设,使一批师德高尚、业务精湛的优秀教师成为来华教育的骨干力量。逐步完善广西民族大学留学教育质量保障体系,切实提高来华留学教育质量。

实施配套设施改造建设工程,学校应根据自身的国际交流和合作情况,加强留学生及外国文教专家教学科研用房和生活用房的建设,提高接纳留学生的能力,改善外国文教专家的工作和生活条件。

有计划地推进海外"孔子学院"建设,建立独具特色的汉语国际推广基地,扩大中国文化在国外的影响力。积极探索和开辟境外办学市场,采用多种办学模式,参与国际教育服务贸易。

(6) 扎实推进中外合作办学,积极利用国外优质高等教育资源。

本着学习借鉴国际先进教育思想、办学理念、管理经验和人才培养模式的宗旨,积极利用国外优质教育资源,重点加强与国外高校强势学科以及同类高水平高校的合作办学。加强评估和监管,不断提升广西民族大学中外合作办学质量和水平。

加大广西民族大学与国外同类高水平高校的合作力度,积极开发各种双联课程、学分互认课程、外部学位课程、外国考试机构课程等。有计划地引进国际通用职业资格证书。

(7) 加快国际化特色学院建设,增强国际交流合作能力。

在国际化发展过程中,鼓励学院结合自身实际,突出特色发展。重点培育国际化特色学院,有目的、有计划地加大对国际化特色学院的支持力度,辐射带动学校国际化办学发展步伐,尽快提升广西民族大学的整体办学水平和国际影响力,培育壮大推进广西民族大学教育国际化发展的中坚力量。

(三) 推进广西民族大学教育国际化发展

为有效推进学校教育国际化发展,需要从以下五点出发,做好落实。

1. 制定发展规划,统一思想认识

根据推进高等教育国际化要求,各学院、所、中心要进一步完善自身发展规划,应制定本院、所、中心教育国际化规划,从自身的办学条件和办学特色出发,制定中长期国际化发展目标和实施策略。

2. 完善组织架构，提高管理水平

学校成立教育国际化指导委员会，负责对教育国际化的组织、管理、指导、协调工作；学院、所、中心应视工作需要和发展进程，设立工作机构，推动本单位国际化事务。

3. 构建资源平台，拓宽发展空间

（1）研究平台：依托相关学院，组建教育国际化研究中心，负责教育国际化的理论研究、实践调研、动态监测和决策咨询等方面的工作。

（2）资源平台：加大与校友、同乡与同学联谊会等的沟通联系，充分运用其优势，发挥他们在拓展国际交流渠道、联络海外高层次人才、引进境外优质教育资源、争取国家相关政策等方面的作用，为加快广西民族大学教育国际化提供多维支持。

4. 增加经费投入，加强物质保障

（1）设立并逐步扩大"广西民族大学来华留学生奖学金"规模，吸引国外优秀学生来广西民族大学学习深造，特别是来广西民族大学攻读学位。鼓励和支持学院、社会力量等多渠道筹资设立外国留学生奖学金。

（2）实施中青年骨干教师公派出国研修计划，进行现代教育思想、内容、方法、技术等的培训与实践，提高学术水平和业务能力。实施管理人员海外培训计划，学习国外高校管理经验，树立先进的管理理念，拓展管理人员的国际视野。

（3）从国家给予学校的财政拨款中或从事业收入中提取一定比例设立专项经费，用于国际交流合作，加快国际化课程和专业建设，扩大交流生、交换生规模。

（4）多形式拓展经费筹集渠道。通过提升科研服务水平，争取国际组织、国外高校和科研机构的科研经费；通过扩大留学生规模、开辟境外教育市场，争取教育贸易收入；通过与中外企业建立科研和人才服务关系，争取产业界对国际交流与合作项目的支持。

5. 加强组织协调，建立保障机制

（1）把教育国际化作为建设高水平大学的战略举措之一。将教育国际化发展规划纳入学校发展总体规划。

（2）把教育国际化的发展状况列入学校各学院、所和中心目标考核体系，建立符合广西民族大学国际交流与合作工作实际的教育国际化综合评价机制，将评价结果作为衡量学校办学水平的重要指标，同时建立、健全相应的奖惩制度，通过政策倾斜和经费支持，进一步提高教育国际化程度并确保教育国际化质量。

第三节 广西民族大学"民族性、区域性、国际性"三融合改革的研究发现与思考

广西民族大学坚持"民族性、区域性、国际性"三性合一的办学特色，在研究生招生、培养和就业的全过程均坚持"三性合一"的特色。学校一直以来根据学校的办学特色，实施少数民族高层次骨干人才计划，招收相当数量的民族考生。在就业方面，鼓励研究生在民族地区就业，服务地方经济。研究生教育的国际性是"三性"的中心，也是学校办学特色的集中体现。

通过对广西民族大学"民族性、区域性、国际性"三融合改革的实践发现，要想实现研究生教育国际化，首先要树立研究生教育国际化的教育理念。研究生教育管理者，特别是学校领导要牢固树立研究生教育国际化的理念，加强顶层设计，树立研究生教育国际化的培养目标，制定相关制度，保障研究生教育国际化各项举措的顺利推行。要将研究生教育国际化的理念运用到研究生教育的全过程中，特别是在研究生教育方面，在制定研究生教育培养方案的时候，要确立教育国际化的教学目标，在研究生课堂教学中使用国际化的教材以及国际化的先进理念和设备。研究生导师要转变思想，深入理解教育国际化的理念，并在日常教学和指导学生的过程中运用。

研究生教育民族性、区域性、国际性不是孤立的，其本质上是相辅相成、相互促进的。"三性"融合共进，才能更好地培养学生的国际化视野、国际化思维、国际化能力，从而推动研究生教育国际化水平的提升。要以民族性引领国际化，以国际化促进民族性。推进研究生教育的国际化，是为了缩短我们与世界先进国家高等教育国际化发展的差距，是为了改变传统落后的教学理念、内容和方法。为了继续深入开展"民族性、区域性、国际性"三融合改革，我们要加强对研究生教育理念的认识，通过制定相关措施和政策来加强研究生

广西民族大学"四位一体"研究生教育综合改革的探索与实践（1999~2020）

本人、研究生导师、研究生教育管理者对研究生教育国际化的认识和重视程度。

　　研究生教育国际化不是一蹴而就的，而是有一个漫长的不断发展的过程。国际化已经成为世界高等教育发展的一大基本趋势，国际交流与合作已经成为学校建设成为世界一流大学的重要手段。广西民族大学研究生教育国际化的任务还很重，学校的研究生国际化培养要从培养模式、保障机制等方面进行创新与改革，开创研究生国际化培养模式，努力营造来华留学生校园多元文化和国际化的氛围，努力培养出具有国际视野的高层次创新人才。

第七章 广西民族大学"质量监控、教学改进、师资培育、科技创新"四机制的改革策略分析

第一节 "质量监控、教学改进、师资培育、科技创新"四机制改革的内涵与意义

一、"质量监控、教学改进、师资培育、科技创新"四机制改革的内涵

研究生教育必须把质量放在首位,研究生的培养质量是研究生教育的生命线。要想实现研究生的高质量发展,需要建立研究生培养质量的评估和监控机制。崔智勇在对研究生教育质量监控体系的研究与探索中,提出监控体系的构建需要达到三个基本目标:一是研究生的培养符合国家发展的方向。研究生教育质量的好坏直接影响到了国家发展的方向。二是研究生的质量适合企事业的需求。三是研究生自身素质的提高。好的教育质量监控体系可以保障学生的学习能取得更好的成效。

广西民族大学积极推进研究生教育"质量监督"机制改革,构建"点、线、面、体"综合质量保障体系。该体系主要由研究生教学决策、资源保障和

广西民族大学"四位一体"研究生教育综合改革的探索与实践（1999~2020）

教学执行、监控督导和教学评估、信息反馈四个子系统组成。体系涵盖学校的办学目标、教学过程管理、教学制度建立、质量标准制定、质量评价和信息处理、持续改进等内容，贯穿研究生教学各个环节和全过程。通过"质量信息收集—自我评估诊断—评估信息反馈—调控与修正"的闭环管理模式，实现了教学质量的持续改进。以全方位、多层次、系统化为导向，选取影响高校研究生人才培养质量的核心要素——课程（点）、专业（线）、学院（面）、学校研究生教学基础状态数据（体），以"点、线、面、体"自我评估为核心，在多年办学经验的基础上，经过不断的探索与实践，构建了综合性、完整性、科学性的教学质量监控与保障体系。不断完善教学质量标准体系和评估制度建设。学校围绕人才培养目标，制定了包括教学运行质量标准、教学管理质量标准、教师教学质量标准、学生学习质量标准等覆盖教学全过程的教学质量保障体系制度。

随着研究生招生规模的不断扩大，研究生教育教学质量越来越受到人们的关注，为此必须解决好研究生教学过程中存在的课程体系"本科化""硕士化"色彩浓厚，缺乏层级性；课堂教学随意性强、教学内容固化，缺乏前沿性；教学方式传统，缺乏创新性；课程体系结构"学科化"，缺乏系统性、实践性；教学评价方式单一，缺乏多维度等问题。此外，还需进一步改进和完善研究生教学体系结构，合理优化教学内容；充分利用项目平台等共享资源，培养研究生的创新能力；不断改进教学方法，努力提高研究生教育教学质量。

广西民族大学积极推进"教学改进"机制改革，引导研究生导师树立以探究和创新为核心的教育理念，加强学思结合，倡导启发式、探究式、讨论式、参与式教学，在课堂教学中除传统的讲述为主的授课方式外，采用问题导向为主，专题研讨、课题研究、专题报告、小组研究或集体、个人报告、调查研究等为辅的多元化教学方式，最大限度地培养学生的自主学习和研究能力。帮助研究生掌握扎实理论基础，提高自主发现问题、分析问题和解决问题的能力，促进探索意识和研究创新能力的培养。

广西民族大学出台系列政策，积极应用评价结果，除予以专项奖励外，将评价结果作为资源配置、招生计划编制、学院绩效考核、遴选和建设优势特色专业、评奖评优条件、教师职称评聘条件的重要依据。学校评估工作持续开展，在"评估—反馈—整改—再次评估"的不断运行过程中，监测教学工作

第七章 广西民族大学"质量监控、教学改进、师资培育、科技创新"四机制的改革策略分析

整改成效,实现教学质量的持续改进。整体实现了研究生教学的监督约束机制、激励奖励机制和持续改进机制,保障研究生教学目标的实现和教学质量的提升。广西民族大学成立"研究生教学评估工作领导小组",涵盖学校主要领导和职能部门、各学院(部);学校专门成立了正处级教学督导与评估办公室,主要负责对学校本科教学质量进行常态化的监督与评估、教师教学质量评价与教学技能培训。

"师资"是一所高校培养能力的关键,一支优秀的研究生导师队伍是提高研究生培养质量的关键。师资培育,就是通过加强人才引进、导师岗位培训、导师岗位考核评价等方式,不断加强导师队伍建设,强化师德师风要求,努力建设一支有理想信念、有道德情操、有扎实学识、有仁爱之心的研究生导师队伍。广西民族大学开展师资培育的内容包括完善导师选聘制度,修订导师遴选办法,提高导师遴选条件,加强导师考核,实行导师考核制,实现动态管理。学校举行各类培训活动,采取岗前培训、高级研讨、国内外访学等灵活多样方式开展研究生导师培训,提升导师指导能力。鼓励研究生导师到实际部门挂职和培训,培育双师型导师团队,提升研究生导师的实践水平。鼓励研究生导师参加国际学术会议、到海外访学,提供平台和相关经费支持,不断开阔导师的国际视野,把国际前沿的理论与方法引入研究生教学内容,提升研究生导师的国际化水平。

高校科技创新能力内涵及构成是对科技创新能力改革所要解决的首要问题。国内的观点主要有以下几种:多数学者从科技创新资源的角度,将高校科技创新能力看作由多种要素构成的有机整体,是指高校创造新知识和新技术,将新知识和新技术转化为新产品、新工艺和新服务,推动区域科技、经济和社会发展的能力。其中,有的学者从高校科技创新活动的内容和目的来理解,包括人才创新能力、知识创新能力,技术创新能力。有的学者从高校科技创新过程来理解,认为高校科技创新能力是指高校有目的、有意识地依靠自身的科技力量和借助外部环境的支持,准确识别和把握科技发展的趋势,有效应对科技和市场需求的变化,开创性地进行研究开发,并把研究开发成果成功实现转化及产业化的能力,主要包括科技创新投入和科技创新产出能力。有的学者从高校与企业、科研机构和政府以及整个社会关系的角度来定义。有的则从高校的社会职能来定义高校的科技创新能力,认为高校科技创新能力包括科学研究、

产业化和社会服务，包括了高校的两大社会职能——科学研究和社会服务。

研究生培养管理工作和研究生的培养质量分别是研究生教育的核心和生命线。广西民族大学始终把人才培养的质量视为办学的重中之重。作为国家民族事务委员会和广西壮族自治区人民政府"省部共建"高校，广西民族大学坚持以少数民族学生为主要教育对象，在招生中贯彻落实民族政策，增加少数民族学生接受高层次培养的机会，学校少数民族学生占在校生总数的半数以上，为国家输送了大批高层次人才。

广西民族大学在日常研究生教育管理过程中，注重对研究生培养模式的创新和改革。学校对广西社会经济发展的人才需求进行充分的调研论证，结合学校整体发展规划和学科布局，精心制定了符合学校办学实际、体现学科优势、颇具地区特色的各学科研究生培养目标、培养方案以及培养模式。将立德树人的根本任务融入研究生教育的全过程，努力培养出德才兼备的高层次人才。加强科研平台和实践平台建设，提升研究生的创新能力和实践能力，培养出服务经济社会发展的一代又一代中国特色社会主义事业的合格建设者和可靠接班人。

二、"质量监控、教学改进、师资培育、科技创新"四机制改革的意义

第一，加强研究生教育质量监控的目的是及早发现研究生教育培养过程中存在的质量问题，把监控的结果迅速反馈给教育管理决策部门，并及时更正。加强质量监控体系建设，一是有助于更好的帮助教育决策的正确实施。学校或上级教育部门可以根据监控结果，制定出有针对性的政策和解决办法，使研究生教育质量提升。二是有助于改进研究生教育工作，掌握质量监控结果，可以帮助学校研究生教育管理者和研究生导师了解教学工作中存在的影响教学质量提升的问题，从而改进教育教学方式方法和管理方法，提高研究生教育质量。三是有助于完善学位与研究生教育培养机制。研究生教育质量监控的结果在一定程度上能够反映出研究生导师的学术能力、教学指导能力和研究生培养的精力投入状况，从而促进研究生导师加强自身责任感。

第二，研究生教学对研究生教育起着至关重要的作用。从我国当前研究生

第七章　广西民族大学"质量监控、教学改进、师资培育、科技创新"四机制的改革策略分析

教学情况来看，传统的教学方式占据着研究生教学的主要地位，进一步推进教学改革对提高研究生培养质量起着至关重要的作用。其有助于解决研究生教学方式古板、评价机制不合理，研究生合作交流学习缺失等问题，提升研究生的团队精神和与他人合作的能力，转变落后的教育观念。

第三，研究生导师是影响研究生教育质量的关键性因素之一。导师的创新意识、创新能力直接影响着研究生创新能力的发展；导师的学术素质直接影响着研究生科研能力的提升；导师的人格魅力、价值观、世界观等也对研究生的身心健康发展产生重大影响。加强师资培育，建设一支创新型导师队伍，在研究生教育发展过程中起着重要作用，是研究生教育综合改革的关键。

第四，科技创新在高校发展的过程中有重要的地位和作用。科技创新是高校为国家经济建设和社会进步作出服务和贡献的主要职能之一，科技创新是加强学科建设、增强学术实力的根本措施；科技创新是培养、锻炼学科队伍的必由之路；科技创新是增强学校经济实力的主要途径，是建设高水平、研究型、综合性大学的核心任务。此外，高校在国家创新系统中占有重要地位和作用。经济合作与发展组织（OECD）把国家创新体系定义为：政府、企业、大学、研究院所、中介机构等为了一系列共同的社会和经济目标，通过建设性地相互作用而构成的机构网络，其主要活动是启发、引进、改造与传播新技术，创新是这个系统变化和发展的根本动力。其由知识创新系统、技术创新系统、知识传播系统和知识应用系统组成。高校是知识创新的主体，在培养创新人才，促进高校科研成果向生产力转化方面发挥重要作用，因此在国家创新体系中具有举足轻重的地位。

广西民族大学以改革质量监控、教学改进、师资培育、科技创新机制为保障，不断促进研究生教育质量的提高。加强研究生教育质量监控机制改革，围绕培养质量核心工作，从健全培养制度、规范培养环节、跟进培养进度、检查实施效果、严明考评方法、严审学位授予等方面，扎实推进质量保障工程，实现研究生培养质量稳步提升。促进研究生教学改进机制改革，加强研究生课程和教材建设，深化研究生课程教学改革。进一步优化培养方案，设置科学合理的研究生课程，制定有效的研究生个人培养计划。加大教育教学改革力度，提升研究生创新能力。加强师资培育机制改革力度，提升研究生导师能力。注重科技创新机制的改革，以科技创新机制带动研究生培养机制与理念

的提升；以提升科技创新能力为主旨推进研究生培养模式改革；以科技创新平台为基础构建研究生创新能力培养保障机制。在有效解决研究生教育培养过程中教学方法更新、师资人才培养、教育质量监控等方面的问题上，进行有力探索与实践。

第二节　广西民族大学"质量监控"机制改革的实践

一、制度层面：研究生质量保障制度建设

广西民族大学研究生教育发展20多年来，严把质量管理关，始终将质量作为研究生教育的生命线，并将此贯穿招生、培养和毕业论文答辩等各个环节，形成了严格的研究生教育质量保证体系。

在学校统一领导下，由校长或副校长主管（分管）研究生工作，分研究生院、学院、导师（或导师组）三级管理，确定了各级部门、人员的主要职责，同时规定了培养工作的基本流程，确保了学校研究生培养工作能够高效、有序的展开。

学校制定了《广西民族大学硕士研究生指导教师遴选和在岗硕士研究生指导教师资格认定实施办法》《广西民族大学硕士专业学位研究生指导教师遴选办法》，对导师的申报和认定作了严格详细的规定，确保高质量的导师对研究生进行有效的指导教学。

学校制定了《广西民族大学关于制定攻读硕士学位研究生培养方案的暂行规定》，对培养方案的制定作出了全面、细致、科学的规定。制定了《广西民族大学学生管理规定》《广西民族大学研究生学籍管理暂行规定》《广西民族大学硕士研究生培养规程》《广西民族大学硕士研究生课程学习和成绩管理暂行规定》《广西民族大学研究生外国语学习和考核规定》《广西民族大学硕士研究生中期考核办法》《广西民族大学硕士学位论文开题报告管理规定（试行）》等，对研究生培养流程的各个重要环节作了全面、详尽的规定。

第七章　广西民族大学"质量监控、教学改进、师资培育、科技创新"四机制的改革策略分析

学校制定了《广西民族大学硕士学位评定标准及授予工作实施细则》《广西民族大学硕士专业学位授予暂行办法》《广西民族大学硕士学位论文答辩基本程序》《广西民族大学硕士学位论文撰写规定》，对学位论文的要求、授予学位的评定标准、流程、答辩程序、论文撰写等内容作了详细规定。

2017年，学校修订了《广西民族大学关于加强硕士学位论文质量监控工作的规定》，对学位论文的答辩前检查、学术不端行为检测、双盲评审、指导教师奖惩等制度作了详细规定，确保研究生能高质量完成硕士学位论文。

二、操作层面：严把研究生培养过程质量管理

（一）严把招生入口关，从生源上保证质量

在招生工作中，从严把关，制定了一整套研究生招生工作办法和工作细则，特别注重对研究生综合能力的选拔，如对发表过学术论文、参加过各项竞赛获得名次，获得全国、省和学校奖学金，大学期间各门成绩优秀，获得过各项荣誉称号以及有其他特长，均纳入复试成绩的计分指标，在成绩计算上，将初试总成绩与复试总成绩对半分，而复试成绩则包括外语听说测试成绩、专业笔试成绩和综合面试成绩，在很大程度上消除了"人情分"，保证了复试成绩的公平公正性。为了保证复试工作在公开、公平与公正的原则下进行，在每年的研究生复试工作中，都邀请学校纪委与督查室全程监督复试工作。

（二）严把培养过程关，在规范管理中保证质量

每年研究生新生入校后，要求每一位研究生学习学校相关的管理文件，并在规定的时间内学出心得，在导师与研究生进行双向选择之后，确定自己的研究计划和必读书目。然后，通过优化课程结构、加强中期考核、注重学风建设和鼓励学术创新以及评优等方面的工作来强化研究生培养过程的质量管理。特别是在学风建设方面，严格考试制度和考试纪律。对那些无视学校纪律，考试作弊的同学，一律给予记过处分。同时，制定了《广西民族大学研究生学术规范》，对违反学术规范的标准进行了明确的界定，并对研究生一稿多投、一稿

多发、抄袭、剽窃和作假等行为进行严肃查处。制定了《广西民族大学研究生报销核心期刊论文版面费规定》，对于学校研究生发表在北大版核心期刊上的文章，给予一定的版面费资助。并且特别规定，对于论文一稿多投、抄袭、剽窃和造假等现象，不仅不给予资助，而且还要严肃查处。

（三）严把毕业出口关，在最后环节保证质量

学位论文是对研究生学习与研究能力的集中大检阅，学位论文质量是检验研究生学术水平高低的主要标志。学校专门制定了《广西民族大学关于加强研究生硕士学位论文质量监控的暂行规定》《广西民族大学硕士学位论文答辩基本程序》和《广西民族大学硕士学位评定标准及授予工作实施细则》等，为在研究生培养的最后环节把握质量提供了制度保证。

在学位论文质量监控方面特别规定：在硕士学位论文答辩送审前对导师的批阅实行三稿检查，督促导师对所指导的硕士毕业论文进行认真批阅修改，为毕业论文质量把关。引进"学位论文学术不端行为检测系统"（TMLC），对所有学位论文进行检测，文字复制率不超过10%的论文才可以正常送审；若文字复制率超过10%但不超过20%，责令其修改后再进行第二次检测，检测后不超过10%的可以送审，否则不予送审，其作者推迟一年毕业；若文字复制率超过20%，作者推迟一年毕业；凡文字复制率超过30%的，将认定为严重抄袭，依照《广西民族大学研究生学术规范》和《广西民族大学研究生学籍管理暂行规定》中的相关条款以及《广西民族大学硕士学位评定标准及授予工作实施细则》中第二十三条第一款和第二款的规定，不得授予硕士学位。2009年检出22篇学位论文复制率超过30%，2010年检出4篇学位论文复制率超过30%。学校学位委员会开会作出决定，这些同学推迟半年毕业，重新撰写和修改论文，重新进行双盲评审和答辩。所有硕士学位论文的函审全部实行"双盲评审"，而且要求三位送审专家中至少有两位是外省高级职称专家，从而提高了学校研究生学位论文的评审质量。在论文答辩中，要求答辩委员会成员必须由本学科5~7名具有硕导资格的专家组成，其中至少有2名外单位具有高级职称的专家，而且答辩委员会主席必须由具有正高职称的外单位专家组成，从而保证了答辩环节的公正性，提高了研究生学位论文的答辩质量。

（四）严把导师选聘关，提高导师队伍质量

学校在导师的遴选和聘任中，注重德才兼备，强调科研和学术水平，尤其注意引进、培养高学历高水平的中青年教师担任硕士生导师，注意聘请外单位学术造诣深、工作认真负责的专家学者为学校兼职硕士生导师。学校还积极组织和资助各学科带头人和导师举办学术讲座。除了严格的导师遴选制度外，学校还实行严格的导师制度及奖惩制度。导师在任期内必须承担并主持相应的科研课题，完成相应的科研成果，在其任期满时，将依据相应的指标体系进行重新认定，不符合条件的导师将被淘汰，从而促使导师不断更新自己的知识体系，始终成为研究生学术研究的领航者。为了保证研究生的学术论文质量，学校在对涉嫌学术不端行为的研究生给以相应的处理外，也对导师附加连带处罚，即在双盲评审和自治区学位办开展的学位论文抽检中，如果结果出现一篇不合格的，论文指导老师当年不能承担新的指导任务，并需向研究生院提交书面检查报告；如果同一位导师当年或历年来的双盲评审或抽检结果出现累计两篇不合格的，研究生院将向学校学位委员会建议永久取消其硕导资格。另外，对抽检结果出现不合格的，学校将根据其出现不合格的情况，酌量减少其在硕士点的招生名额。学校还对积极履行职责并取得成绩的导师实行奖励制度。这些奖惩措施在一定程度上大大调动了导师履行职责的积极性。

第三节　广西民族大学"教学改进"机制改革的实践

一、制度层面：研究生教学改进制度建设

（一）广西民族大学硕士学位研究生培养方案

研究生培养方案是完善研究生培养制度的一项基本建设。提高研究生培养质量是研究生教育的中心环节，制定合理的培养方案是保证培养质量的重要方面，培养方案也是制定研究生培养计划的依据。为了使广西民族大学各专业攻

广西民族大学"四位一体"研究生教育综合改革的探索与实践（1999~2020）

读硕士学位研究生培养方案更好地适应我国现代化建设所需要的高层次优秀人才，根据《中华人民共和国学位条例》《中华人民共和国学位条例暂行实施办法》以及有关研究生工作的文件规定，结合学校实际情况，对广西民族大学研究生培养方案作如下暂行规定。

1. 培养目标

研究生培养必须坚持社会主义方向，坚持德、智、体全面发展的方针，培养出能独立地、创造性地从事本学科教学和科研的高级专门人才。研究生必须掌握本学科坚实的基础理论和系统的专业知识；了解本学科发展现状及前沿动向；具有从事科学研究、教学工作或独立担负专门技术工作的能力；掌握一门外语并能熟练地阅读本学科专业外文资料，具有一定的听说能力。

2. 研究方向

要根据学科的发展和社会需要，在授权学科专业范围内设置若干研究方向。为了提高研究生的社会适应能力，研究方向的设置不宜过窄，提倡学科之间相互渗透与交叉，鼓励发展新兴边缘学科。每个研究方向应有明确的、相对稳定的研究领域，并能体现学校该学科的优势和特色。每个研究方向至少有1~2名学术水平较高的、副高以上职称的教师或科研人员，具有一定的科研基础和硬性条件，并具备承担省部级以上科研项目的经历。

3. 学制和时间安排

硕士研究生实行学分制，学术学位硕士研究生学制为3年（学习期限为3~5年），专业学位硕士研究生学制一般为2~3年（学习期限为2~5年）。优秀者经批准可提前毕业，但提前毕业时间不能超过1年。硕士研究生一般用1年以上的时间从事科学研究和学位论文工作，其他时间进行课程学习、实践技能的训练及教学实践等。

4. 培养方式

贯彻理论联系实际的原则，采取理论学习与科学研究相结合，讲授与讨论相结合，校内学习与校外调查相结合，统一要求与因材施教相结合的方法。应用性学科应该加强实践能力的培养。

提倡研讨式教学，以自学为主，辅以讲授、讨论、文献阅读和读书报告等教学方式，特别注意培养研究生的自学能力、独立分析问题和解决问题的能力。

第七章 广西民族大学"质量监控、教学改进、师资培育、科技创新"四机制的改革策略分析

授课教师应及时吸收国内外本学科领域最新研究成果和教学经验，更新完善教学内容，改进教学方式，努力提高教学水平。

研究生的培养采取以导师为主，导师指导与导师组集体培养结合的方式。导师应根据专业培养方案的要求，因材施教，针对研究生个人的特长，帮助学生选择研究方向、确定学位论文选题。

5. 课程设置及学分要求

课程设置要体现学科本身的特征和学科应有的知识结构，注意课程体系的优化、课程内容的合理性和整体功能。专业课的设置要体现国内外本学科发展的前沿状况，注意吸收最新科技成果，更新内容。学校硕士研究生课程分必修课程（学位课程）和选修课程（非学位课程）两类：必修课程包括公共课、专业课和方法课；选修课程分为限定选修课和任意选修课。除个别特殊学科专业外，同一学科专业不同研究方向的必修课程应该相同，同一学科专业不同研究方向通过限定选修课课程组合来体现。各个专业课程设置和学分要求见表7-1。

表7-1　　　　　广西民族大学研究生课程设置及学分要求

课程类别		课程名称		学分	每门课学时	备注
必修课程	公共课	中国特色社会主义理论与实践研究		2	36	
		文科	马克思主义与社会科学方法论	1	18	文科
		理工科	自然辩证法	1	18	理科
		第一外国语		6	108	
选修课程	限定选修课	（选2~3门）		6~8	36~54	
	任意选修课	（选3~6门）		4~12	18~36	
实践环节				2		

各学科专业必修课程总学分均为22~26学分，其中，第一外国语为6学分，其他课程每门2~3学分；选修课程学时应不少于全部课程教学时数的1/3，限定选修课每门2~3学分，任意选修课每门1~2学分。文科研究生必须获得36学分以上，理科研究生必须获得34学分以上，方能达到毕业资格。对同等学力或跨专业考入的硕士研究生，要求至少补修2门本学科专业的本科

主干课程，但成绩不计入总学分。

6. 教学实践

教学实践是培养硕士研究生的重要环节。通过参加教学工作，使研究生能对实践环节有直接的初步了解和体会，锻炼表达能力。教学实践时间不少于一个月，教学工作量不少于30学时（含备课和批改作业时间），教学实践结束后，由负责教师写出考核评语，教学实习单位盖章。合格者记2学分。

7. 社会调查

研究生根据学科研究以及论文工作的需要，可外出进行社会调查、科研实践与论文调研。调研前要拟出提纲，事后必须认真撰写调查报告，并作为论文开题报告准备工作的一部分，交指导教师审阅。合格者记2学分。

8. 学位论文

学位论文是培养研究生科研能力的重要环节，是衡量研究生能否达到所攻读学位标准的依据。硕士研究生学位论文必须在导师的指导下，由研究生本人独立完成；其学位论文中的课题应当有新的见解，表明作者具有从事科学研究工作和独立完成研究任务的能力；研究生要根据科研及论文工作的需要，在社会调查（文科）和科研实践或论文调研（理科）的基础上选题；研究生必须作开题报告，广泛听取意见，经指导教师同意和导师组审定后，方可进行论文撰写；研究生撰写论文期间，导师和所在学院要对其进行阶段性检查。

9. 考核及学分、绩点的计算方法

（1）研究生必修课程和限定选修课程原则上要求一律进行考试，考试科目按百分制评定成绩，考试成绩60分以上（含60分）为及格。任意选修课可考试也可考查。

（2）研究生课程按一学期上课18周计算，若上课时间不到一学期，则进行折算。学分具体计算方法为：学分数＝上课总学时/18。选修课程一般每门计1～2学分。

（3）绩点的计算参见《广西民族大学关于硕士研究生课程学习和成绩管理的暂行规定》。

10. 培养方案的制定及实施程序

硕士研究生培养方案的制定，应在学科带头人的指导下，组织导师组集体讨论研究确定，经学院学位委员会评定分委员会同意，研究生院审核，报学校

第七章 广西民族大学"质量监控、教学改进、师资培育、科技创新"四机制的改革策略分析

审批。

硕士生专业培养方案的实施,主要体现在硕士生个人培养计划的制定与实施之中。硕士生个人培养计划由指导教师根据本学科专业培养方案,在征求硕士生意见的基础上,结合学科专业研究方向及硕士生的具体情况制定。硕士生个人培养计划一经确定,培养期间不得调整。硕士生个人培养计划于第一学期确定,由学院签字批准并生效。培养计划一式四份,研究生院、研究生培养单位、导师及硕士生各执一份。

(二)广西民族大学博士研究生培养工作管理办法

为了加强博士研究生培养工作,不断提高博士研究生培养质量,根据国务院学位委员会和教育部的有关精神,结合学校实际情况,特制定本管理办法。

1. 指导思想

(1)博士研究生培养工作的指导思想。博士研究生培养工作必须贯彻党的教育方针,坚持质量第一,理论联系实际的原则,培养德、智、体全面发展的本学科高层次人才。

(2)博士研究生的培养主要通过研究实践进行,重点是培养创造性地从事研究工作的能力和优良的学术作风。

(3)因材施教,注重发挥博士研究生的个人才能和特长,突出博士研究生的创新能力和综合素质的培养。

2. 培养目标

(1)较好地掌握马克思主义、毛泽东思想、中国特色社会主义理论体系,坚持党的基本路线,热爱祖国,遵纪守法,品德良好,学风严谨,具有较强的事业心和献身精神,积极为社会主义现代化建设服务。

(2)在本门学科上掌握见识宽广的基础理论和系统深入的专门知识;具有独立从事科学研究工作的能力;在科学或专门技术上取得创造性成果。

(3)身体健康。

(4)博士研究生的思想政治工作由学校党委统一领导。要健全博士研究生的思想政治教育工作体制和队伍,做到领导、机构、人员三落实。针对博士研究生的特点,贯彻落实把德育放在首位的原则,把思想政治教育工作的要求贯穿到博士研究生培养的各个环节,加强管理,注重实效。

广西民族大学"四位一体"研究生教育综合改革的探索与实践（1999~2020）

（5）全日制博士研究生的学习年限一般为3~6年。因特殊情况可申请延迟毕业，但延迟年限最长不得超过2年。

（6）加强博士研究生人文素养和科学精神培养，把学术道德教育和学术规范训练贯穿到博士研究生培养全过程。

3. 培养指导

（1）具有博士学位授予权的学科及其博士研究生导师可招收、培养博士研究生。学术水平较高、科研经费充足且其所承担的选题适合于做博士论文的教授或有博士学位的副教授，经资格审查通过后，可以在博士研究生导师的支持下以副导师的身份培养博士研究生。

（2）博士研究生的培养实行博士研究生导师负责和集体培养相结合的方式。要充分发挥学院在培养博士研究生工作中的作用，把集体培养与导师有机结合起来；把思想教育与业务培养统一起来，为博士研究生创造良好的学术和育人环境。有关学院应组织审查博士研究生个人培养计划，协助组织博士研究生的选题、阶段进展和论文报告会。根据研究方向的特点，成立以博士研究生导师为首的博士研究生指导小组，并进行必要的分工，建立定期指导制度。指导小组成员一般由本学科和相关学科的至少3位专家学者组成，要尽可能地吸收有博士学位的年轻副教授参加。对于与外单位联合培养的博士研究生实行双导师制。

（3）实行导师与博士研究生定期见面制度，加强指导力度。导师要把学术研讨活动制度化，对博士研究生参加学术活动提出要求，并把学术活动和定期见面有机地结合起来，各学院每学期要检查一次定期见面制度的执行情况，并将结果报送研究生院。

（4）在培养期间博士研究生导师连续出差或出国讲学进修，所在学院应在导师外出前督促其落实外出期间的指导力量。凡离校时间六个月以上者，均应在离开前办好交接手续，并报研究生院备案。

4. 研究生导师的主要职责

（1）参与所在学校安排的博士研究生招生相关工作；参与制定本学科、专业研究生培养方案，负责指导研究生制定个人培养计划并指导督促实施。

（2）开始高水平的研究生课程或主持专题讲座，夯实研究生的学科、专业基础，扩大学术视野。

第七章 广西民族大学"质量监控、教学改进、师资培育、科技创新"四机制的改革策略分析

（3）根据科研工作和学位论文的研究领域，指导研究生阅读国内外文献资料，选好学位论文题目。

（4）指导和定期检查研究生科学研究工作和学位论文情况，鼓励和支持研究生参加学术会议和发表学术论文。

（5）指导研究生撰写学术和学位论文。加强对研究生学术规范教育，负责审核研究生的学术论文和学位论文，杜绝学术不端行为，把好论文质量关。一旦发生学术失范问题，要及时处理，不得推诿和隐瞒，不得以不知情而免责。

（6）为人师表，教书育人。导师是做好研究生思想政治工作的第一责任人，要关心研究生的思想、生活、就业、情感及心理健康。导师应依据学校有关规定对不适宜继续培养的博士研究生提出处理建议。

5. 培养方案和培养计划

（1）培养方案是培养单位进行博士研究生培养管理的重要文件，一般应包括培养目标、研究方向、学习年限、课程设置、考核方式、学位论文工作、培养方式与方法及其他内容（如教学实践、科研实践、学术活动等）。培养方案应具有可操作性，便于考核、检查。

（2）培养方案一般按照学科方向制定，对于一些条件成熟的一级学科鼓励按一级学科制定。研究方向要根据本学科的发展趋势，结合自身的优势与特点设置。培养方案应报研究生院批准后执行。

（3）博士研究生个人培养计划是进行博士研究生培养和管理的基本依据。每个博士研究生都应制定个人培养计划。个人培养计划应根据本学科培养方案，结合培养文件、研究方向和博士研究生的个人特点，由博士研究生导师负责组织指导小组成员和博士研究生共同制定。

（4）个人培养计划经学院院长审核后于博士研究生入学后第一个月内交学院研究生管理工作人员，博士研究生、导师、学院各保存一份。

（5）允许个人培养计划在实践中修改完善，但修改后的个人培养计划必须经导师同意并及时报学院备案。

6. 课程学习与考试

（1）博士研究生培养实行学分制，必须达到规定学分方可进行学位论文答辩。培养内容包括课程学习与研究环节，具体要求按培养方案执行。

(2) 博士研究生的课程学习可采取课堂讲授、课堂讨论、学术讲座等形式。学位要求课程一般采用考试方式，选修课可考试或考查。公共课考试由研究生院统一组织进行。

(3) 博士研究生的选修课时间可根据培养工作的需要，在个人培养计划中作出具体安排，可安排在论文工作前，或者课程学习与论文工作同时进行，但在申请学位论文答辩前必须修完所规定的学分。

7. 博士研究生课程学习的基本要求

(1) 马克思主义理论课："中国马克思主义与当代"为必修课，"马克思主义经典著作选读"为限定选修课。

(2) 公共外语课：公共外语课为博士研究生必修课。

(3) 学位要求课程一般应从本学科培养方案中选定或者根据需要和开课条件另行开设。

(4) 专题研讨：专题研讨是培养博士研究生综合能力和进入学科前沿的重要环节，是学位课程的组成部分，博士研究生应在导师确定的专题领域，查阅国内外最新文献资料，撰写研讨报告，积极参加学院组织的专题研讨课。

8. 科学研究和学位论文

(1) 进行科学研究，撰写学位论文，是博士研究生培养工作的重要内容。为培养博士研究生的创新能力，应组织博士研究生参加具有较高水平的科学研究工作，参加本学科的学术活动以及国际国内学术交流等。

(2) 博士学位论文是综合衡量博士研究生培养质量和学术水平的重要标志，应在导师指导下由博士研究生独立完成。博士研究生从事科学研究和撰写学位论文的时间不得少于两年。

(3) 博士学位论文的选题要求：博士研究生学位论文选题范围可以是基础研究或者应用研究。博士研究生的论文工作应以经济社会发展中的重要理论问题、实际问题为背景。要注意创造条件让博士研究生参加选题论证、承担和参与鉴定科研项目等方面的科研实践活动，增长才干，培养独立从事科学研究和组织科研活动的能力。博士研究生必须完成导师安排的科研任务。

(4) 博士研究生入学后应在导师的指导下，根据自己所选定的研究方向和学位论文选题要求，查阅大量的国内外相关文献，撰写文献综述报告。确定学位论文选题，并就选题的科学根据、目的、意义、研究内容、预期目标、研究方

第七章　广西民族大学"质量监控、教学改进、师资培育、科技创新"四机制的改革策略分析

法、选题可行性等作出论证。博士研究生应在第三学期完成论文开题报告。

（5）论文资格审查：博士论文资格审查一般安排在博士研究生入学后一至一年半内进行。资格审查的内容包括博士研究生的课程学习情况、文献综述报告、选题来源与选题报告，学位论文的前期进展情况及其选题是否能达到博士论文的水平等。博士论文资格审查方式是由博士研究生向博士研究生指导小组作学位论文选题报告并进行答辩。根据博士研究生的选题报告、答辩情况、课程成绩和实际表现，由学院学位评定分委员会审核，通过博士论文资格审查后报研究生院批准。通过博士论文资格审查后，博士研究生即可进入博士论文工作阶段。未通过论文资格审查者，一般在第一次论文资格审查后半年至一年内可再进行一次。

（6）学位论文的要求：博士学位论文要坚持理论联系实际的原则，应对我国社会主义建设、科技发展或社会发展有理论意义或应用价值，在科学或专门技术上作出创造性的成果，并表明作者具有独立从事科学研究工作的能力。博士学位论文应是系统完整的学术论文。

（7）博士学位论文的相关研究成果应在学术刊物上公开发表。博士研究生在申请学位论文答辩前在发表学术论文方面的要求按照《广西民族大学博士学位评定标准及授予工作实施细则》执行。

（8）博士研究生完成学位论文初稿后，经导师审核认为论文符合要求的，由学院会同导师组织有关专家，对学位论文进行预答辩。博士研究生应根据预答辩中所提出的意见，对论文进行修改形成答辩稿。按《广西民族大学博士学位评定标准及授予工作实施细则》的有关规定，组织论文评阅与答辩。

（9）学位论文答辩通过后，博士研究生应根据论文评阅与答辩中提出的意见对论文进行认真修改，形成正式的博士学位论文。德、智、体达到毕业要求者，经学院学位评定分委员会审议、学校审核，准予毕业；符合授予博士学位者，学校授予其博士学位。

（10）博士研究生的考试成绩、开题报告和学位论文应归入博士研究生业务档案。

（三）广西民族大学研究生学位制度建设

学位分学士、硕士、博士三级。国务院设立学位委员会，负责领导全国学

广西民族大学"四位一体"研究生教育综合改革的探索与实践（1999~2020）

位授予工作。学位委员会设主任委员一人，副主任委员和委员若干人。主任委员、副主任委员和委员由国务院任免。

高等学校和科学研究机构的研究生，或具有研究生毕业同等学力的人员，通过硕士学位的课程考试和论文答辩，成绩合格，达到下述学术水平者，授予硕士学位：①在本门学科上掌握坚实的基础理论和系统的专门知识；②具有从事科学研究工作或独立担负专门技术工作的能力。

高等学校和科学研究机构的研究生，或具有研究生毕业同等学力的人员，通过博士学位的课程考试和论文答辩，成绩合格，达到下述学术水平者，授予博士学位：①在本门学科上掌握坚实宽广的基础理论和系统深入的专门知识；②具有独立从事科学研究工作的能力；③在科学或专门技术上取得创造性的成果。

硕士学位、博士学位由国务院授权的高等学校和科学研究机构授予。授予学位的高等学校和科学研究机构（以下简称学位授予单位）及其可以授予学位的学科名单，由国务院学位委员会提出，经国务院批准公布。

学位授予单位，应当设立学位评定委员会，并组织有关学科的学位论文答辩委员会。学位论文答辩委员会必须有外单位的有关专家参加，其组成人员由学位授予单位遴选决定。学位评定委员会组成人员名单由学位授予单位确定，报国务院有关部门和国务院学位委员会备案。学位论文答辩委员会负责审查硕士和博士学位论文、组织答辩，就是否授予硕士学位或博士学位作出决议。

学位评定委员会负责审查通过学士学位获得者的名单；负责对学位论文答辩委员会报请授予硕士学位或博士学位的决议，作出是否批准的决定。决定以不记名投票方式，经全体成员过半数通过。决定授予硕士学位或博士学位的名单，报国务院学位委员会备案。

在科学或专门技术上有重要的著作、发明、发现或发展者，经有关专家推荐，学位授予单位同意，可以免除考试，直接参加博士学位论文答辩。通过论文答辩者，授予博士学位。国内外卓越的学者或著名的社会活动家，经学位授予单位提名，国务院学位委员会批准，可以授予名誉博士学位。

学位授予单位对于已经授予的学位，如发现有舞弊作伪等严重违反本条例规定的情况，经学位评定委员会复议，可以撤销。国务院对于已经批准授予学位的单位，在确认其不能保证所授学位的学术水平时，可以停止或撤销其授予

第七章　广西民族大学"质量监控、教学改进、师资培育、科技创新"四机制的改革策略分析

学位的资格。

《中华人民共和国学位条例暂行实施办法》是根据《中华人民共和国学位条例》制定，1981年5月20日由国务院批准实施的。其提出学位按下列学科的门类授予：哲学、经济学、法学、教育学、文学、历史学、理学、工学、农学、医学。该实施办法对学士学位、硕士学位、博士学位以及荣誉博士课程和实施要求进行了详细的解释与规定，对学位评定委员会的职责和组织进行了明确的说明和要求。各学位授予单位可根据本暂行实施办法，制定本单位授予学位的工作细则。

广西民族大学研究生学位申请的方式分为两种：一种是通过国家统一组织的入学考试的全日制研究生，在广西民族大学完成研究生培养、论文答辩工作后获取学位；另一种是2014年以前在广西民族大学就读广西区内地方性计划研究生班的在职人员，以同等学力人员申请授予硕士学位。

1. 广西民族大学硕博士学位授予的基本要求与政策演变

（1）硕士学位授予的基本要求。

2008年10月16日，学校印发了《广西民族大学硕士学位评定标准及授予工作实施细则》（以下简称《实施细则》），学位授予工作自细则公布之日起开始施行。

明确了学位申请的手续。本校应届毕业研究生在完成学位论文后，经导师初审认定符合答辩要求，可由本人申请，导师推荐，经学院学位评定委员会审查批复后，由学院学位评定分委员会组织论文评审和答辩。

确定硕士研究生课程考试和学位论文办法。硕士学位申请者必须按培养计划规定应修的每门课程（学位课程、非学位课程）考核合格并获得相应学分，达到本专业规定的总学分（文科36学分，理科34学分），学位课程考核成绩平均绩点≥3.0，完成必修的环节。同等学力或跨专业者，补修了本专业至少2门本科主干课程。硕士学位课程考试成绩达到要求者方可参加硕士学位论文答辩。《实施细则》中对硕士学位论文的基本要求也作出了明确说明。论文选题要有一定的理论意义和实践价值，论文要有一定的难度，能表明作者具有坚实的基础理论和系统的专门知识；论文有新的见解，能表明作者具有从事科学研究或独立承担专门技术工作的能力；学位论文的内容在原则上需包含一篇已在省级以上（含省级）学术期刊公开发表的论文；坚决反对和杜绝抄袭和剽

窃他人的研究成果。作者在学位论文中必须声明保证没有抄袭、剽窃他人的研究成果。如发现有抄袭和剽窃行为，情节严重的将不容许送审，已经评审的将取消答辩资格。

第一，确定学位论文评审的要求。学位论文在评审前，由该研究生的导师和所在学科导师组提交与论文所属学科有关的5名论文评审人推荐名单，其中至少包含有3名校外专家，且至少有3位评审人为正高职称。经研究生处审核同意后，聘请3位专家对学位论文进行双盲评审。学位论文由研究生处送达论文评阅人。对3位论文评阅人作出明确规定，应满足要求如下：①至少有2位是校外的，5年内由广西民族大学调出、毕业或退休的教职工不能作为外单位评审人；②至少2位评审人具有正高职称；③论文评审人若为退休教师，其已退休时间必须少于2年。学校规定，评审人要对送审学位论文分为"优秀""良好""中等""合格"和"不合格"五个等级进行评级，并写出详细评语，给出是否同意论文作者进行答辩的结论性意见，填写在"学位论文评审书"内。被评审的学位论文必须获得至少两位评审人给予同意答辩的肯定意见，方能进行学位论文答辩。对原则上通过了评审，但需要进行适当修改的学位论文，按评审人提出的意见修改后方可进行学位论文答辩。同时强调，对评审没有通过的学位论文，允许该研究生对论文继续进行补充或修改，在半年到一年的期限内再给予一次评审机会。

第二，确定论文答辩委员会的组成和答辩规则。硕士学位论文答辩委员会一般由本学科5~7名具有硕士研究生指导教师资格的专家组成，至少有2名外单位具有副高或正高职称的专家参加，且其中至少1名外单位专家具有正高职称（不含退休教师）。学位申请人的正、副导师不得同时担任答辩委员会委员。答辩委员会主席必须由具有正高职称的外单位专家担任。学位论文答辩委员会的委员，由该学科硕士学位授权点的导师组提名，组成后，经研究生处进行资格审查后，报学校学位办公室批准。论文答辩除保密要求外，一般应该公开举行。答辩委员会根据答辩情况，采取无记名投票的方式，对所答辩的硕士学位论文按100分制打分。全体委员投票的平均分需达到60分以上，且有2/3以上的委员给予60分以上，方可通过答辩。同时强调，答辩委员会在作出论文通过答辩并建议授予硕士学位决议的同时，必要时仍可作出要求修改论文、进一步完善论文内容的补充决议。对答辩未通过的研究生，只能发给结

第七章　广西民族大学"质量监控、教学改进、师资培育、科技创新"四机制的改革策略分析

业证书。

第三，确定学位评定标准。明确要求按照培养方案修完学位课程，通过硕士学位的课程考试，成绩合格，取得规定的学分，学位课程考试成绩平均绩点≥3.0；通过硕士学位论文答辩，答辩委员会同意授予硕士学位，评定等级为合格及其以上；学位外国语成绩合格；同等学力或跨专业研究生，必修补修完相关专业必需的大学本科主干课程。在校期间因违法、违纪等原因受过"记过"以上（含"记过"）处分；学位论文或发表的论文有剽窃他人研究成果，情节严重、影响恶劣的；所学学位课程不符合研究生培养方案的规定而又无正当批准手续，有以上行为之一者，不授予硕士学位。

第四，确定学位评定程序。规定学校学位评定委员会对答辩委员会建议授予硕士学位的申请人进行全面审议，作出是否授予学位的有关决定。学位证书生效日期为学校学位评定委员会作出授予学位决定的日期。凡答辩委员会不建议授予学位的，学位评定委员会一般不进行审核，对个别确有较大争议、且有本专业两位正高职称专家联名推荐的，经学位评定委员会组织力量重新审核，认为确实达到硕士学位标准的，可以作出授予学位的决定。学校学位评定委员会，如确认学位授予错误或发现有营私舞弊、弄虚作假等情况，经复议后，可撤销所授学位。

2017年，广西民族大学学位评定委员会审议通过《广西民族大学硕士学位评定标准及授予工作实施细则》，自发布之日起实行，原《广西民族大学硕士学位评定标准及授予工作实施细则》同时废止。第一，明确指出，在学位论文评审中，退休教师不能作为论文评阅人。被评审的学位论文必须获得3位评审人给予同意答辩的肯定意见，方能进行学位论文答辩。第二，在学位论文的答辩内容上，取消了原答辩论文优秀、良好、中等、合格的评级标准，现行的评定标准只保留全体委员投票的平均分需达到60分以上，且有2/3以上的委员给予60分以上，方为通过答辩。

2011年，为规范硕士专业学位研究生学位授予的管理，学校制定了《广西民族大学硕士专业学位授予暂行办法》，并于2011年12月31日印发执行。本办法从学位申请的条件与资格审查、学位论文的要求、学位论文的评审及答辩、学位评定与授予四个方面，对专业学位研究生的学位授予进行了详细的规定。

第一，在学位申请条件与资格审查方面，从课程学习要求、外语水平要

求、学位论文要求三个方面,提出申请条件。特别指出在外语水平要求上,需通过学校组织的学位外国语考试。获得国家大学英语考试六级证书或达到425分的,可视为通过学位英语考试。

第二,在学位论文要求上,强调硕士专业学位论文应在导师的指导下,由学位申请者通过开题论证并且至少用一年的时间独立完成。硕士专业学位论文应能表明作者在本门学科上掌握坚实的基础理论和系统的专门知识,具有从事科学研究工作或独立承担专门技术工作的能力,贯彻理论联系实际的原则,内容侧重于综合应用所学理论解决实际问题。硕士专业学位论文的形式可以多样化,可采用调研报告、应用基础研究、规划设计、产品开发、案例分析、项目管理、文学艺术作品及翻译作品等形式,具体形式和要求须以各专业学位培养方案为依据。任何一种形式的硕士专业学位论文的撰写,须符合各专业相应的学位论文撰写规范,正文字数以各专业的培养方案规定为依据。

第三,在学位论文的评审及答辩上,实行双盲评审方式,硕士专业学位论文应聘请3名副高以上职称(含副高)或与副高职称相当的专家作为评审人,其中至少1名具有正高职称和1名从事相关领域不少于8年的实务专家,并且至少有2名是外单位的。退休时间超过两年的,不能作为论文评审人。被评审的学位论文获得3名评审人给予及格以上的评定等级,可以直接进入学位论文答辩;若有一个不及格评定等级的,须由培养单位组织相同或相近学科5名导师以上(含5名)及研究生处指派的一名老师组成鉴定组,对该论文的质量进行听证和论证,由鉴定组决定是否同意进入学位论文答辩;若有2个不及格评定等级的,该论文视为评审不通过。对评审没有通过的学位论文,允许对论文继续进行补充或修改后,参加下一年级的论文评审。第二次评审的费用由学位申请者本人支付。论文答辩委员会的组成上,须由本学科领域5~7名专家组成,其中至少有2名外单位具有副高以上职称(含副高)的专家参加,至少1名是从事本学科领域不少于8年的实务专家,且答辩委员会主席必须由具有正高职称的外单位专家担任。退休专家、学位申请者的导师均不能作为答辩委员会的成员。有亲属关系者一般不能作为同一答辩委员会的成员。答辩的论文按100分制打分,并就是否授予硕士学位提出建议。全体委员投票的平均分须达到60分,且有2/3以上的委员给予60分以上,方为通过答辩。通过答辩的论文按如下标准和规定评级:①双盲评审至少达到两优一良,且答辩平均

第七章 广西民族大学"质量监控、教学改进、师资培育、科技创新"四机制的改革策略分析

分达到90分,方可评为优秀;优秀论文名额不得超过本专业人数的20%。②平均分80~89分,定为良好;③平均分70~79分,定为中等;④平均分60~69分,定为合格。论文答辩未通过者,经答辩委员会过半数同意,修改后可与下一年级一同答辩。申请重新答辩,必须先按照答辩委员会的意见和建议对论文进行修改,必要时还须重新双盲评审,方可重新答辩。答辩的费用由学位申请者支付。若学位申请者在一年内未完成论文修改,或重新答辩仍不能通过者,以后不再受理其学位申请。学位申请者对答辩委员会的决议持有异议的,可在5个工作日内向答辩委员会提出书面意见,并将副本报送学校学位办公室。

第四,在学位评定与授予上,与《广西民族大学硕士学位评定标准及授予工作实施细则》一致。

2017年,广西民族大学学位评定委员会通过了《广西民族大学硕士专业学位授予办法》,原授予办法废止。第一,在学位申请的条件与资格审查方面,对外语水平要求上,增加以下要求:①学位外国语考试语种为英语的,获得国家大学英语考试六级证书或达到425分,或通过全国高校英语专业八级考试。②学位外国语考试语种为法语的,通过大学法语四级考试。③学位外国语考试语种为日语的,通过N3考试。第二,在学位论文的评审及答辩上,取消鉴定组,明确指出硕士专业学位论文的匿名评审结果中若有3名专家的评审意见为合格者(评分为60分及60分以上,且同意参加答辩或修改后答辩),视为匿名评审合格;匿名评审结果中若有2名专家的评审意见为不合格者(评分为60分以下,或不同意参加答辩),视为匿名评审不合格。若有1名匿名评审专家的评审意见为不合格的,应增加1名专家重新评审;若新增专家的评审意见为合格者,视为匿名评审合格,若新增专家的评审意见为不合格者,视为匿名评审不合格。评审没有通过的学位论文,允许对论文继续进行补充或修改后,参加下一年级的论文评审。第二次评审的费用由学位申请者本人支付。取消原优秀、良好、中等、合格的定级。对答辩未通过申请者作出明确规定:论文答辩未通过者,经答辩委员会过半数同意,修改后可与下一年级重新答辩。答辩委员会未作出同意修改论文、重新答辩的决议,任何人无权同意重新进行论文答辩。申请重新答辩,必须先按照答辩委员会的意见和建议对论文进行修改,重新进行学术不端行为检测及双匿名评审,都通过后方可重新答辩。重新答辩的费用由学位申请者支付。若学位申请者在一年内未完成论文修改,或重新答

辩仍不能通过者，不再受理其学位申请。

（2）博士学位授予的基本要求。

2017年，广西民族大学学位评定委员会审议通过了《广西民族大学博士学位评定标准及授予工作实施细则》（以下简称《实施细则》），明确了博士学位申请的基本条件和要求、学位论文的基本要求，并对学术不端行为检测、学位论文的预答辩、评审、答辩、学位评定的组织和实施程序进行了说明。

第一，在学位申请条件和要求上，凡攻读广西民族大学博士学位的研究生（以下简称博士生），在规定学习年限内（3~6年）修满个人培养计划规定的课程（学分），公开发表有较高质量和一定数量与学位论文相关的科研论文，完成学位论文并经导师推荐、学院学位评定分委员会审查批复，报研究生院备案后，可申请博士学位。申请广西民族大学博士学位的研究生，应具备以下申请条件：

①课程学习要求。学位申请者在学制期限内，修完相应专业培养方案规定的课程，通过课程考试，成绩合格，达到本专业博士培养计划要求。

②外语水平要求。学位申请者可熟练地阅读本专业的外文资料，并具有一定的写作能力。

③发表论文要求。学位申请者在就读博士期间，须以第一作者（或者其导师为第一作者且其本人为第二作者）在学校认定的核心期刊（具体参照最新版《广西民族大学科研奖励期刊及出版社分级目录》）发表本专业学术论文，论文数量要求为：文科类专业1篇以上（含1篇）；理工科类专业2篇以上（含2篇）。学院学位评定分委员会可制定高于上述标准的学术论文发表要求。

此外，《实施细则》详细规定了存在以下4种情况的不能申请博士学位，分别为：①在校期间因违法、违纪等原因受过留校察看处分，察看期未结束者；②学位论文或就读博士期间发表的论文有剽窃他人研究成果，情节严重、影响恶劣者；③未完成博士生培养方案中规定的学位课程者；④经学校学位评定委员会审查并决定不授予博士学位的其他情况。

第二，确定学位论文的基本要求。博士学位论文应在导师的指导下，学位申请者通过开题论证并且至少用一年的时间独立完成。博士学位论文的基本要求为：

①论文的选题应与导师及其所在博士学科点学科专业一致，一般应以社会

第七章　广西民族大学"质量监控、教学改进、师资培育、科技创新"四机制的改革策略分析

发展中的重要理论或实际问题为背景，具有重要的理论意义或实用价值；

②论文应体现作者具有独立从事科学研究工作的能力，并在科学和专门技术上取得独创性的成果；

③论文应反映作者在本学科掌握了坚实宽广的基础理论和系统深入的专门知识；

④论文必须是一篇（或由一组论文组成的）系统的、完整的学术论文；

⑤论文撰写和印制应符合学校要求的博士生学位论文相关撰写规定。

第三，在学术不端行为检测上，详细规定了检测结果的处理措施。学术不端行为检测结果的处理措施如下：

①文字复制率（指去除正常引用和对本人已发表论文的引用后的复制率，下同）不超过15%（含15%）的论文可以正常送审。博士生可对照《文本复制检测报告单》自行进行修改。

②15%＜文字复制率≤20%的，博士生必须对论文进行较大修改，并对所做修改逐一给予详细说明，修改后呈导师批阅后，在《广西民族大学研究生学术不端行为检测第二次检测申请表》上签署意见，经所在学院分管领导同意，报研究生院审核通过后在规定时间内进行第二次检测。检测后不超过15%（含15%）的可以送审，否则不予送审。

③20%＜文字复制率≤30%的，博士生需在导师指导下，在《文本复制检测报告单》中对存在误检误判的部分给出详细而充分的理由，提交《广西民族大学研究生学术不端行为检测结果复核申请表》，经导师、学科带头人或负责人签署意见后提交至所在学院，由学院学术分委员会对提出复核申请的论文进行甄别，学术分委员会主席签署意见，决定能否修改后送检。存在异议者可由研究生学院学术分委员会审核后作出决定。

同意修改后送审的学位论文需在学校规定二次检测的时间内提交。进行第二次检测后，文字复制率不超过15%（含15%）的可以送审，否则不予送审。

④文字复制率＞30%的，将被认定为严重抄袭。依照《广西民族大学研究生学术规范》和《广西民族大学研究生学籍管理暂行规定》中的相关条款处理，不得授予其博士学位。

第四，明确了博士学位论文预答辩的组织程序。学位论文在寄送评审之前，学位申请者须通过由所在学院组织的预答辩小组进行的预答辩。预答辩小

组由所在学科组织不少于5名副高以上职称的同行专家组成,其中副教授级专家必须具有博士学位,且不超过3名。预答辩小组设负责人1名。博士生本人的指导教师须参加其学位论文预答辩,但不作为预答辩小组成员。预答辩会上,学位申请者要针对学位论文的创新性、关键性结论等进行论文,并介绍论文基本情况。预答辩小组成员要对学位论文初稿提出质疑,并作出相应评价。评价结论分为合格、基本合格、不合格。结论为合格的论文可以提交学位论文评审,基本合格的需修改后将修改报告与学位论文一并提交评审,不合格的需要对学位论文进行全面修改,经导师审核后重新进行预答辩。

第五,明确论文评阅的基本程序。学位论文评审前,由学位申请者的导师和所在学科导师组提交与论文所属学科有关的7名论文评审人推荐名单,其中全少含有5名校外专家,且其中至少有5名评审人的职称为正高。经研究生院审核,聘请专家对学位论文进行双盲评审(即论文中既不能出现博士生的名字,也不能出现导师名字)。论文评审人的组成,必须满足以下要求:①论文评审人不少于5人,由高等学校或科研机构教授(或相当职称专家)担任,其中广西民族大学和申请人所在单位的专家不超过2人;②特殊专业如有特殊情况,可聘请特别优秀的、具有博士学位的副教授担任学位论文评审人,但人数不超过2人;③博士生指导教师不能担任所指导博士生的学位论文评阅人。评审结果必须符合以下条件方可进入答辩阶段:①有2/3以上(含2/3)的评阅专家的评阅得分在70分以上且所有专家的评分平均在70分以上;②论文没有被认定为严重抄袭,并且遵守学术道德和学术规范规定。评审没有通过的学位论文,允许该学位申请者对论文继续进行补充或修改,于规定学习年限内再给予一次评审的机会。第二次评审的评审费由该学位申请者本人支付。

第六,确定论文答辩委员会和答辩规则。学位论文答辩委员会的委员,由该学科博士学位授权点的导师组提名。学位论文答辩委员会的组成,须满足以下要求:①由本学科5~7名具有教授资格的专家组成,其中博士生导师不少于3名;②至少有3名外单位具有副高或正高职称的专家参加,且其中至少2名具有正高职称的外单位专家;③不含任何退休教师;④学位申请者的正、副导师均不得担任答辩委员会委员;⑤答辩委员会主席必须由具有正高职称且具有博士生指导资格的外单位专家担任。答辩委员会根据答辩情况,采取无记名投票方式,对所答辩的学位论文按100分制打分。全体委员投票的平均分需达

第七章 广西民族大学"质量监控、教学改进、师资培育、科技创新"四机制的改革策略分析

到 70 分以上，且有 2/3 以上（含 2/3）的委员给予 70 分以上，方为通过答辩。对答辩未通过的学位申请者，只能发给结业证书。如要重新进行学位论文答辩，必须先进行论文修改，再通过论文预答辩及评审，评审通过后由本人提出申请，经相关博士学位授权点导师组同意，报学校学位评定委员会批准后，可在规定学习年限内，重新答辩一次。第二次论文评审和答辩的费用由学位申请者本人支付。若学位申请者在规定学习年限内未完成论文修改，或重新答辩仍不能通过者，不再受理其学位申请，按结业处理。

第七，明确学位评定的程序。凡答辩委员会不建议授予博士学位的，学校学位评定委员会一般不进行审核，但对个别确有较大争议且有本专业两位正高职称专家联名推荐的，经学校学位评定委员会重新审核，认为确实达到博士学位标准的，可作出授予学位的决定。对某些虽已通过了答辩的论文，但公示期内有异议且经查实确有问题的，学校学位评定委员会审核后认为不合格的，也可以作出在规定学习年限内修改论文，重新答辩一次的决议或不授予学位的决议。学校学位评定委员会，如确认学位授予错误或发现营私舞弊、弄虚作假等情况，经复议后，可撤销所授学位。

2. 广西民族大学同等学力人员硕士学位申请与授予

广西民族学院从 2002 年开始经广西壮族自治区教育厅批准同意举办地方性研究生班。为做到坚持标准，严格要求，保证质量，当年招生规模严格控制在 150 人以内。同年 8 月 23 日，广西民族大学迎来了首届研究生班学员。2006 年，经国务院学位委员会批转，新增广西民族大学开展授予同等学力人员申请硕士学位工作，并强调应根据国务院学位委员会第十六次会议审议通过的《国务院学位委员会关于授予具有研究生毕业同等学力人员硕士、博士学位的规定》，结合本单位的具体情况，制定本单位的《同等学力人员申请硕士学位实施细则》，实施细则自本单位学位评定委员会审议通过之日起，可正式开展此项工作。

2009 年 11 月 17 日，学校学位评定委员会审议通过了《广西民族大学授予具有研究生毕业同等学力人员硕士学位办法》，并报 2009 年 11 月 30 日校长办公审定通过，2009 年 12 月 10 日印发执行。根据规定，凡广西民族大学接受具有研究生毕业同等学力人员（以下简称同等学力人员）申请硕士学位的专业为具有硕士学位授予权的专业。申请广西民族大学同等学力人员硕士学位

者，必须按规定在广西民族大学注册备案。申请人每年10月向相关学院提交填写好的《广西民族大学同等学力人员申请硕士学位资格审查表》，同时提交下列材料：①身份证复印件（原件验证）；②学士学位证书复印件（原件验证）；③最后学历证书复印件（原件验证）；④已发表或出版的与申请学位专业相关的学术论文、专著或其他成果；⑤申请人所在单位提供申请人的简历、思想政治表现、工作成绩、科研成果、业务能力、理论基础、专业知识和外语程度等方面情况的材料（加印密封）。申请人应满足如下条件：①拥护《中华人民共和国宪法》，遵守法律、法规，品行端正；②在教学、科研、专门技术、管理等方面做出成绩；③已获得学士学位，并在获得学士学位后工作3年以上。研究生处会同有关学院对申请人的政治思想品德、学历、工作简历和现实表现以及理论基础、学术水平及在教学、科研、专门技术、管理等方面做出的成绩进行资格审查。资格审查结果由研究生处负责通知申请人。

在同等学力水平认定上，广西民族大学从两个方面认定申请人是否具有硕士研究生毕业同等学力人员进入论文阶段的资格：一是对申请人在教学、科研、管理等方面做出成绩的认定；二是对申请人专业知识结构和水平的认定。在知识结构和水平认定方面，包括硕士课程考试和国家组织的水平考试两部分内容。①学校所有硕士学位授权点专业应参照全日制研究生的《硕士研究生培养方案》制定《同等学力人员申请硕士学位修课计划》，公共外语及外语专业的第二外语，不纳入修课计划，也不计学分。申请人必须严格按拟申请学位的专业所制定的《同等学力人员申请硕士学位修课计划》的要求修读了相关课程和参加考试，并取得规定学分（理、工、农类至少取得26学分，其中学位课程至少14学分；其他类硕士研究生至少取得28学分，其中学位课程至少14学分）。跨专业（以跨一级学科界定）申请学位者，需补修相关专业必需的大学本科主干课程2~4门，补修学分不少于4学分，不计入硕士课程学分。属同一学科门类下跨专业申请学位者是否需要补修大学本科课程，由学院学位评定委员会审定。硕士课程考试以百分制计分，学位课程≥70分，非学位课程≥60分（或及格），方可获得学分。不合格课程允许补考，但必须在本次申请期限内完成（补考结合硕士生课程考试进行，补考时间间隔一般在3个月以上）。考试的课程及评分标准严格按相同学科专业在校硕士研究生的要求进行。②国家组织的水平考试（每年3月报名，5月底考试）：a. 申请人应通过同等

第七章 广西民族大学"质量监控、教学改进、师资培育、科技创新"四机制的改革策略分析

学力人员申请硕士学位外国语水平全国统一考试；b. 申请人应通过同等学力人员申请硕士学位学科综合水平全国统一考试。同时规定，申请人自通过资格初审备案之日起，必须在 4 年内完成规定的全部硕士课程考试和国家组织的水平考试，且成绩合格。4 年内未通过规定的课程考试和国家组织的水平考试者，本次申请无效。

在学位论文的撰写和学位论文水平的认定上，申请人原则上自愿选择有硕士生导师资格的老师作为学位论文指导教师，经导师本人同意，并报硕士点学科带头人、学院分管研究生工作的领导和研究生处签署意见，汇总报分管研究生工作的校领导审批。申请人应在通过规定的全部课程考试后一年内提交学位论文。学位论文答辩应随广西民族大学全日制硕士研究生学位论文答辩一起进行。学位论文应为申请人独立完成、属申请学科范围的研究成果。论文应对所研究的课题有新见解，表明申请人具有从事科学研究、管理工作或独立担负专业技术工作的能力。论文格式按《广西民族大学硕士学位论文撰写规定》撰写。

在学位论文评审和学位论文答辩上，参照广西民族大学《硕士学位评定标准及授予工作实施细则》以及《广西民族大学硕士学位论文答辩基本程序》中有关学位论文评审和学位论文答辩的规定进行。

在学位的评定和授予方面，学校学位评定委员会对答辩委员会建议授予硕士学位的申请人进行全面审议，对照相关同等学力水平认定的标准，连同学位论文的答辩结果及答辩委员会作出的论文答辩决议书，以无记名投票方式，作出是否授予学位等有关决定。学位证书生效日期为学校学位评定委员会作出授予学位决定的日期。

凡答辩委员会建议不授予硕士学位的，学校学位评定委员会一般不进行审核。对个别确有较大争议且有本专业两位正高职称专家联名推荐的，经学位评定委员会组织力量重新审核，认为确实达到硕士学位标准的，可作出授予学位的决定。对某些虽已通过了答辩的论文，但经查实确有问题的，学位评定委员会审核后认为不合格的，也可以作出一年以内修改论文，重新答辩一次的决议或不授予学位的决议。学校学位评定委员会开会时，与会者人数必须达到委员会人数的 2/3。以无记名投票方式表决，同意票票数达到全体成员的半数方为通过。研究生处对被批准授予硕士学位的申请人颁发硕士学位证书，并将名单

报国务院学位委员会办公室备案。

  2011年，国务院学位委员会办公室发布了《关于进一步完善授予具有研究生毕业同等学力人员硕士学位有关规定的通知》，通知对授予具有研究生毕业同等学力人员硕士学位的有关规定做了进一步完善，提出：一是已获得学士学位并在获得学士学位后工作3年以上，或虽无学士学位但已获得硕士或博士学位者，在教学、科研、专门技术、管理等方面做出成绩，学术水平或专门技术水平已达到所申请学科的硕士学位授予标准，可按现行办法，向有关学位授予单位申请硕士学位。已获得的学士、硕士或博士学位为国（境）外学位的，其所获的国（境）外学位需经教育部留学服务中心认证。二是将"申请人自通过资格审查之日起，必须在4年内完成学位授予单位组织的全部课程考试和国家组织的水平考试"的相关年限规定调整为"申请人自通过资格审查之日起，通过学位授予单位组织的全部课程考试和国家组织的水平考试的年限，由学位授予单位自行规定"。同时，为进一步规范管理，委托教育部学位与研究生教育发展中心开发建立了"全国同等学力人员申请硕士学位管理信息平台"，于2012年正式启用。

  2013年，为贯彻落实《国家中长期教育改革和发展规划纲要（2010—2020年）》，多渠道培养造就高层次人才，保证和不断提高人才培养质量，国务院学位委员会、教育部、国家发展改革委发布了《关于进一步加强在职人员攻读硕士专业学位和授予同等学力人员硕士、博士学位管理工作的意见》，从六个方面对加强在职人员攻读硕士专业学位和授予具有研究生毕业同等学力人员硕士、博士学位管理工作提出具体要求。一是加强规范管理，推动在职人员攻读硕士专业学位和授予同等学力人员硕士、博士学位工作健康发展。二是端正办学思想，切实保证在职人员培养和学位授予质量。提出各研究生培养单位要以保证和提高培养质量为目标，认真研究在职人员培养的特殊规律，按照分类管理、因材施教的原则，制定符合在职人员特点的培养方案和管理办法，创新培养模式。要根据不同学科和课程特点，改进、创新课程考试方法，确保课程教学质量，加强能力水平测试，科学、准确地认定同等学力人员学力水平。三是强化单位责任，确保管理科学规范。培养单位作为开展办学活动和授予学位的主体，对管理各类办学活动、保证在职人员培养质量负首要责任。各培养单位要将在职人员攻读硕士专业学位和授予同等学力人员学位工作的管理全面

第七章 广西民族大学"质量监控、教学改进、师资培育、科技创新"四机制的改革策略分析

纳入本单位学位与研究生教育管理体系进行统一管理，禁止院系自行组织招收在职人员攻读硕士专业学位和自行开展同等学力人员申请学位工作。培养单位要明确在职人员攻读硕士专业学位培养方案、课程设置、教学计划和教学规范等，规定在校学习时间不少于半年或500学时。同等学力人员的课程水平认定考试由培养单位的研究生管理部门统一管理，在培养单位内进行。研究生培养单位不得以"研究生"和"硕士、博士学位"等名义举办课程进修班。已按《关于委托省级学位与研究生教育主管部门对举办研究生课程进修班进行登记备案的通知》举办的研究生课程进修班，从本意见发布之日起不得再招收新学员，待已招收学员完成全部课程学习后即行终止。自本意见发布之日起，《关于委托省级学位与研究生教育主管部门对举办研究生课程进修班进行登记备案的通知》即行废止。四是加强政府监管，加大对违规行为处理力度。培养单位的主管部门要加强对培养单位开展在职人员攻读硕士专业学位和授予同等学力人员硕士、博士学位工作的指导监督。五是完善信息服务，加强信息公开和社会监督。建立、完善全国在职人员攻读硕士专业学位和授予同等学力人员硕士、博士学位管理信息系统，对在职人员招生、培养、课程水平认定和学位授予等环节进行全过程监管。培养单位应利用学籍学历管理信息和学位授予信息，严格招生和学位授予资格条件审查。六是加强组织领导，确保各项管理措施落到实处。要高度重视在职人员攻读硕士专业学位培养和授予同等学力人员硕士、博士学位的规范管理工作，认真按照本意见要求建立工作制度，制定程序办法和具体实施细则，做好新老政策衔接和平稳过渡，严格按照有关规定进行管理、监督和检查，确保各项措施落到实处，切实保障和推动这两项工作规范、有序进行，保证人才培养和学位授予质量。

根据上级文件精神，自2014年起，广西民族大学不再招收地方性计划研究生班学员。2017年，广西民族大学对授予具有研究生毕业同等学力人员硕士学位做出调整，制定了《广西民族大学授予具有研究生毕业同等学力人员硕士学位实施细则》，对授予具有研究生毕业同等学力人员硕士学位作出修订。主要内容包括：

第一，预申请资格审查与注册。凡获得学士学位后工作3年以上（或虽无学士学位但已获得硕士或博士学位），在申请学位的学科或相近学科做出成绩的人员，均可按照本实施细则注册同等学力硕士学位预申请资格。符合条件的

广西民族大学"四位一体"研究生教育综合改革的探索与实践（1999~2020）

在职人员可在每年规定时间内向广西民族大学注册同等学力硕士学位预申请资格，根据广西民族大学当年"接受在职人员以同等学力申请硕士学位简章"报名并提交相应包括有效居民身份证，学士学位证书及复印件和学位认证报告，最后学历证书原件及复印件和认证证明，已发表或出版的与申请学位学科相关的学术论文、专著或其他成果证明材料（原件）等。

第二，预申请资格审查。相关接收学院收齐申请材料后，组织学位评定分委员会及相关学科负责人，完成对申请人的资格初审，并根据政治思想、业务表现及综合考核结果，择优确定拟接受注册人员名单，报研究生院。学校学位评定委员会委托研究生院依据学院的初审结果，对申请人的资格进行复审。研究生院将审查结果通知相关学院，同时将相关信息在研究生院网站进行公示无异议后，研究生院负责发布年度具有预申请资格人员正式名单。研究生院将复审合格人员录入研究生教育管理信息系统。

第三，课程学习与成绩认定。在成绩认定上，申请人自注册之日起，原则上最多8年内完成个人培养计划全部课程考试且修满规定学分，并通过国家组织的水平考试。8年内，若未按照广西民族大学培养方案中规定的课程结构修满规定学分或未通过国家组织的水平考试，则本次申请无效。申请人若跨一级学科申请非相近学科硕士学位，则还须在此8年内补修所申请学位学科的不少于2门本科主干课程，补修学分不计入硕士课程学分。属同一学科门类下跨学科申请学位者是否需要补修大学本科课程，由学院学位评定委员会审定。申请人若跨一级学科申请非相近学科硕士学位，则还须在此8年内补修所申请学位学科的不少于2门本科主干课程，补修学分不计入硕士课程学分。属同一学科门类下跨学科申请学位者是否需要补修大学本科课程，由学院学位评定委员会审定。申请人应在导师指导下，依据所申请学位的学科全日制硕士研究生培养方案，制订个人培养计划，并严格按照个人培养计划选修课程，并应按时完成并通过规定的课程考试。课程考试应在广西民族大学并严格按照相同学科全日制硕士研究生的考试要求和评卷标准进行。国家组织的全国统一水平考试为外语和学科综合两门。其中，外语水平考试为每个学科必考，学科综合水平考试为部分学科必考，各年度需参加学科综合水平考试的学科以当年国务院学位委员会下发的文件规定为准。

第四，学位论文工作。明确了从学位论文开题到论文答辩的间隔时间不得

第七章　广西民族大学"质量监控、教学改进、师资培育、科技创新"四机制的改革策略分析

少于 1 年。

第五，学位论文答辩申请及审核上，增加了申请人应在通过全部考试后的 2 年内提交学位论文并通过论文答辩。申请人学位论文工作时间不得少于 1 年，且必须用不少于 1 年的时间完成培养方案中规定的所有环节，经导师同意，可提交学位论文并申请答辩资格。论文答辩应在申请人提交论文后的半年内完成。在此期间，申请人不得向广西民族大学以外学位授予单位提出申请，也不得同时在广西民族大学两个或两个以上学科提出申请。此外，申请人自正式批准注册起至申请答辩前，应以第一作者身份在省级以上刊物发表至少 1 篇与申请学位学科相关的学术论文（第一署名单位为广西民族大学），或出版学术专著一部（主编或副主编），或获得省部级以上科研奖励证书（前三名）。如培养方案有更高要求，则按培养方案执行。在答辩资格申请时增加了两位副教授或相当专业技术职务以上专家的推荐书（加印密封）。两位推荐人需了解申请者所提交论文的实际工作过程或曾指导其论文工作，其中一位应是广西民族大学相应学科的研究生导师。资格审查工作由研究生院和学院学位评定分委员会共同负责，学位评定分委员会组织由 3~5 位副高以上（含）职称相关专家组成的审查小组。审查小组须对申请人是否已达到研究生毕业同等学力给出明确的意见。审查小组将审查结果写成书面决议，学位评定分委员会主席签字后交研究生院审核（含全国同力平台答辩资格审核）。以同等学力申请硕士学位，其论文评审、答辩和学位审核程序与该学科全日制硕士研究生相同。论文答辩未通过者，本次申请无效。论文答辩未通过，但论文答辩委员会建议修改论文后再重新答辩者，可在半年后至一年内重新答辩一次，答辩仍未通过或逾期未申请者，本次申请无效。

第六，学位授予上，申请人通过同等学力水平认定，符合广西民族大学关于授予硕士学位的有关规定，其同等学力水平认定信息在研究生院网站公示无异议后，经各级学位评定委员会讨论通过，授予广西民族大学硕士学位并颁发学位证书。

第七，增加了申请过程中申请人弄虚作假的惩罚措施，校学位评定委员会如确认已作出的授予学位的决定不妥或有误，或发现申请人在资格审查、同等学力水平认定等方面有舞弊作伪行为为已违反《中华人民共和国学位条例》《中华人民共和国学位条例暂行实施办法》《国务院学位委员会关于授予具有研究

生毕业同等学力人员硕士、博士学位的规定》之规定时，有权予以复议和撤销所授予的学位。对出现下列行为者，取消其学位申请资格或撤销其已获得的学位，并向上级教育行政管理部门报告备案：①申请人向广西民族大学出具造假证明材料；②申请人参加广西民族大学和国家组织的各项考试时，有违规行为；③申请人学术研究和学术成果有严重违反学术道德和学术诚信行为。

第八，在组织、管理和质量监督上，学校按照国家政策统一制定每年的招生简章，各培养单位要加强在同等学力申硕招生宣传的管理，严禁任何单位、个人在招生工作中进行虚假、误导宣传，招生宣传材料应书面报送研究生院审核通过后方可对外公布。学校实行规范招生、阳光招生，严禁任何单位委托中介机构组织或参与同等学力人员申请硕士学位的招生和教学活动。任何单位不得以"研究生"和"硕士、博士学位"等名义举办课程进修班。学校学位评定委员会办公室授权研究生院负责学校授予同等学力人员硕士的日常管理与监督工作。研究生导师是在职研究生培养的第一责任人，负有对所指导的研究生进行学科前沿引导、科研方法指导和学术规范教导的责任学位评定分委员会应建立健全质量保证与监督体系，建立同等学力人员申请学位的档案管理制度，加强对授予同等学力人员学位工作进行自我检查与评估。凡本次申请无效者，其以往的申请材料（包括课程成绩）全部无效。再次提出申请时，必须从预请资格审查开始。

3. 来华留学研究生学位授予基本要求

为了促进广西民族大学研究生教育的国际交流与合作，保证学校授予来华留学研究生学位的质量，2019年专门制定了《广西民族大学来华留学研究生学位授予办法》（以下简称《授予办法》），《授予办法》共分为总则、博士学位评定标准及授予办法、硕士学位评定标准及授予办法、附则四个部分。

在第一部分总则方面，明确指出授予来华留学研究生学位的学科专业，应与广西民族大学公布的硕士、博士招生专业一致。来华留学研究生在学期间必须遵守中国法律、法规，尊重中国人民的风俗习惯，遵守学校规章制度，品行端正，遵守学术道德规范，自觉抵制学术不端和学术失范行为，经审核准予毕业的外国留学研究生可以申请授予硕士学位或博士学位。

在第二部分——博士学位评定标准与授予办法上，基本要求为：①遵守中国法律和学校规章制度，品行端正，符合学术规范要求；②学位申请者在学制

第七章 广西民族大学"质量监控、教学改进、师资培育、科技创新"四机制的改革策略分析

期限内,修完相应专业培养方案规定的课程,通过课程考试,成绩合格,达到本专业博士培养计划要求;③同等学力或跨专业留学研究生,必须补修了相关专业必需的硕士主干课程;④通过博士学位论文答辩,答辩委员会同意授予博士学位,评定等级为合格及其以上;⑤博士研究生的中文能力应当至少达到新HSK 5级180分及以上(含180分)。在课程上要求为,来华留学博士研究生申请博士学位,应在学习期间通过本专业规定的必修课、选修课及其他课程的考试或考查。具体要求如下:①来华留学博士研究生课程分必修课、选修课及其他课程,必修课包括高级汉语(一)、高级汉语(二)和中文写作等三门课程;非选修课包括公共选修课和专业选修课。②须根据本专业培养方案获得至少25学分。在学位论文的评审上,博士学位论文应当表明作者具有独立从事科学研究工作的能力,并在科学或专门技术上取得创造性的成果。博士学位论文或摘要,应当在答辩前两个月报送有关单位,并经同行评议。①学位论文在寄送评审之前,学位申请者须通过由所在学院组织的预答辩小组进行的预答辩;②学位论文评审专家不少于5人,由高等学校或科研机构教授(或相当职称专家)担任,其中广西民族大学和申请人所在单位的专家不超过2人;③博士研究生指导教师不能担任所指导博士研究生的学位论文评阅人;④有2/3以上(含2/3)的评阅专家的评阅得分在70分以上且所有专家的评分平均在70分以上;⑤评审没有通过的学位论文,允许该学位申请者对论文继续进行补充或修改,于规定学习年限内再给予一次评审的机会。第二次评审的评审费由该学位申请者本人支付。在答辩委员会的组成上,答辩委员会由本学科5~7名具有教授资格的专家组成,其中博士研究生导师不少于3名。答辩委员会主席一般应当由教授或相当职称的专家担任。其中,至少有3名外单位具有正高职称的专家参加。答辩委员会根据答辩情况,采取无记名投票方式,对所答辩的学位论文按100分制打分。全体委员投票的平均分需要达到70分以上(含70分),且有2/3以上(含2/3)的委员给予70分以上,方为通过答辩。对答辩未通过的学位申请者,只能发给结业证书。如要重新进行学位论文答辩,必须先进行论文修改,再通过论文预答辩及评审,评审通过后由本人提出申请,经相关博士学位授权点导师组同意,报学校学位评定委员会批准后,可在规定学习年限内重新答辩一次。第二次论文评审和答辩的费用由学位申请者本人支付。若学位申请者在规定学习年限内未完成论文修改,或重新答辩仍不能通过

者，不再受理其学位申请，按结业处理。

在第三部分——硕士学位评定标准及授予办法上，基本要求为：①遵守中国法律和学校规章制度，品行端正，符合学术规范要求；②按培养方案要求修完学位课程，通过硕士学位的课程考试，成绩合格，取得规定学分，学位课程考试成绩平均绩点≥3.0；③同等学力或跨专业留学研究生，必须补修了相关专业必需的大学本科主干课程；④通过硕士学位论文答辩，答辩委员会同意授予硕士学位，评定等级为合格及其以上；⑤硕士研究生的中文能力应当至少达到新 HSK 5 级 180 分及以上（含 180 分）。在课程要求上，来华留学硕士研究生申请硕士学位，应在学习期间通过本专业规定的学位课程考试和非学位课程的考试或考查。具体要求如下：①来华留学硕士研究生课程分学位课程和非学位课程，学位课程包括公共基础课、专业课、方法课和人文素质培养课等四类课程；非学位课程包括限定选修课和非限定选修课；②须根据本专业培养方案获得至少 35 学分，且学位课考核成绩平均绩点≥3.0；③在他国已经修学相应专业硕士学位课程的来华留学生申请攻读我国硕士学位，学校根据申请人提供在他国修学的课程名称、成绩单以及两名专家（相当于副教授及其以上职称人员）的推荐信等材料，组织同行专家组（由副教授及其以上职称人员 3～5 人组成）对其已经修学的硕士学位课程进行审查、审核、考试或考核。凡经专家组认可的课程，可以免修，否则应按本条规定重新修学有关课程。来华留学硕士研究生，原则上应采取脱产培养的方式，即整个培养过程均在我国完成。提倡来华留学硕士研究生撰写论文与其本国实际相结合；来华留学硕士研究生的论文答辩工作必须在我国进行。在学位论文匿名评审上，与全日制研究生一致，采用双盲评审制度：①学校聘请 3 位评阅专家对学位论文进行匿名评审（即论文中既不能出现研究生的名字，也不能出现导师名字）。匿名评审的学位论文由研究生所在学院安排送达论文评审人。②被评审的学位论文必须获得 3 位评审人给予同意答辩的肯定意见，方能进行学位论文答辩。对原则上通过了评审，但需要进行适当修改的学位论文，按评审人提出的意见修改后方可进行学位论文答辩。对评审没有通过的学位论文，允许该研究生对论文继续进行补充或修改，在半年到一年的期限内再给予一次评审的机会。第二次评审的评审费由研究生本人支付。在学位论文答辩委员会组成上，由本学科 5～7 名具有硕士研究生指导教师资格的专家组成。至少有 2 名外单位具有副高或正高职

第七章 广西民族大学"质量监控、教学改进、师资培育、科技创新"四机制的改革策略分析

称的专家参加,且其中至少1名外单位专家具有正高职称。答辩委员会根据答辩情况,采取无记名投票方式,对所答辩的硕士学位论文按100分制打分。全体委员投票的平均分需要达到60分以上(含60分),且有2/3以上的委员给予60分以上,方为通过答辩。

在第四部分——附则中强调,攻读广西民族大学哲学、经济学、法学、教育学、文学、历史学以及艺术等专业硕士和博士学位的来华留学生,应用汉语撰写和答辩论文;攻读其他学科、专业硕士和博士学位的来华留学生,其硕士学位论文和博士学位论文可以用汉语、英语和法语撰写和答辩。各学科、专业根据有关规定对学位申请者进行认真审查、审核和授予学位。来华留学研究生学位授予档案的归档工作由国际教育学院和培养学院共同完成。

4. 其他与学位相关的制度与政策

2007年1月16日学校制定印发了《广西民族大学研究生学术规范(试行)》,要求研究生在学术活动中,应牢固树立实事求是的科学精神,严格遵守《中华人民共和国著作权法》《中华人民共和国专利法》等法律法规。应该遵守学术规范,如被界定为违反了学术规范,学校将按照相应条款的规定进行处理。

2008年4月1日,为提高硕士学位论文的质量,实现学位论文在内容和格式上的规范化和统一化,学校印发了《广西民族大学硕士学位论文撰写规定》,对学位论文的内容与格式、打印及装订要求作出了明确的规定。制度中明确了论文的十个主要组成部分,依次为:①封面;②声明;③中文摘要及关键词;④英文摘要及关键词;⑤目录;⑥论文正文;⑦参考文献;⑧附录;⑨致谢;⑩攻读学位期间发表的学术论文目录。并且,对每个部分的内容要求,字体字数等格式要求均作出明确说明,以便更好地指导研究生学位论文的写作。原《广西民族学院研究生学位论文格式的统一要求》文件同时废止。

2008年10月16日,为更好地把好广西民族大学研究生教育质量关,促进研究生教育的良好、稳步发展,学校对硕士学位论文进行质量监控。编制印发了《广西民族大学关于加强研究生硕士学位论文质量监控的暂行办法》,提出实现答辩送审前检查制度、论文送审实行双盲评审制度、奖惩制度。在每年3月份硕士学位论文答辩送审前,对所有论文进行检查。检查内容包括学术规范、论文格式、导师批阅情况。在论文送审时,全部实行双盲评审。同时,实

行相应的奖惩制度，对被评为学校优秀硕士学位论文和自治区抽样调查中获优秀评级的硕士论文，学校将分别给予指导教师每篇400元和800元的奖励，同时在评选学校优秀硕士生指导教师时作为一项指标优先考虑。对硕士学位论文有剽窃、抄袭、弄虚作假的研究生，将按照学校处罚条例予以处分，同时根据《广西民族大学硕士学位评定标准及授予工作实施细则》中的相应条款，不授予硕士学位。若硕士研究生导师所指导的硕士学位论文被发现有剽窃、抄袭和弄虚作假，或在全区硕士研究生学位论文抽检中不合格，将停止其第二年招生一年。若历年来所指导研究生的硕士学位论文被发现有剽窃、抄袭和弄虚作假，或在全区硕士研究生学位论文抽查中不合格，累计总数两人以上（含两人），将提请学校学位委员会永久取消其硕士生导师资格。同时，对出现剽窃、抄袭或弄虚作假，或在全区硕士研究生学位论文抽检不合格情况的硕士点，将减少第二年招生名额20%。

2008年10月16日，学校印发了《广西民族大学硕士学位论文答辩基本程序》，对学位论文答辩的程序及答辩委员会决议的内容进行了明确的说明和规定，以此指导硕士学位论文答辩工作，确保研究生学位论文答辩工作符合程序规范和要求。

二、操作层面：坚持三性融合，推进教学改进

学校的办学特色是指在长期办学过程中积淀形成的、本校特有的、优于其他学校的独特风貌。广西民族大学在办学过程中高度重视发挥优势、突出特色。经过多年的办学实践，学校总结和凝练出在长期办学过程中形成的办学特色。这就是：坚持面向少数民族和民族地区的办学宗旨，利用沿海沿边的区位优势，发展民族学、中国少数民族语言文学、亚非语言文学特色学科，推进学科渗透，培养开拓性、创新性的实践型、应用型人才。其主要表现如下：

（一）坚持"民族性、区域性、国际性"三性合一的培养特色

学校在长期的发展过程中，凝练了"民族性、区域性、国际性"三性合一的鲜明办学特色，因此在研究生培养过程中，学校立足于服务"一带一路"倡议和广西"十三五"建设规划的背景，借助广西本土资源优势、地缘优势，

第七章 广西民族大学"质量监控、教学改进、师资培育、科技创新"四机制的改革策略分析

不断为民族地区输送高层次人才。例如，文学院利用中国少数民族语言文学学科自身优势，立足于壮侗语族语言文学，在广西民族古籍、濒危语言、民族民间文学及国内外壮侗语族语言文学比较研究等方面特色突出，专业人才培养上优势明显；政治与国际关系学院指导研究生密切关注中国边疆民族地区政治文明演进和公共安全，开展学术研究和毕业选题，加紧培养化解边疆政治发展难题以及处理东南亚国际政治与公共管理事务的本土政治学与管理学高级人才；化学化工学院的研究生培养方向适应绿色可持续工业发展的要求，以广西优势生物基资源为原料、以化学与生物转化技术为主线，开展环境友好的化学与生物加工技术应用基础理论和应用研究；以生物基物质加工与改性、生物基材料和化学品制备和生物活性物质的分离等领域为研究重点，开展以生物化学、酶工程、生化反应和分离工程等学科理论与方法为支撑的新化学与生物转化体系、新技术方法研究，为广西"14＋10"重点发展产业和新兴产业的发展提供人才和技术支撑。

同时，学校积极打造服务中国—东盟合作的高端人才培养基地。在广西区政府的支持下，学校特别成立了东盟学院，以满足政府和社会的现实需求为方向，以质量为核心，以协同培养为途径，致力于输出中国立场、国际视野、东盟情怀的高素质专门人才。

此外，学校大力实施国际性大学发展战略，充分发挥中国面向东盟开放合作的前沿和窗口作用，目前与21个国家和地区的171所高校和机构建立长效合作关系，与泰国玛哈沙拉坎大学、老挝国立大学、印尼丹戎布拉大学合作建立了孔子学院。2015年，学校授予柬埔寨王国洪森首相名誉博士学位，这对于服务"一带一路"、促进中柬友好事业进一步向前发展意义深远，对推动中柬高等教育的合作与交流起到了很大的作用。坚持"引进来"和"走出去"并重：一方面，注重来华留学生的生源和培养质量的提升；另一方面，积极建立国内外合作交流平台，为国内研究生创造更多"走出去"的机会。出台了《广西民族大学推荐优秀博士研究生出国研修暂行办法》。鼓励研究生参加境外高水平学术会议和短期研修，鼓励研究生申请公派出国留学项目等。"十三五"时期以来，学校研究生出国交流人数达128人次。

（二）积极探索专业硕士培养模式

学校积极探索专业硕士的培养模式，首先，注重专业硕士导师自身教学研究能力的提高。例如，外国语学院的教师连续4年获得全国翻译专业学位研究生教育指导委员会（MTI教指委）科研项目立项，包括潘克建主持的"基于地方常规性国际会议的MTI实习管理模式探索——以广西民族大学为例"、刘雪芹主持的"MTI民族文化典籍英译课程教学探索"、韩倩兰主持的"中国—东盟自由贸易区背景下国际贸易语言服务专业人才的培养模式探索"以及2015年获得立项的李雪主持的"少数民族地区MTI学生口译实践'师徒'模式探索——以广西民族大学为例"，成为全国范围内216家MTI培养单位中唯一一家连续4年获得MTI教指委课题立项的单位。

其次，学校重视通过不同的培养模式，提高学生的专业实践技能。如教育科学学院根据教育硕士专业学位研究生的培养目标和要求，专业实践教学将贯穿于教育硕士培养全过程，坚持实施"见习、研习、实习"三位一体的专业实践教学体系，突出课程教学的实践性。学院的做法是：第一学期，学生到实践基地参观见习，为期一周；第二学期到实践基地研习，为期两个星期；第三学期到实践基地实习，为期一个学期。同时，在研究生所有课程教学中都要求教师贯穿包括案例教学、实验教学、探究式教学、参与式教学等多种教学理念与模式，切实提高学生的专业实践技能。在2016年4月教育硕士专项检查过程中，专家对这一专业实践培养模式予以肯定。

学校实施研究生专业能力提升工程，鼓励研究生参加专业技能竞赛。每年都会有学生参加国家级和自治区级专业技能竞赛，其中研究生参加全国研究生数学建模竞赛时，由学校安排经费支持。学校研究生积极参加暑假社会实习和实践锻炼，通过组队和个人参与的方式，进行田野调查、实践项目、工作实习等多种形式的实践活动。

（三）规范学位授予管理，加强优秀学位论文评选

广西民族大学自2002年授予研究生学位以来，截至2020年共授予6 675人（含283名同等学力申请硕士研究生学位）研究生学位，其中授予42人博士研究生学位，6 633人硕士研究生学位。硕士研究生专业学位授予数逐渐增

第七章 广西民族大学"质量监控、教学改进、师资培育、科技创新"四机制的改革策略分析

大,自 2011 年广西民族大学开始授予研究生专业学位以来,共授予 1 394 人硕士研究生专业学位。2002 年广西民族大学研究生招生以来,学校学位授予情况,见表 7-2。

表 7-2　　2002 年以来广西民族大学研究生学位授予人数统计

年份	博士学位	硕士学位 学术型 中国研究生	来华留学研究生	同等学力	小计	专业型 中国研究生	来华留学研究生	小计	合计	总计
2002	0	6	0	0	6	0	0	0	6	6
2003	0	20	0	0	20	0	0	0	20	20
2004	0	47	0	0	47	0	0	0	47	47
2005	0	27	0	0	27	0	0	0	27	27
2006	0	57	0	0	57	0	0	0	57	57
2007	0	184	0	0	184	0	0	0	184	184
2008	0	231	0	0	231	0	0	0	231	231
2009	0	275	1	0	276	0	0	0	276	276
2010	0	307	0	18	325	0	0	0	325	325
2011	0	370	0	16	386	11	0	11	397	397
2012	0	403	0	13	416	38	0	38	454	454
2013	0	402	0	17	419	104	0	104	523	523
2014	0	346	32	27	405	83	1	84	489	489
2015	0	378	39	24	441	52	0	52	493	493
2016	0	388	48	26	462	129	0	129	591	591
2017	5	334	41	48	423	199	0	199	622	627
2018	8	337	12	32	381	205	17	222	603	611
2019	11	316	12	40	368	253	3	256	624	635
2020	18	326	17	22	365	288	11	299	664	682
总计	42	4 754	202	283	5 239	1 362	32	1 394	6 633	6 675

广西民族大学"四位一体"研究生教育综合改革的探索与实践（1999~2020）

1. 广西民族大学全日制毕业研究生学位授予基本情况

2013年6月24日，经广西民族大学学位评定委员会会议审议通过，授予程丽梅等506位2013届毕业研究生硕士学位。

2013年6月24日，广西民族大学学位评定委员会召开全体委员会会议，对许林香等4名有条件授予硕士学位的2013届毕业研究生的硕士学位申请材料进行了审议，表决结果为"有条件授予"，即许林香等4名有条件授予硕士学位的2013届毕业研究生需通过学位英语考试后方能授予硕士学位。

2014年6月17日，经广西民族大学学位评定委员会会议审议通过，授予蔡丹等440位2014届毕业研究生硕士学位，授予钟洲等2名2014届少数民族毕业研究生硕士学位。会上，对韦懿等14名有条件授予硕士学位的2014届毕业研究生的硕士学位申请材料进行了审议，表决结果为"有条件授予"，即韦懿等14名有条件授予硕士学位的2014届毕业研究生需通过学位英语考试或学位课程成绩合格后，方能授予硕士学位。韦懿等14名2014届毕业研究生、许林香等3名2013届毕业研究生已于2014年7月4日，2013届毕业研究生李冲冲已于2014年5月16日参加并通过了学位英语考试，成绩合格，均已符合硕士学位授予条件，经报学校领导审批，授予硕士学位。

2015年6月，校学位评定委员会讨论2015届授予硕士学位名单。2015年学校全日制研究生共有492人申请硕士学位，含往届生16人。其中，学术型硕士研究生412人（含留学生42人），专业型硕士研究生80人。在这些研究生中，符合授予条件的有456人，其中学术型研究生359人（含留学生38人），专业型研究生77人。符合有条件授予的有17人，不符合授予条件的有19人。在476名按时完成培养学制的全日制硕士研究生中，符合硕士学位授予条件有441人，占总体比例的92.6%。在本次申请硕士学位的研究生中，符合有条件授予学位的研究生共计17人。其中，未达到学位外语水平的11人，未通过汉语水平考试的留学生4人，未完成培养单位培养要求的1人，未达到学位课程要求的1人。不符合授予硕士学位的研究生共计19人。其中，学术不端行为检测结果不合格的12人，未进行学术不端行为检测的1人，未递交双盲评审学位论文的1人，未完成学位课程要求的1人，未达到送审要求的1人，论文双盲评审不合格的1人，未通过论文答辩的2人。2015年6月16日，经校学位评定委员会审议通过，授予蔡家华等456名2015届全日制毕业研究

第七章　广西民族大学"质量监控、教学改进、师资培育、科技创新"四机制的改革策略分析

生硕士学位。

2016年,学校共有567名全日制研究生申请硕士学位。其中,学术型硕士研究生438人(含留学生50人)、专业型硕士研究生129人。在申请硕士学位的567名全日制研究生(含往届生21人)中,符合硕士学位授予条件的共计547人,其中,学术型研究生421人(含留学生42人),专业型研究生126人,符合有条件授予的有20人。在2016年申请硕士学位的研究生中,符合有条件授予学位的研究生共计20人。其中,未达到学位外语水平12人,未通过汉语水平考试的留学生8人。2016年6月16日,经校学位评定委员会审议通过授予陈宇鹏等547名2016届全日制毕业研究生硕士学位。根据学校学位评定委员会表决通过符合条件授予学位人员的决议,决定授予汪宏阳等18位2016届全日制毕业研究生硕士学位。

2017年6月,学校学位评定委员会审核了2017届授予博士、硕士学位名单。2017年,学校共有5名研究生申请博士学位,符合博士学位授予条件5名,均为学术型博士研究生。共有582名全日制研究生申请硕士学位(含往届生8人),其中,学术型硕士研究生379人(含留学生42人)、专业型硕士研究生203人。符合学位授予条件的共计554人,其中,学术型研究生359人(含留学生35人),专业型研究生195人;符合有条件授予的有20人,其中,未达到学位外语水平12人,未通过汉语水平考试的留学生6人,未达到学位课程要求的2人;不符合授予条件的有8人,其中,学术不端行为检测结果不合格的4人,未达到送审要求的1人,论文匿名评审不合格的1人,未参加论文答辩的1人,未通过论文答辩的1人。2017年6月19日,经学校学位评定委员会会议审议通过,授予邱慧婷等5名2017届全日制毕业研究生博士学位,授予蔡美玲等554名2017届全日制毕业研究生硕士学位。根据学校学位评定委员会表决通过符合条件授予学位人员的决议,授予王永武等18名2017届全日制毕业研究生硕士学位。

2018年起,学校每年进行两次学位申请,分别为每年6月和12月召开学位评定委员会审议,取消了有条件授予学位。2018年6月,学校共有7名研究生申请博士学位(含留学生2人),符合博士学位授予条件的7名,均属于学术型博士研究生。共有584名全日制研究生申请硕士学位(含往届生15人),其中,学术型硕士研究生364人(含留学生15人),专业型硕士研究生

广西民族大学"四位一体"研究生教育综合改革的探索与实践（1999~2020）

220人（含留学生18人）。符合硕士学位授予条件的共计564人（含往届生13人），其中，学术型研究生346人（含留学生12人），专业型研究生218人（含留学生16人）。不符合授予硕士学位的研究生共计20人，其中，未通过学术不端行为检测的4人，未达到学位论文送审要求的4人，未参加学位论文答辩的2人，未通过学位论文答辩的2人，未达到学位授予水平1人，未通过学位外语水平考试4人，未通过汉语水平考试3人。2018年6月15日，经学校学位评定委员会会议审议通过，授予罗家珩等7名2018届全日制毕业研究生博士学位，授予李光平等564名2018届全日制毕业研究生硕士学位。

2018年12月，学校共有1名研究生申请博士学位，属于学术型博士研究生。共有7名全日制研究生申请硕士学位，其中，学术型硕士研究生3人，专业型硕士研究生4人（含留学生1人）。本次申请学位的8名学生均符合博士、硕士学位授予条件。2018年12月25日，经学校学位评定委员会审议通过，授予刘银妹2018届全日制毕业研究生博士学位，授予任鹏等7名2018届全日制毕业研究生硕士学位的决定。

2019年6月，学校共有11名研究生申请博士学位（含留学生2人），均为学术型博士研究生。在这些博士研究生中，符合授予条件的有10人，不符合授予条件的有1人。共有595名全日制研究生申请硕士学位（含往届生25人），其中，学术型硕士研究生335人（含留学生15人）、专业型硕士研究生260人（含留学生4人）。在这些全日制研究生中，符合硕士学位授予条件的共计575人（含往届生20人），其中，学术型研究生325人（含留学生11人），专业型研究生250人（含留学生2人）。广西民族大学2019年6月申请博士学位的研究生中，不符合授予博士学位的研究生有1人。该生获2017年广西优秀博士研究生出国研修资助，本次申请学位时仍未达到以下要求："出国研修人员在申请博士学位前需在其本专业或相近专业的国内核心期刊或国外权威刊物发表学术论文2篇，并在显著位置标注'获广西研究生教育创新计划项目资助'。"申请硕士学位的研究生中，不符合授予硕士学位的研究生共计20人。其中，未通过学位论文学术不端行为检测的3人，未达到学位论文送审要求的3人，未通过学位论文评阅的2人，未通过学位论文答辩的1人，未通过学院学位授予资格审核的3人，未达到学位课程绩点的1人，未通过学位外语水平考试3人，未通过汉语水平考试5人（含1名留学生同时未通过学位

第七章　广西民族大学"质量监控、教学改进、师资培育、科技创新"四机制的改革策略分析

论文评阅）。2019年6月15日，经学校学位评定委员会会议审议通过，授予刘丹等10名2019届全日制毕业研究生博士学位，授予马海燕等575名2019届全日制毕业研究生硕士学位。

为进一步提高广西民族大学博士、硕士学位毕业和授予质量，满足新形势下研究生培养工作的需要，从2019年7月开始，学校实行毕业与学位授予分离的方法，即符合毕业条件但未符合学位授予条件的研究生可以在规定时间内先行申请毕业，待达到学位授予条件时再进行相应研究生学位申请。

2019年12月，学校共有1名研究生申请博士学位，属于学术型博士研究生。共有9名全日制研究生申请硕士学位，其中，学术型硕士研究生3人（含留学生1人），专业型硕士研究生6人（含留学生1人）。本次申请学位的10名学生均符合博士、硕士学位授予条件。2019年12月13日，经学校学位评定委员会审议通过，授予李英华2019届全日制毕业研究生博士学位，授予陈娟等9名2018届全日制毕业研究生硕士学位。

2020年6月，学校共有18名研究生申请博士学位，均为学术型博士研究（含留学生8人）。在这些研究生中，符合授予条件的有12人，其中，留学生5人；不符合授予条件的有6人。共有655名全日制研究生申请硕士学位，其中，学术型硕士研究生360人（含留学生9人），专业型硕士研究生295人（含留学生18人）。在这些研究生中，符合授予条件的有613人，其中，学术型研究生320人（含留学生6人），专业型研究生293人（含留学生8人）；不符合授予条件的有42人。2020年6月16日，经学校学位评定委员会审议通过，授予陆赏铭等10名2020届全日制毕业研究生博士学位，授予张宁等615名2020届全日制毕业研究生硕士学位。

2020年8月18~19日，经学校学位评定委员会通讯评审审议通过，授予赵春奕等8名2020届全日制毕业研究生硕士学位。

2020年12月，学校共有6名研究生申请博士学位（含留学生2人），21名全日制研究生申请硕士学位，其中，学术型硕士研究生19人（含留学生6人），专业型硕士研究生2人（含留学生2人）。符合学位授予条件的有27人，不符合授予条件的0人。2020年12月23日，经学校学位评定委员会审议通过，授予奉利平等6人2020届全日制毕业研究生博士学位，授予农文江等21名2020届全日制毕业研究生硕士学位。

2. 研究生毕业同等学力人员硕士学位授予基本情况

从2010年起，根据《中华人民共和国学位条例》《广西民族大学授予具有研究生毕业同等学力人员硕士学位办法》《广西民族大学授予具有研究生毕业同等学力人员硕士学位实施细则》《广西民族大学硕士学位评定标准及授予工作实施细则》等相关文件规定，广西民族大学开始授予具有研究生毕业同等学力人员硕士学位。

2010年6月22日，经学校学位评定委员会会议审议通过，授予韦丹蓓等18名具有研究生毕业同等学力人员硕士学位。

2011年6月23日，经学校学位评定委员会会议审议通过，授予唐仲文等16名具有研究生毕业同等学力人员硕士学位。

2012年1月12日，经学校学位评定委员会会议审议通过，授予詹晓丽等3位具有研究生毕业同等学力人员硕士学位；6月21日，经学校学位评定委员会会议审议通过，授予林震等13位具有研究生毕业同等学力人员硕士学位。

2013年6月24日，经学校学位评定委员会会议审议通过，授予陈羽玲等17位具有研究生毕业同等学力人员硕士学位。

2014年6月17日，经学校学位评定委员会会议审议通过，授予磨丽等27位具有研究生毕业同等学力人员硕士学位。

2015年，学校共有33名同等学力申请硕士学位人员，其中，符合同等学力申请硕士条件的研究生24人，不符合的有9人。在不符合的9人中，4人未能通过学位论文学术不端检测，2人未能通过学位论文盲评，2人在盲评中未能按时提交论文，1人不能通过学位论文答辩。2015年6月16日，经学校学位评定委员会会议审议通过，授予李阳等24位具有研究生毕业同等学力人员硕士学位。

2016年6月16日，经学校学位评定委员会会议审议通过，授予谢云峰等26名具有研究生毕业同等学力人员硕士学位。

2017年，经各学院学位评定分委员会评议且建议，授予同等学力人员硕士学位共49人，有48人符合授予硕士学位条件（其中，法学硕士23人，文学硕士10人，管理学硕士14人，工学硕士1人），1人符合有条件授予硕士学位（未通过学科综合水平全国统考）。2017年6月19日，经学校学位评定委员会会议审议通过，授予卢燕华等48名具有研究生毕业同等学力人员硕士

第七章　广西民族大学"质量监控、教学改进、师资培育、科技创新"四机制的改革策略分析

学位。

2018 年，经个人申请、各学科所在学院学位评定分委员会评议且建议，授予同等学力人员硕士学位共 32 人，均符合授予硕士学位条件（其中，法学 12 人，文学 4 人，管理学 15 人，工学 1 人）。2018 年 6 月 15 日，经学校学位评定委员会会议审议通过，授予谢娟等 32 名具有研究生毕业同等学力人员硕士学位。

2019 年 6 月 15 日，经学校学位评定委员会会议审议通过，授予阮琬珍等 40 名具有研究生毕业同等学力人员硕士学位。

2020 年，经个人申请、各学科所在学院学位评定分委员会评议且建议，授予同等学力人员硕士学位共 21 人，均符合授予硕士学位条件（其中，管理学 6 人，法学 11 人，文学 4 人）。2020 年 6 月 16 日，经学校学位评定委员会会议审议通过，授予韦建华等 21 名具有研究生毕业同等学力人员硕士学位。

经核实，原广西民族学院管理学院研究生班 2005 级行政管理专业学员唐建忠在进行同等学力申请硕士资格审查时提供的中国科学技术大学理学学士学位证书并非中国科学技术大学所授予的学位证书，该生于 2009 年 6 月以同等学力身份申请硕士学位，2010 年 6 月获得广西民族大学管理学硕士学位。2020 年 6 月 16 日，经学校学位评定委员会会议审议通过，决定撤销唐建忠研究生毕业同等学力人员管理学硕士学位，并注销其硕士学位证书。

2020 年 12 月 23 日，经学校学位评定委员会会议审议通过，授予姚璨具有研究生毕业同等学力人员硕士学位。

3. 广西民族大学研究生优秀学位论文评选

优秀学位论文是研究生培养质量的重要标志，也是激励和提高研究生培养质量的重要举措。广西壮族自治区自 2006 年起每年举行全区毕业硕士研究生的学位论文抽检工作，对各高校研究生培养和学位授予质量进行监控。

2006 年，自治区教育厅从抽取的全区 200 篇学位论文中，评选出 38 篇优秀论文，并给优秀硕士学位论文的作者和指导教师颁发荣誉证书。广西民族大学送检的学位论文中有 1 篇被评为优秀。2007 年，有 1 篇硕士研究生学位论文获得自治区优秀学位论文。2008 年，广西民族大学在全区学位论文抽查中，学校未发现不合格论文。2009 年，学校共评选出 7 篇 2009 届优秀硕士学位论文，在当年全区学位论文抽查中，学校未发现不合格论文，有 1 篇硕士研究生

广西民族大学"四位一体"研究生教育综合改革的探索与实践（1999~2020）

学位论文获得自治区优秀学位论文。2010年，学校根据盲评成绩、答辩成绩，共评选出16篇2010届优秀硕士学位论文。在全区学位论文抽检中，学校推荐的10篇论文有4篇获得全区优秀硕士学位论文称号，未发现不合格论文，优秀率达40%，居全区首位。

2011年，学校根据盲评成绩、答辩成绩，共评选出33篇2011届优秀硕士学位论文。在全区学位论文抽检中，学校推荐的10篇论文有3篇获得全区优秀硕士学位论文称号，未发现不合格论文，优秀率达30%，居全区首位。2012年，学校根据盲评成绩、答辩成绩，共评选出38篇2012届优秀硕士学位论文。在全区学位论文抽检中，学校推荐的10篇论文有5篇获得全区优秀硕士学位论文称号，未有不合格论文，优秀率达50%，再次居全区高校首位。2013年，根据盲评成绩、答辩成绩，共评选出10篇2013届优秀硕士学位论文。2006~2013年全区学位论文抽检广西民族大学获自治区优秀学位论文名单见表7-3；广西民族大学近年获校级优秀硕士学位论文名单见表7-4。

表7-3　　　2006~2013年全区学位论文抽检广西
民族大学获自治区优秀学位论文名单

年份	类别	姓名	专业	导师	论文题目
2006	硕士	林敏霞	民族学	徐杰舜教授	非均衡的变迁——以南宁平话人为例
2007	硕士	赵妍	中国少数民族语言文学	陆卓宁教授	民族性的追寻与诉求——新中国成立后少数民族文学史民族性缺失问题思考
2009	硕士	严月华	民族学	周建新教授	现代国家话语下的族群认同变迁研究——以金龙镇板外屯傣人侬人为例
2010	硕士	胡春梅	应用数学	刘晓冀教授	Banach空间算子广义逆的迭代方法
2010	硕士	米艳	应用化学	黄在银教授	钼酸盐纳米材料的液相控制合成、表征及性能研究
2010	硕士	胡飞龙	应用化学	罗伟强高级实验师、尹显洪教授	基于氮氧多齿配体功能配位聚合物的合成、晶体结构及性能研究
2010	硕士	李贫	民族学	黄兴球教授	那卡壮族"戒邦"仪式研究
2011	硕士	谢健	计算数学	刘焕文教授	海洋表面波越过非理想海底地形时的解析模拟

第七章 广西民族大学"质量监控、教学改进、师资培育、科技创新"四机制的改革策略分析

续表

年份	类别	姓名	专业	导师	论文题目
2011	硕士	李艳芬	应用化学	黄在银教授	钼酸镉纳米八面体的液相控制合成、表征及原位热动力学研究
2011	硕士	谭生伟	应用化学	谭学才教授	有机无机杂化材料和纳米材料固定酶电化学生物传感器的研究
2012	硕士	范高超	应用化学	黄在银教授	钼酸钙纳米材料的可控合成、原位生长、热力学及动力学性质研究
2012	硕士	刘力	应用化学	谭学才教授	以马来松香丙烯酸乙二醇酯为交联剂的分子印迹电化学传感器的研究
2012	硕士	韩江峰	计算数学	刘振海教授	非线性分数阶微分方程若干问题的研究
2012	硕士	孙小玲	计算数学	刘焕文教授	线性水波越过三维非理想地形散射效应的解析模拟
2012	硕士	覃透	中国少数民族语言文学	蒙元耀教授	覃氏族源古歌研究
2013	硕士				无优秀论文

表7-4 广西民族大学近年获校级优秀硕士学位论文名单一览表

年度	姓名	专业	导师姓名	学位论文题目
2009	温美珍	民族学	徐杰舜	一个拉祜族村落的祭祀变迁——以云南澜沧木嘎乡南村为例
	严月华	民族学	周建新	现代国家话语下的族群认同变迁研究——以金龙镇板外屯傣人侬人为例
	钟金	基础数学	刘晓冀	Banach 空间上算子广义逆 $A_{T,S}^{(2)}$ 的刻画与表示
	王伟	计算数学	刘焕文	二元样条函数空间及弱样条函数空间的维数
	刘利斌	计算数学	刘焕文	求解微分方程的高精度样条差分方法
	时昌桂	汉语言文字学	海柳文	"替"的虚化历程及相关问题
	银浩	比较文学与世界文学	张泽忠	宇宙蛋:世界视域中的原始图腾物与民族文化存在——兼论壮侗语族与东南亚相关民族的"卵生"型神话

广西民族大学"四位一体"研究生教育综合改革的探索与实践（1999~2020）

续表

年度	姓名	专业	导师姓名	学位论文题目
2010	袁祖浩	中共党史	何龙群	社会主义新农村视野下"大学生村官"研究
	罗芳玲	亚非语言文学	陶红	汉语和老挝语句法比较研究
	黄聪	计算数学	刘焕文	求解美式期权定价问题的两类数值方法
	胡春梅	应用数学	刘晓冀	Banach 空间算子广义逆的迭代方法
	朱同平	应用数学	刘晓冀	K 次幂等矩阵的进一步研究
	刘凌子	计算机应用技术	周永权	混合文化进化群智能算法及其应用
	官丁明	生物化学与分子生物学	何秀苗	传染性法氏囊病病毒地方流行毒株的分离鉴定及其生物学特性研究
	米艳	应用化学	黄在银	钼酸盐纳米材料的液相控制合成、表征及性能研究
	张金磊	应用化学	谭学才	基于磁性纳米粒子和量子点的电化学生物传感器及修饰电极的研究
	胡飞龙	应用化学	罗伟强、尹显洪	基于氮氧多齿配体功能配位聚合物的合成、晶体结构及性能研究
	罗华林	社会保障	李珍刚	非公有制企业工会在职工社会保障中的作用研究
	归吉官	档案学	黄世喆	文件运动三阶段论
	王玥	文艺学	焦亚东	宫崎骏动画电影叙事研究
	罗主宾	汉语言文字学	海柳文	现代汉语"以 A 为 B"句研究
	于莉莉	中国古代文学	冯仲平	金圣叹《西厢记》评点的阐释理论
	王江苗	中国少数民族语言文学	韦茂繁	马山壮语"形容词 + NP"结构
2011	成为杰	政治学理论	陈元中	政府合法性的三个维度：利益、权力、权利
	李远红	诉讼法学	唐贤秋	证人作证制度的伦理分析
	张世金	刑法学	李远龙	共同犯罪事实错误研究
	周佩	图书馆学	苏瑞竹	高校图书馆用户信息行为及影响因素研究
	李春阳	档案学	黄世喆	电子文件凭证价值保障问题研究——基于电子文件信息演进流程视角
	唐蕾	语言学及应用语言学	张小克	越南育才学校（南宁）汉语教学研究
	汪翔	语言学及应用语言学	张小克	中外学生汉语能力要求与实际水平对比研究——以泰国学生为比较对象

第七章　广西民族大学"质量监控、教学改进、师资培育、科技创新"四机制的改革策略分析

续表

年度	姓名	专业	导师姓名	学位论文题目
2011	何东升	美学	李启军	从历史到现实——广西电影在路上
	李冰	文艺学	焦亚东	西川诗歌的互文性特征研究
	熊焕颖	比较文学与世界文学	金丽	E. J. 普拉特抒情诗研究
	何柳	汉语言文字学	海柳文	《元朝秘史》词频研究
	黄尚茂	中国少数民族语言文学	陈丽琴	天琴艺术传承与变迁研究——以龙州布傣天琴艺术为例
	唐鲜艺	中国少数民族语言文学	吴小奕	侗语上坎话动词配价研究
	蒋文娟	中国现当代文学	陆卓宁	有容乃大　和而不同——论张翎创作中的"文学世界性"
	孔红杏	中国现当代文学	黄晓娟	王安忆小说都市民间叙事主题研究
	黄桂林	汉语国际教育硕士	熊琦	缅甸伊洛瓦底三角洲地区华文教育的调查与思考
	黄庭广	亚非语言文学	韦树关	德保壮语与清迈泰语稻作词汇比较研究
	赵杨	民族学	徐杰舜	古村落的生态文明——以浙江武义县郭下村为例
	徐进杰	中国少数民族史	玉时阶	中越边境瑶族基础教育发展研究
	姜振华	专门史	王柏中	越南阮朝科举制度研究
	农丽娟	基础数学	蓝师义	离散可积系统与圆填充 Mobius 不变量
	武玲玲	应用数学	刘晓冀	幂等矩阵线性组合群逆的研究
	周光平	应用数学	刘晓冀	Drazin 逆的一些迭代方法
	杨静	计算数学	刘焕文	缓坡方程模拟一维分片光滑海底地形上波浪反射的准确解析解
	谢健健	计算数学	刘焕文	海洋表面波越过非理想海底地形时的解析模拟
	张军丽	计算数学	周永权	人工萤火虫群优化算法改进及应用研究
	龚巧巧	计算机应用技术	周永权	多目标人工萤火虫群优化算法及其应用
	刘洪霞	计算机应用技术	周永权	粒子群算法改进算法及应用
	秦双夏	科学技术史	万辅彬	侗族织染文化研究——以广西三江侗族自治县为例
	周博	科学技术史	容志毅	广西金秀大瑶山瑶族地区灵香草历史文化考察
	姜俊颖	应用化学	黄在银	半导体 CdS 和 ZnO 纳米材料的制备、表征及性能研究

广西民族大学"四位一体"研究生教育综合改革的探索与实践（1999~2020）

续表

年度	姓名	专业	导师姓名	学位论文题目
2011	李艳芬	应用化学	黄在银	钼酸镉纳米材料的液相控制合成、表征及原位热动力学研究
	谭生伟	应用化学	谭学才	有机无机杂化材料和纳米材料固定酶电化学生物传感器的研究
2012	许晴	刑法学	何立荣	新形势下非法经营罪口袋化问题分析
	何永东	法律硕士（法学）	齐爱民	论我国实行网络实名制的困境与出路
	陈苗花	行政管理	李珍刚	广西基本公共服务均等化内涵式发展研究
	梁远亮	档案学	黄世喆	论电子商务交易文件的凭证性及其保障
	孙君子	档案学	吴荣政	黄河时刻档案研究
	范高超	应用化学	黄在银	钼酸钙纳米材料的可控合成、原位生长、热力学及动力学性质研究
	黎幼群	应用化学	唐世华	纳米 CuS、ZnS 与明胶蛋白质的原位相互作用研究
	刘力	应用化学	谭学才	以马来松香丙烯酸乙二醇酯为交联剂的分子印迹电化学传感器的研究
	马玉洁	应用化学	黄在银	钼酸锰纳米材料的可控合成及原位生长热动力学研究
	张众	应用化学	尹显洪	基于刚性芳香多羟酸类配体过度金属配合物的合成、晶体结构及性能研究
	李海宁	基础数学	李招文	基于软及的拓扑结构及相关结果
	习东盟	基础数学	蓝师义	圆填充的存在唯一性及其合成 Ricci 流算法
	傅丹娟	计算数学	刘焕文	线性波越过水下潜水堤反射及共振反射的解析研究
	韩江峰	计算数学	刘振海	非线性分数阶微分方程若干问题的研究
	马陆陆	计算数学	黄敬频	关于四元数矩阵特征与反特征值问题的研究
	王秋月	计算数学	刘焕文	具有理想和非理想底床矩形港湾纵向震荡的解析模拟及理论分析
	梁吉泰	应用数学	刘振海	分数阶微方程的非局部边值问题研究
	覃永辉	应用数学	刘晓冀	广义逆 A－{T, S}^(2) 的扰动及应用
	罗栋	科学技术史	高剑平	笛卡尔数学思想研究

第七章　广西民族大学"质量监控、教学改进、师资培育、科技创新"四机制的改革策略分析

续表

年度	姓名	专业	导师姓名	学位论文题目
2012	李开元	社会学	秦红增	中越边境跨国婚姻制度与功能研究——以广西龙州武德乡布依族群为例
	杨秋有	民族学	郑一省	归侨丧葬仪式研究——以广西柳城华侨农场为例
	刘子云	民族学	李枭鹰	学术型研究生培养模式创新研究——以广西民族大学学科为研究个案
	贲玉珠	亚非语言文学	韦树关	中国壮族和老挝佬族水崇拜文化比较研究
	何翠菊	亚非语言文学	韦树关	中国壮族与老挝佬族禾崇拜比较研究
	陈娜	文艺学	东西	从内心抵达灵魂——东西小说救赎模式研究
	胡钉	文艺学	李启军	中国少数民族纪录片研究
	刘宝	语言学及应用语言学	张小克	中高级阶段泰国学生汉语叙事体篇章衔接首段偏误分析
	彭瑜	语言学及应用语言学	张小克	中高级阶段泰国学生汉语词汇偏误分析
	宣小东	语言学及应用语言学	黎曙光	无为方言的语音系统特点研究
	覃透	中国少数民族语言文学	蒙元耀	覃氏族源古歌研究
	王晓燕	中国少数民族语言文学	吴小奕	古壮字义符认知研究
	莫国酬	中国少数民族语言文学	陆晓芹	广西金城江—龙江流域山歌文化的传承与发展
	刘佳昆	计算机应用技术	周永权	高维人工萤火虫群优化的图像分割算法与分析研究
	欧阳喆	计算机应用技术	周永权	基于人工萤火虫群优化的图像分割算法与分析研究
	周岑银	政治学理论	陈元中	党内民主之魂——中国共产党党内民主文化研究
	杨永兴	中共党史	崔晓麟	新中国成立初期知识分子推进马克思主义大众化研究
	鲍婧	国外马克思主义研究	黄骏	革新开放以来越南共产党解决民生问题的认识与实践
	梁文宏	思想政治教育	覃殿亦	老庄人文思想探析
2013	熊斯霞	中国少数民族语言文学	陈丽琴	京族哈节传统歌舞研究
	李贤王	语言学及应用语言学	黄平文	漕涧白语研究
	俞巧珍	中国现当代文学	陆卓宁	当代大陆迁台女作家流寓经验书写研究
	宋歌	汉语国际教育硕士	张小克	泰国学生汉语动词重叠式习得偏误研究
	张卫平	应用化学	廖海达	纳米 SiO_2 及其纳米复合粉体的制备与改性水性塑胶涂料的研究

广西民族大学"四位一体"研究生教育综合改革的探索与实践(1999~2020)

续表

年度	姓名	专业	导师姓名	学位论文题目
2013	林福宁	基础数学	李招文	关于不协调集值模糊决策信息系统
	孙季华	基础数学	刘振海	非线性分数阶微分方程解的存在性和能控性
	卢亮	计算数学	刘振海	非线性分数阶 p－Laplacian 微分方程的若干边值问题
	刘铮峰	科学技术史	黄全胜	广西钦州坭兴陶溯源及窑变的初步研究
	陈欢	计算机应用技术	周永权	入侵杂草优化算法改进分析及应用研究

2014年,在全区11所硕士学位授权单位送检的硕士学位论文中,学校送检的16篇论文全部合格,学校成为全区硕士学位论文抽检全部合格的两所高校之一。这是继学校研究生学位论文抽检优秀率连续几年位居广西高校首位、2014年不再进行优秀学位论文评比后取得的又一显著成绩,在自治区硕士学位授权单位和全校师生中产生了积极影响。

2016年,广西民族大学送广西学位办抽检硕士学位论文21篇,全部合格。2017年,学校送广西学位办抽检硕士学位论文17篇,全部合格。2018年,学校送广西学位办抽检硕士学位论文17篇,全部合格。2019年,学校共有18个一级学科、6个专业学位类别的24篇硕士学位论文参与抽检评估。其中,23篇学位论文评估结果合格,数学与物理学院1篇学位论文评估结果为不合格。这也是广西民族大学自参加自治区学位论文抽检有史以来的第一篇不合格被抽检的论文。这为学校研究生教育敲响了警钟。学校研究生培养质量还有待进一步提升,在论文送审、论文抽检等环节出现质量问题时,对导师的问责制度还需进一步健全。2020年,学校共有14个一级学科、6个专业学位类别的38篇硕士学位论文参与抽检评估。抽检的38篇学位论文中,有一位专家评议"不合格"的论文有3篇,一篇不合格率为7.89%,经初审和复审,38篇学位论文最终抽检评估结果均为合格,通过率为100%。

为保证博士生培养质量,教育部自2000年开始进行博士学位论文的抽检工作,并将博士学位论文抽检结果作为博士学位授权点定期评估的一项重要指标。根据《博士硕士学位论文抽检办法》(学位〔2014〕5号),国务院教育督导委员会办公室每年按10%的比例直接从国家图书馆抽检授予博士学位的论文,每篇论文送3位同行专家进行通信评议,评议结果隔年反馈。教育部对

第七章　广西民族大学"质量监控、教学改进、师资培育、科技创新"四机制的改革策略分析

连续2年均有"存在问题学位论文"且比例较高或篇数较多的学位授予单位进行质量约谈。近期，在教育部公布的博士学位论文质量抽检结果中，广西民族大学的合格率为100%。

第四节　广西民族大学"师资培育"机制改革的实践

一、制度层面：规范师资培育制度保障

研究生教育是高等教育的最高层次，承担着为国家培养高层次创新人才的重任。研究生导师是高等学校设置的具有招收、培养、指导研究生资格的工作岗位，根据指导的对象分为硕士生研究生导师和博士生研究生导师。研究生导师是研究生培养的第一责任人，是研究生培养工作的主要实施者，在研究生培养过程中居主导地位。

为全面贯彻党的教育方针，落实立德树人根本任务，以提升研究生教育质量为核心，深化改革创新，推动内涵发展，加强广西民族大学研究生指导教师（以下简称研究生导师）岗位管理，推进研究生师资培育机制改革一直是学校研究生改革的一项重要工程。

广西民族大学注重研究生导师队伍的建设，加强师资培育机制改革力度，努力提升导师指导能力和国际化水平。学校通过完善导师选聘制度，修订导师遴选办法，提高导师遴选条件，加强导师考核，实行导师考核制，实现动态管理等方式，提升研究生导师队伍的质量。

（一）广西民族大学硕士研究生导师选聘与确认

研究生指导教师是研究生成长和成才道路上的重要领路人，在确保研究生教育质量上起着主导作用。为加强学校研究生教育指导教师队伍建设，提升研究生培养质量，学校根据国务院学位委员会和自治区学位委员会的有关文件精神，制定了《广西民族大学硕士研究生指导教师遴选和在岗硕士研究生指导教

师资格认定实施办法》《广西民族大学专业学位硕士研究生校外实践导师管理办法》《广西民族大学新引进人才研究生导师资格认定办法》等，规范与指导广西民族大学硕士研究生导师选聘与资格认定工作。

广西民族大学硕士研究生指导教师必须经过严格的遴选和选聘获取指导教师资格方有招生资格并招生。硕士研究生指导教师既不是固定职务，也不是荣誉称号，而是学校根据招收和培养硕士研究生的需要而设置的工作岗位。硕士研究生指导教师既包括有资格的研究生导师遴选工作又包括在岗硕士研究生指导教师的资格认定工作。

1. 广西民族大学硕士研究生指导教师遴选的条件

一般来说，学术学位硕士研究生导师应具备以下基本条件。

（1）申请硕士研究生导师资格者必须是在职的教学人员或研究机构的科研人员、工程技术人员、管理人员等。

（2）拥护党的基本路线，热爱研究生教育事业，熟悉国家有关研究生教育的政策法规，教书育人，作风正派，为人师表，具有高尚的职业道德，严谨的治学态度，能履行硕士研究生导师职责。

（3）职称、学位及年龄应具备以下条件之一：①具有正高职称者，在进行遴选时，男年龄在57周岁（含57周岁）、女年龄在52周岁（含52周岁）以下；在进行资格认定时，男年龄在60周岁（含60周岁）、女年龄在55周岁（含55周岁）以下。②具有副高职称无博士学位者，要求有在高校或研究机构从事6年以上（含6年）教学和科研的工作经历，年龄在55周岁（含55周岁）以下；凡40周岁以下者（不含40周岁），必须是全日制统招硕士研究生毕业并获得硕士学位。③具有博士学位无副高职称者，要求有在高校或研究机构从事3年以上（含3年）教学和科研的工作经历。④已到退休年龄且带有研究生的硕士生导师，应将所带研究生带至毕业。已到退休年龄的硕士生导师，根据学科建设需要，可由学科所在学院征求本人同意后每年提出申请，报研究生院按导师认定条件审核。⑤符合广西壮族自治区人民政府关于高级专家延长退休年龄审批条件（桂政发〔2011〕71号）的硕士研究生导师，可带研究生至退休。⑥对硕士研究生导师特别缺乏的学科（如艺术类学科），考虑到其学科的特殊性和现实情况，上述条件可适当放宽。

（4）每年保证有半年以上时间在校从事教学和科研工作。

第七章　广西民族大学"质量监控、教学改进、师资培育、科技创新"四机制的改革策略分析

（5）有较高的学术造诣和丰富的教学科研经验，能及时掌握本学科前沿领域及发展趋势，近3年来的学术成果须达到下列条件之一：①在核心期刊以第一作者或第一通讯作者的身份发表与本学科相关的学术论文2篇以上（含2篇）。关于核心刊物的界定，以遴选和资格认定当年北京大学所编的核心刊物目录为准。另外，文科论文如被《中国社会科学》刊载，或被《新华文摘》收录文摘，或被《高等学校文科学术文摘》收录文摘，或被《人大报刊复印资料》全文转载，或被《中文社会科学引文索引》全文收录，理工科论文如被 EI 和 ISTP 收录，以及发表在国家、中央级报刊的理论文章，均视同为核心刊物学术论文。②理工科被 SCI 收录、文科被 SSCI 收录的署名第一作者或第一通讯作者的学术论文1篇以上（含1篇）。③获国家授权发明专利（发明人排名第一），或技术成果被产业应用，有明显经济效益；或技术标准被行业主管拟定为国家标准。④作为负责人主持有省部级以上（含省部级）并与申请学科和培养研究生有关的科研项目1项以上（含1项）。若为横向项目，要求文科类资助金额2万元以上，理工科类资助金额10万元以上。资助起始日以项目批文日期为准，资助起始日至硕士研究生导师遴选或认定的考核日不能超过3年。⑤出版本学科学术专著1部以上（含1部），本人为第一或第二著者。⑥统编全国性通用的高校教材1部（含1部），本人为第一或第二编者。⑦获得省部级以上（含省部级）科研成果奖：省部级三等奖以上（含三等奖），本人须排前二名；国家级三等奖以上（含三等奖），本人须排前五名。⑧创作表演成果（不含指导学生参赛获奖）在国家级、省部级的展览、比赛中获奖。国家级、省部级获奖成果认定以《广西民族大学文艺创作成果奖励办法》为准；省部级三等奖以上（含三等奖），本人须排前二名；国家级三等奖以上（含三等奖），本人须排前五名。

为做好硕士专业学位研究生指导教师队伍的建设和管理，使硕士专业学位研究生指导教师队伍建设规范化、制度化，根据《广西民族大学硕士专业学位研究生指导教师遴选办法》，研究生院于2014年11月开始启动专业学位研究生导师遴选工作，2015年5月份遴选工作结束，共有120名申报者获得专业硕导资格。专业型硕士与学术型硕士的培养虽然处于同一层次，但两者之间的培养规格各有侧重，在培养目标上也有明显的差异。学术型硕士学位的设立是按学科分类，以学术研究为导向，偏重理论和研究，专业硕士的培养方式主要以

广西民族大学"四位一体"研究生教育综合改革的探索与实践（1999~2020）

专业实践为导向，重视实践和应用。专业学位研究生教育是今后国家研究生教育的重点，而专业硕士指导教师的遴选及规范管理是专业学位研究生教育的前提。为做好硕士专业学位研究生指导教师队伍的建设和管理，使硕士专业学位研究生指导教师队伍建设规范化、制度化，广西民族大学2014年着手研究关于专业硕士导师的遴选办法，目标为逐步建立以提升职业能力为导向的专业学位研究生"双导师"培养模式。各硕士专业学位点可从校外实践基地或相应研究机构、企事业单位中聘请具有丰富经验的高级研究人员、教学人员、管理人员、工程技术人员等担任校外指导教师，逐步提高专职硕士专业学位研究生指导教师比例，构建专业化的硕士专业学位研究生指导教师队伍，切实提高硕士专业学位研究生的实践技能和理论素养。

专业学位硕士研究生指导教师应具备以下条件：校内人员申请硕士专业学位研究生导师资格，必须同时具备以下基本条件：

（1）具有副高级及以上职称或具有博士学位，年龄在55周岁以下；40周岁以下，从事本专业硕士学位课程教学、科研3年以上（含3年）并具有与本专业相关硕士学位的中级职称人员。

（2）在本专业领域有丰富的教学和科研经验、明确和稳定的研究方向，近3年来的学术成果或业绩水平符合以下条件之一：①以第一作者身份在核心期刊上发表与本专业类别相关的学术论文一篇，或在省部级及以上刊物上发表与本专业类别相关的学术论文3篇以上（含3篇），或出版本专业类别的专著或教材1部，或以第一、二作者身份获得一项以上（含一项）专利项目。②科研成果、教学成果获得省部级及以上奖励，其中一等奖列前七位，二等奖列前五位，三等奖列前三位。③有在研的科研项目和可独立支配的科研经费。④有较丰富的专业实践经验，在专业实践、科技开发中成绩突出，取得较好的经济效益或社会效益（需提供相关证明材料）。

（3）校外人员申请硕士专业学位研究生导师，必须同时满足以下基本条件：①申请者应在55周岁以下，国民教育大学本科以上学历，具有本专业从业资格或从事高层管理工作。②多年从事相应专业学位类别的工作，在该领域具有丰富的实践经验、较突出的工作业绩和较高的业务水平。③近3年主持过地厅级及以上项目，或进行过本专业领域的设计或研究专题、企业诊断报告、案例分析报告、调查分析报告、个案研究报告等实践性较强的应用性课题，有

第七章 广西民族大学"质量监控、教学改进、师资培育、科技创新"四机制的改革策略分析

较充足的培养经费。此外,对硕士专业学位研究生导师特别缺乏的艺术类、外语类、体育类等学科,上述条件可适当放宽。

2. 遴选与认定程序

对已在岗的硕士研究生指导教师,学校每3年一次进行资格认定。由本人提出申请,填写《广西民族大学硕士研究生指导教师资格认定表》并按要求提供相应材料(著作、论文原件、科研项目及经费的证明、获奖证书等),经学校研究生处会同有关职能部门进行形式审查,并报学校学位评定委员会审核投票通过后,可继续招生。

硕士研究生教师指导资格一般由申请人所在学院学位评定分委员会提出书面申请,填写《广西民族大学硕士研究生指导教师资格申请表》(一式两份),并按要求提供相应材料(著作、论文原件、科研项目及经费的证明、获奖证书等)。研究生院会同有关职能部门进行形式审查后,报学校学位评定委员会审定。学校学会评定委员会根据申请人的基本条件进行审核,采用无记名投票方式确定资格。经审定通过的取得教师资格的人员名单经学校学位评定委员会办公室在校内公示,15天无异议者,报学校分管研究生工作的校领导核准聘任。

此外,国外人员申请广西民族大学硕士研究生指导教师资格的审批程序:硕士学位授权点负责人推荐,填写《广西民族大学硕士研究生指导教师资格申请表》并按要求提供相应材料。学院学位评定分委员会同意,送学校研究生院审核,报学校学位委员会副主任和主任审定,由主任审批。凡作为第一学术带头人,参与当年新增硕士学位授权点的申报(该硕士点已被国务院学位委员会审批通过),其硕士研究生指导教师的资格由研究生院直接提交学校学位评定委员会审议确认,报学校分管研究生工作的校领导核准聘任。

硕士研究生指导教师的一次聘期为3年,与培养一届硕士研究生的期限相同。硕士专业学位研究生指导教师一次聘期为4年,与培养两届硕士专业学位研究生的期限相同。聘任期满需进行资格认定,资格认定工作每年进行一次。研究生导师遴选工作每两年进行一次,一般定在5月份进行。5月15日~20日个人向所在学院学位评定分委员会提出申请,5月25日~30日各学院学位评定分委员会将初审通过的名单及相关材料报研究生处审核,6月30日前学校学位评定委员会审批名单。硕士研究生指导教师的资格认定工作每年进行一次。

广西民族大学"四位一体"研究生教育综合改革的探索与实践（1999~2020）

凡采用弄虚作假等不正当手段，或未按规定程序而取得硕士研究生指导教师资格的，一经查实，取消其硕士研究生指导教师资格，5年内禁止再次申请。情节恶劣者，对当事人及相关人员，给予行政处分。根据《广西民族大学研究生指导教师管理暂行办法》，对在研究生培养上有突出贡献的导师予以表彰、奖励，并在资源配置等方面予以政策倾斜，在其聘任晋升、评奖评优等工作中予以优先推荐。对不认真履行职责、疏于培养和指导、造成不良影响的，将视情节轻重给予限制招生数量、暂停招生、通报批评，直至取消导师资格的处理。有下列情形之一者，取消导师资格：①违反国家法律规定而受到刑事处分者；②严重违反教师职业道德或学术规范，或对研究生违纪违法或学术不端行为负有责任，造成恶劣影响者；③在研究生招生、考试、科研、学位论文答辩等工作中渎职失职、徇私舞弊者；④有其他对研究生培养或研究生教育造成严重不良影响行为的。⑤不能满足任职条件者。

（二）广西民族大学博士研究生导师的遴选与确认

1. 博士研究生指导教师遴选的条件

为规范广西民族大学博士研究生指导教师遴选工作，学校制定了《广西民族大学博士研究生指导教师资格遴选和确认工作实施细则（试行）》，确定博士研究生导师资格遴选工作每2年开展一次；博士研究生导师资格确认工作每年开展一次。博士研究生导师资格遴选和确认工作一般安排在9月。已在岗满5年的博士研究生指导教师，学校对其进行资格确认，符合条件者学校同意其继续招收和指导博士研究生，否则不再批准招收和指导新的博士研究生。取得博士研究生指导教师资格的人员，可列入博士研究生招生目录。

2017年广西民族大学博士研究生指导教师资格的遴选基本条件为：①热爱研究生教育事业，熟悉国家有关研究生教育的政策法规，能教书育人，为人师表，具有高尚的科学道德和严谨的治学态度。②一般应具有博士学位。③应当是广西民族大学博士点的教授（含兼职、讲座或客座教授）、副教授或者相当专业技术职务的教师。④年龄原则上不超过55周岁，身体健康，能担负起实际指导博士研究生的职责。如因学科建设等特殊需要，申请者的年龄可以适当放宽，但原则上不超过57周岁。⑤已完整培养过一届硕士研究生，或者参加过博士研究生指导小组工作并协助培养过一届博士研究生，培养质量良好，

第七章　广西民族大学"质量监控、教学改进、师资培育、科技创新"四机制的改革策略分析

能胜任博士研究生的教学和培养任务。⑥有较高的学术造诣和丰富的科研工作经验，所从事的研究方向有重要的理论意义或者实际应用价值，学术水平应当居国内本学科的前列。⑦已获得显著的教学和科研成果，并主持过相当水平的科研项目且经费充足。

学术条件为：以当年对应的《广西民族大学科研奖励期刊及出版社分级目录》为依据，首次申请博士研究生指导教师资格者，近5年以来的科研课题及科研成果应具备下列条件之二：

（1）论文或专著类。独立及作为第一作者发表A级及以上论文1篇，或B级论文3篇；或独立及作为第一作者在A级出版社出版学术专著1部，或在B级、C级出版社出版学术专著2部；或独立及作为第一作者发表B级及以上论文1篇，并且在B级、C级出版社出版学术专著1部。

（2）科研获奖类。获得国家级奖1项（排名前5位）；或省部级一等奖1项（排名前3位）；或省部级二等奖1项（排名前2位）；或省部级三等奖2项（排名第1位）。

（3）科研项目类。主持国家级科研项目1项或省部级科研项目2项；或主持国家级重大科研项目子项目1项；或主持省部级重大科研项目子项目2项。具备下列条件之一者，可等同具备学术条件：①近5年（以立项时间为准）主持国家级重大招标课题或教育部重大招标课题；②近5年（以证书落款时间为准）以排名第一的身份，获得国家级科研成果奖或者省部级科研成果一等奖。特殊学科可根据学科建设需要适当放宽学术条件。

2. 遴选与认定程序

2017年制定的《广西民族大学博士研究生指导教师资格遴选和确认工作实施细则（试行）》确定的遴选原则为：①有利于培养国家经济建设、科技进步和社会发展所需要的高层次创新型专门人才，有利于高水平科研成果产出，有利于学科建设。②尊重学位评定分委员会审核意见，充分发挥校学位评定委员会的作用，在具体的申请和评审工作中应当遵循诚信原则和严格执行自我约束制度。③坚持标准，严格要求，保证质量，公正合理。④凡申请博士研究生指导教师资格的人员，不得参与涉及本人及本人同批申报的其他申请人的评议、审批及有关的组织领导工作。校学位评定委员会和学院学位评定分委员会的成员要自觉遵守回避制度，不得参与与自己或者亲属有关的评议或审批

工作。

博士研究生指导教师遴选程序为：首先由学位评定分委员会进行资格初审。申请人向申请学科所在的学位评定分委员会提出申请，填报《博士研究生指导教师资格申请表》等表格，并提交相关证明材料。学位评定分委员会对申请人员进行基本条件审核，并将申请人的申请材料公示一周。通过基本条件审核、公示的申请人，须向学位评定分委员会报告近5年的主要教学科研成果及当前从事的科研工作和培养研究生等方面的情况，并回答学院学位评定分委员会委员的质询。学院学位评定分委员会召开会议，表决通过博士研究生导师候选人，并向校学位评定委员会推荐候选人。会议采取无记名投票的方式进行表决，经出席会议委员的2/3以上且超过全体委员半数以上同意，方为通过。其次，报学校学位评定委员会审定。研究生院对各学位评定分委员会推荐候选人的申报材料进行审核，汇总后提交校学位评定委员会审定。校学位评定委员会采取无记名投票的方式对推荐候选人的资格进行表决。经出席会议委员的2/3以上且超过全体委员半数以上同意，方为通过。最后进行名单公示。经表决通过，获得广西民族大学博士研究生指导教师资格的人员名单由研究生院在校内公示5个工作日。名单公示无异议后，报学校领导审定并下文公布。

博士研究生指导教师资格确认对象为：①取得学校博士研究生指导教师资格满5年的教师，可以申请确认博士研究生指导教师资格。②在国内外高水平院校已获得博士研究生指导教师资格的引进人才（含兼职、讲座、客座教授），可以直接申请确认广西民族大学博士研究生指导教师资格。

确认条件如下：近5年以来，满足以下条件之一者，可以申请确认博士研究生指导教师资格：①具备第五条规定的学术条件。②任博士研究生导师期间完成博士研究生培养任务和博士研究生课程教学任务，所指导的博士研究生有2人以上（含2人）在规定学习期限内按时毕业。③任博士生导师期间独著或以第一作者在A级或者B级出版社出版学术专著1部；或在核心期刊上发表B级及以上论文1篇；或主持有省部级以上科研项目1项；或排名前两名获得省部级以上科研成果奖或者教学成果奖。

申请确认博士研究生指导教师资格程序如下：首先由申请人向所在学科的学位评定分委员会提出申请，填写《广西民族大学博士研究生指导教师资格确认表》，并附申请人与广西民族大学人事关系证明、在外校担任博士研究生指

第七章 广西民族大学"质量监控、教学改进、师资培育、科技创新"四机制的改革策略分析

导教师的证明、代表性成果的证明及有关科研选题的证明等材料。经学院学位评定分委员会审议并投票表决，表决采取无记名投票的方式进行，经出席会议委员的 2/3 以上且超过全体委员半数以上同意，方为通过。其次，学位评定分委员会应当于每年的 6 月份将学位评定分委员会的申请报告、投票结果、申请人员的资格确认表及相关证明材料报送研究生院，经审查批准后，提请校学位评定委员会审议。最后，学校学位评定委员会对申请人员名单进行审议，采取无记名投票方式进行表决。经出席会议委员的 2/3 以上且超过全体委员半数以上同意，方为通过。

如申请人为两院院士、中组部"千人计划"入选者、"973 计划"首席科学家、国家杰出青年科学基金获得者、国务院学科评议组成员、入选国家"百千万人才工程"、长江学者特聘教授或讲座教授、中组部青年千人计划入选者，可以直接报校学位评定委员会主席批准确认为广西民族大学博士研究生导师。

经表决通过后，获得广西民族大学博士研究生指导教师资格的人员名单由研究生院在校内公示 5 个工作日。名单公示无异议后，报学校领导审定并下文公布。

为严格规范博士研究生指导教师队伍的管理，学校对取消博士研究生指导教师资格作出具体规定。博士研究生指导教师任职期间，如有下列情况之一者，经校学位评定委员会审议可取消其博士研究生指导教师资格：①违反我国法律，并受到刑事处罚者；②严重违反教师职业道德者；③由于其他特殊原因，经学校学位评定委员会审议，作出取消决定的。学校学位评定委员会作出取消博士研究生指导教师资格的决定后，应当将决定送达当事人。

(三) 广西民族大学研究生导师的其他管理制度

为规范研究生指导教师队伍建设，发挥研究生指导教师在研究生培养中的主导作用，加强师德师风建设，增强导师的责任感和使命感，保证研究生培养质量，促进学校研究生教育内涵式发展，学校颁布了《广西民族大学研究生指导教师管理暂行办法》《广西民族大学全面落实研究生导师立德树人职责实施细则（试行）》《广西民族大学关于研究生导师招生年龄限定的规定》《广西民族大学新引进人才研究生导师资格认定办法》《广西民族大学专业学位硕士研究生校外实践导师管理办法》等文件。

广西民族大学"四位一体"研究生教育综合改革的探索与实践（1999~2020）

1. 广西民族大学留学生博士研究生指导教师遴选

随着学校留学生研究生人数的逐年增加及广西民族大学中国政府奖学金生源指标不继续向留学生研究生尤其是留学生博士研究生倾斜，留学生研究生指导教师遴选工作迫在眉睫。为顺应广西民族大学留学生博士研究生发展的需要，研究生院于2015年5月着手开展留学生博士研究生导师的遴选工作。民族学、中国语言文学、外国语言文学3个一级学科博士点所在学院报送了遴选材料，共推荐29人。研究生院对遴选材料进行了形式审查，部分科研奖项和科研项目依据科研处提供的数据进行了核对。经学校学位评定委员会全体与会委员对初审情况充分的讨论和评审，并以网络投票方式进行了投票表决，最终认定15位教师通过本次留学生博士研究生导师资格遴选，其中校内教师12人，校外教师3人。这为广西民族大学拓展留学生博士研究生教育和培养奠定了坚实的基础。

2. 导师培训班

2015年，学校首次组织广西硕士研究生导师培训班广西民族大学培训点工作。遵照自治区学位办的统一部署，广西民族大学作为新增硕士研究生导师培训点，承担了全区11所高校100名硕士研究生导师的培训任务，并选拔、推荐29名导师到桂林等培训点参加培训。参训学员为50周岁（含）以下，且已担任硕士研究生导师的中青年教师。

为做好培训点的工作，研究生院和继续教育学院专门制订了培训工作方案，设立了培训工作领导小组，给每位学员分发了《学员手册》，并在培训期间严格实行班级管理制度。培训工作领导小组和工作人员根据自治区学位办对培训工作的要求，深入了解学员需求，精心准备，细致管理，努力做好管理服务工作，确保各项工作细节落实到位，保证了培训工作的圆满完成，为导师培训工作积累了较丰富的经验。

3. 师德师风建设

立德树人是教育的根本任务，是加强和改进新时代研究生思想政治教育的核心。全面贯彻党的教育方针，把立德树人作为研究生导师的首要职责，明确导师的责任与义务，有效调动导师积极性和主动性，是研究生教育发展的本质要求，也是为实现"两个一百年"奋斗目标、实现中华民族伟大复兴的中国梦，培养德才兼备、全面发展的高层次专门人才的坚实保障。

第七章　广西民族大学"质量监控、教学改进、师资培育、科技创新"四机制的改革策略分析

为落实导师是研究生培养第一责任人的要求，学校制定了《广西民族大学全面落实导师立德树人职责实施细则（试行）》，明确研究生导师的基本素质包括三个方面：①政治素质过硬。坚持正确的政治方向，拥护中国共产党的领导，贯彻党的教育方针，严格执行国家教育政策，自觉维护祖国统一、民族团结，具有高度的政治责任感。②师德师风高尚。模范遵守教师职业道德规范，为人师表，爱岗敬业。谨遵学术规范，恪守学术道德，自觉维护公平正义和风清气正的学术环境。有责任心和使命感，尽职尽责，确保有足够的时间和精力及时给予研究生启发和指导。③业务素质精湛。具有深厚的学术造诣和执着的学术追求，秉承先进教育理念和科学精神。具有指导研究生的学术水平和科研能力。作为广西民族大学的研究生导师，应该努力提升研究生政治素质，及时了解研究生思想动态，定期与研究生谈心谈话，培养研究生学术创新和实践创新能力，严格要求研究生遵守学术规范和学术道德，增强研究生社会责任感，优化研究生培育环境。

研究生导师不得有以下禁行行为：①破坏国家统一和民族团结、危害国家安全的行为；②违背党的路线方针政策、违反国家法律法规和社会伦理以及传播宗教的言行；③损害研究生和研究生培养单位合法权益的行为；④在科研工作中弄虚作假、抄袭剽窃、篡改侵吞他人学术成果、违规使用科研经费以及滥用学术资源和学术影响；⑤在招生、考试、推优、推免等工作中以权谋私、徇私舞弊；⑥索要或收受研究生及家长的礼品、礼金、有价证券、支付凭证等财物；⑦对研究生实施性骚扰或与研究生发生不正当关系；⑧未按要求履行导师职责，对研究生疏于指导和管理；⑨影响正常教育教学工作的兼职兼薪行为；⑩其他违反国家有关法律法规、职业道德和师德师风的行为。

导师被认定为出现禁行行为的，教师年度考核直接认定为"不合格"，依法依规分别给予警告、记过、降低专业技术职务等级、撤销专业技术职务或者行政职务、解除聘用合同或者开除；涉嫌违纪违法的，按国家法律法规和学校有关规定另作处理。

导师履行立德树人职责不力，经查实后给予以下处理：①情节较轻的，由研究生思想政治工作部、研究生院会同导师所在学院负责人对其进行约谈，并予以通报；②情节较重的，限制研究生导师招生人数或停止导师招生资格1～3年，3年内不得担任学位委员会委员，取消导师当年年度评优资格；③情节

特别严重的，取消研究生导师资格，并依照法律、法规给予相应处理。

广西民族大学建立了责任追究制度。学校定期对各学院推进导师落实立德树人职责情况进行检查，对导师师德建设不作为、对导师失范行为推诿隐瞒、监管不力、拖延处理或拒不处理的，严肃追究主体责任和学院管理责任。情节严重的，扣减该学院下一年度研究生招生指标，并由学校相关部门对主体负责人进行问责。同时，建立沟通反馈与督导机制。研究生思想政治工作部、研究生院会同学校相关部门，充分利用学校信访举报监督平台，并采取个别访谈、座谈、走访学院等多种方式进行教育督导，对所反映的师德师风问题进行调查核实并据实处理，及时纠正不良倾向，做到有诉必查，有查必果，有果必复。

4. 实施专业学位硕士研究生"双导师"制

为进一步加强专业学位研究生导师队伍建设，充分发挥专业学位研究生校外实践指导老师（以下简称校外实践导师）的作用，保证和规范学校校外实践导师的管理，学校制定了《广西民族大学专业学位硕士研究生校外实践导师管理办法》。专业学位研究生导师实行校内导师与校外导师联合指导的"双导师"制，以校内导师为主、校外实践导师参与实践过程、项目研究、课程与论文等多个环节的指导工作，校内外导师之间保持工作交流和协调配合。

专业学位研究生校外指导教师应符合以下任职条件：①拥护党的基本路线，热爱专业学位教育事业；熟悉国家、学校有关专业学位研究生教育的政策、法规；治学严谨，为人师表；具有良好的职业道德、学术道德与工作责任心。②原则上具有博士学位或具有本行业（领域）副高及以上专业技术职称的高级技术人员，或在政府部门、大中型企事业单位、行业组织等担任重要管理职务的高级管理人员或者业务骨干。③熟悉所指导的学科领域，具有扎实的专业知识和丰富的实践工作经验，在本行业具有较强的影响力和良好的社会声誉，能够对专业学位研究生培养全过程给予切实有效的指导。④身体健康，原则上年龄不超过55周岁。

校外实践导师的职责包括：①根据培养单位需要，参与专业学位研究生的教学培养活动，每年至少为专业学位研究生举办一次学术讲座或行业业务技能培训，或参与一次专业学位研究生课程的部分授课。②参与指导研究生的学位论文工作。根据培养单位需要，参加研究生学位论文开题报告、学位论文预答辩和答辩。③配合校内导师督促研究生完成各项任务，协助校内导师制订研究

第七章　广西民族大学"质量监控、教学改进、师资培育、科技创新"四机制的改革策略分析

生实习实践计划和学位论文写作计划。④为专业学位研究生提供专业实践条件和专业实践指导。

校外实践导师的权利包括：①对所聘请的实践导师，学校颁发"广西民族大学专业学位硕士研究生校外实践导师聘任证书"。②课时费标准等同于校内导师的两倍，校外实践导师的学术报告、实践教学讲座等按照学校相关标准支付。

遴选专业学位硕士研究生校外实践教师要以专业学位研究生教育需要为前提，根据各专业学位硕士点的招生计划、培养方案和导师梯队建设的要求，设置校外实践导师岗位，根据岗位遴选导师，严格按照专业学位硕士研究生校外实践教师任职条件，每年遴选增补一次。专业学位硕士研究生校外实践导师遴选和聘任程序为：符合条件的申请人向相关学院提出申请，学院学位评定分委员会对申请人进行资格审核并确定聘期（一般为2年），将具备专业学位研究生校外实践导师资格的名单公示，并报送学校研究生院审核备案。学校研究生院审核同意后颁发聘书。

专业学位研究生实践导师实行岗位考核，即以实际参与专业学位研究生指导工作的校外实践导师为考核对象，以2年为一个考核周期，按照是否完成专业学位研究生校外实践导师职责要求进行考核。考核合格后可续聘。专业学位硕士研究生校外实践导师因下列情况之一者，视为不再具备指导资格：①政治、思想和道德品质等方面犯有严重错误，触犯国家法律法规造成严重影响的；②不履行校外实践导师职责，或因其他原因不宜继续指导专业学位硕士研究生的；③无故不承担研究生培养工作，或出国逾期未归的。因以上3点原因取消资格的导师，各专业学位委员会应将其正在指导尚未毕业的研究生，转给该专业学位点其他硕士研究生指导教师指导。

二、操作层面：加强研究生导师队伍建设

20多年来，广西民族大学研究生导师队伍建设取得了长足发展，导师规模不断扩大，导师的结构、整体素质和学术水平也在不断提高。学校注重人才的引进，研究生导师队伍不断壮大，这支队伍是学校培养优秀人才的主力军。学校坚持打造"一支队伍"：加强导师队伍建设，强化师德师风要求，努力建

广西民族大学"四位一体"研究生教育综合改革的探索与实践（1999～2020）

设一支有理想信念、有道德情操、有扎实学识、有仁爱之心的研究生导师队伍。

（一）广西民族大学师资队伍建设的基本政策

广西民族大学历来重视师资队伍建设，学校牢固树立人才资源是"第一资源"的战略思想，切实加强人才队伍建设，进一步解放思想、转变观念、创新人才工作思路。学校充分依托国家和自治区人才项目引进和培养高层次人才。

学校制定和修订完善人才引进类各项文件，落实和完善引进和培养机制，积极引进海外高水平优秀博士和引进高层次人才，探索实施柔性引进人才方式。2018年，学校新修订或制定了《广西民族大学高层次人才引进与管理暂行办法》《广西民族大学高层次急需紧缺人才内部聘任高级专业技术资格暂行办法》《广西民族大学高层次人才津贴实施暂行办法》《广西民族大学相思湖青年学者创新团队培育计划实施办法》4个人才类文件，高层次人才津贴于2018年9月正式实施。

为充分调动和发挥高层次人才作用，学校拟定了《广西民族大学校领导联系服务专家工作制度》，建立起学校领导联系管家制度，营造关心关爱高层次人才良好氛围。此外，学校加强自治区级人才小高地——"广西与东南亚民族研究人才小高地"和民族学博士后科研流动站建设，为培养、吸引、使用高层次优秀人才开辟新的途径。为促进青年教师的可持续发展，提高青年教师教学科研水平，通过实施"相思湖青年学者创新团队"培养计划，资助青年创新团队开展科学研究和人才培养。学校加大人才引进和培养力度，充分借助现有的国家和自治区级人才计划，建立后备人才储备制度，善于发现挖掘学科急需人才，特别是高层次领军型人才和青年拔尖人才，着力扶持和打造一批优秀人才和学科团队。

为吸引优秀人才来校工作，学校用于引进人才安家费从5万元（或者8万元）统一提高到15万元（海外博士20万元）；为稳定高层次人才，针对合同期满的人才，符合相关层次认定条件的给予认定，并发放每月1 000元以上人才补贴。此外，学校不断加大力度改善人才工作生活条件，做好后勤保障工作。通过预留高层次人才房，提供过渡房、免除租金和住房补贴等方式切实解决人才住房问题；采用调入或编外聘用的方式解决人才家属安置问题；办好中小学和幼儿园，为青年教职工解决后顾之忧（资料来源：广西民族大学 2019 年年鉴）。

2020 年在研究生教育工作大会上，校长谢尚果作的广西民族大学研究生教育工作报告中再次强调了从四个方面加强研究生导师队伍的管理。

一是严格导师岗位选聘要求，健全岗位选聘制度。严格导师选聘标准、实施分类管理、建立定期审核与动态调整制度。按照"明确标准、严格程序、公平公正、宁缺毋滥"的原则遴选导师，强化资格审查，严格准入标准。制定完善的研究生导师选聘标准与选聘办法，坚持公正公开，切实履行选聘程序，确保研究生导师选聘质量。选拔出政治素质过硬、师德师风高尚、业务素质精湛的导师。对没有课题项目、没有发表学术论文、没有科研经费的研究生导师取消研究生招生资格。凡存在师德问题的，一票否决。

二是明确导师岗位权责。增强岗位意识，明确职业行为基本规范，认真履行育人职责，建立良好的导学关系，保障和维护研究生导师的正当权益。研究生导师应坚持立德树人的根本目标，潜心研究生培养，全过程育人、全方位育人，做研究生成长成才的指导者和引路人。导师要恪守教师职业道德、科学伦理和学术规范。要关心研究生的学业进展和身心健康，帮助解决实际困难，加强职业发展教育和就业指导，提高研究生就业创业能力。导师要确保有足够的时间与精力投入研究生学习、科研与实习实践活动指导。研究生导师要从个人科研经费中拿出一定数量的资金，直接作为研究生的学业奖学金，资助研究生展开学术研究。切实保障和规范导师在研究生招生环节中的权力，充分发挥其在研究生选拔录取中的重要作用；保障导师在研究生培养过程中的指导权、评价权和管理权。

三是加强导师岗位培训。建立完善全覆盖的导师培训体系，对不同类型研究生的导师实行常态化分类培训。

四是健全导师岗位评价考核和激励机制。完善导师岗位考核评价体系健全岗位激励机制。建立健全研究生导师奖惩机制，积极开展研究生导师学业指导的评价考核，重视研究生导师评价考核结果的使用，将考评结果作为绩效分配、评优评先、职务晋升以及导师年度招生资格、招生计划分配的重要依据，充分发挥评价考核的教育、引导和激励功能。建立研究生导师荣誉制度，定期开展优秀导师和优秀团队评选，积极发挥优秀导师和优秀团队的示范引领作用。

2020年广西民族大学研究生教育大会上，学校领导、研究生培养学院领导班子成员、研究生教学秘书、研究生导师组成各个小组，对《广西民族大学关于研究生导师岗位管理的实施意见（征求意见稿）》（以下简称《实施意见》）展开了分组讨论。在《实施意见》中，从严格导师岗位选聘要求、明确导师岗位权责、健全岗位选聘制度、加强导师岗位培训、健全导师岗位评价考核和激励机制、完善导师岗位管理、完善岗位监督管理机制七个方面阐述了学校研究生导师管理的要求，改变了以往研究生导师的选聘、考核不够规范的问题，增强了导师的岗位意识。

（二）广西民族大学历年博士研究生导师名单

2014年学校迎来了首届博士研究生入学，2014级博士研究生共10人，来自民族学、文艺学、中国古代文学、中国现当代文学、中国少数民族语言文学、外国语言文学6个专业。周建新、龚永辉、黄晓娟、袁鼎生、韦树关、蒙元耀、秦红增、张震英、钟海青等为博士生导师。

2015年是学校导师队伍建设的关键一年，首次开展了留学博士研究生导师遴选工作，首次开展了专业学位研究生指导教师的遴选工作、学术型硕士生导师遴选与资格认定工作。

2015年，经过严格的考试和面试程序，学校民族学、中国语言文学、外国语言文学3个博士学位授权点共录取14名博士研究生。2014年学校自主设置的3个目录外二级学科博士点（民族教育学、民族法学、生态美学）、1个目录内二级学科博士点（汉语言文字学）于2015年招生。随着学校来华留学研究生人数的逐年增加及学校中国政府奖学金生源指标不继续向留学研究生尤其是留学生博士研究生倾斜，广西民族大学首次开展了博士研究生导师遴选工作，2015年7月15日，经学校学位评定委员会投票表决，最终认定15位教师通过民族学、中国语言文学、外国语言文学3个一级学科博士点来华留学博士研究生导师资格遴选（其中，校内教师12人，校外教师3人）。2015年广西民族大学在岗博士研究生导师名单见表7-5。

第七章 广西民族大学"质量监控、教学改进、师资培育、科技创新"四机制的改革策略分析

表7-5　　　　　2015年广西民族大学在岗博士研究生导师名单

学科代码	学科名称	博士研究生导师	留学生博士研究生导师
0304	民族学	周建新　钟海青　龚永辉 何龙群　秦红增　王柏中	郑一省　李富强　吕俊彪　王新哲 齐爱民　曹　平　廖明君
0501	中国语言文学	袁鼎生　蒙元耀　韦树关 黄晓娟　李运抟　张震英	张柱林　李启军　陈金文　韦茂繁
0502	外国语言文学	覃修桂　杨令飞	刘志强　陈元中　吕瑞荣　蔡昌卓

2016年，招生博士生19人，自主设置"民族地区公共管理"和"民族医药"2个目录外二级学科博士点。2016年广西民族大学在岗博士研究生导师名单见表7-6。

表7-6　　　　　2016年广西民族大学在岗博士研究生导师名单

学科代码	学科名称	博士研究生导师	留学生博士研究生导师
0304	民族学	周建新　钟海青　龚永辉 何龙群　秦红增　王柏中	郑一省　李富强　吕俊彪　王新哲 齐爱民　曹　平　廖明君
0501	中国语言文学	袁鼎生　蒙元耀　韦树关 黄晓娟　李运抟　张震英	张柱林　李启军　陈金文　韦茂繁
0502	外国语言文学	覃修桂　杨令飞　寸雪涛	刘志强　陈元中　吕瑞荣　蔡昌卓

2017年招收了25名攻读博士学位研究生招生，较上年增长32%；招收了613名攻读硕士学位研究生（其中，学术学位硕士研究生340人，专业学位硕士研究生273人），较上年增长了8.3%（学术学位硕士研究生基本持平，专业学位硕士研究生增长了23.5%）。2017年首次招收了10名少数民族高层次骨干人才计划硕士研究生，共录取了22名"985""211"高校生源。

严格导师遴选条件，提高并扩大导师队伍的质与量。2017年进行了新一轮的导师遴选，新增博士生指导教师53人，学术型硕士生指导教师179人，专业学位硕士生指导教师103人，进一步扩大了广西民族大学研究生导师队伍，为研究生教育的发展创造了条件。2017年广西民族大学在岗博士研究生

广西民族大学"四位一体"研究生教育综合改革的探索与实践（1999~2020）

导师名单见表7-7。

表7-7　　2017年广西民族大学在岗博士研究生导师名单

学科代码	学科名称	博士研究生导师					留学博士研究生导师	
0304	民族学	周建新 朱 华 何 明 李富强 廖明君	钟海青 谢尚果 吴致远 唐晓涛 李远龙	龚永辉 李珍刚 唐贤秋 郑维宽 齐爱民	何龙群 罗忠志 吕俊彪 容志毅 李 涛	秦红增 黄家信 王新哲 崔向东 廖安平	王柏中 郑一省 廖东声 吴凤霞	郑一省 吕俊彪 齐爱民 廖明君	李富强 王新哲 曹 平
0501	中国语言文学	袁鼎生 翟鹏玉 黄平文 钟乃元 蒋新平	蒙元耀 范秀娟 卞成林 魏继洲 吕瑞荣	韦树关 李启军 汪业全 李仰智 韦茂繁	黄晓娟 董迎春 张景霓 陈金文 龚丽娟	李运抟 欧宗启 李惠玲 陈丽琴 申扶民	张震英 康忠德 张国安 陆晓芹	张柱林 陈金文	李启军 韦茂繁
0502	外国语言文学	覃修桂 蔡昌卓	杨令飞 陈元中	寸雪涛 覃秀红	张 旭 孙衍峰	张跃军	李学宁	刘志强 吕瑞荣	陈元中

2018年，广西民族大学共招收全日制博士研究生27人，留学生博士研究生11人。2018年在岗博士研究生导师名单见表7-8。

表7-8　　2018年广西民族大学在岗博士研究生导师名单

学科代码	学科名称	博士研究生导师							
0304	民族学	曹 平 李远龙 秦红增 谢尚果	崔向东 李珍刚 容志毅 郑维宽	龚永辉 廖安平 唐贤秋 郑一省	何龙群 廖东声 唐晓涛 钟海青	何 明 廖明君 王柏中 周建新	黄家信 罗宗志 王新哲 朱 华	李富强 吕俊彪 吴凤霞	李 涛 齐爱民 吴致远
0501	中国语言文学	卞成林 黄平文 陆晓芹 魏继洲	陈岸峰 黄晓娟 吕瑞荣 袁鼎生	陈金文 蒋新平 蒙元耀 翟鹏玉	陈丽琴 康忠德 欧宗启 张国安	董迎春 李惠玲 申扶民 张景霓	范秀娟 李启军 汪业全 张震英	耿文婷 李仰智 韦茂繁 张柱林	龚丽娟 李运抟 韦树关 钟乃元
0502	外国语言文学	蔡昌卓 覃秀红	陈元中 杨令飞	寸雪涛 张 旭	李学宁 张跃军	刘志强	吕瑞荣	孙衍峰	覃修桂
0817	化学工程与技术	边贺东	雷福厚	廖安平	谭学才	朱 华			

第七章　广西民族大学"质量监控、教学改进、师资培育、科技创新"四机制的改革策略分析

2019年，广西民族大学共招收博士30人，留学生博士研究生6人，新增博士生导师指导资格23人。2019年在岗博士研究生导师名单见表7-9。

表7-9　　　2019年广西民族大学在岗博士研究生导师名单

学科代码	学科名称	博士研究生导师
0304	民族学	曹平　崔向东　龚永辉　何龙群　何明　黄家信　李富强　李涛　李远龙　李珍刚　廖安平　廖东声　廖明君　罗宗志　吕俊彪　齐爱民　秦红增　容志毅　唐贤秋　唐晓涛　王柏中　王新哲　吴凤霞　吴致远　谢尚果　郑维宽　郑一省　钟海青　周建新　朱华　郑慧　雷湘竹　曾鹏　刘金林　胡超　张进清　崔晓麟　何立荣　胡佳　王喜娟　罗彩娟　丁海斌　荣仕星
0501	中国语言文学	卞成林　黄晓娟　李启军　陈金文　黄平文　康忠德　蒋新平　李惠玲　李仰智　李运传　吕瑞荣　陈丽琴　董迎春　范秀娟　耿文婷　龚丽娟　蒙元耀　陆晓芹　欧家启　申扶民　汪业全　翟鹏玉　张国安　秦红增　韦树关　魏继洲　袁鼎生　张景霓　张震英　张柱林　韦茂繁　钟乃元　周艳鲜
0502	外国语言文学	陈元中　寸雪涛　李学宁　刘志强　吕瑞荣　孙衍峰　覃修桂　覃秀红　杨令飞　张旭　张跃军　罗国祥　谢天振　滕成达
0817	化学工程与技术	边贺东　雷福厚　廖安平　谭学才　朱华　夏璐　申利群　张玉贞　林日辉　刘祖广　杨立芳　黄钦　刘绍刚

2020年，广西民族大学共招收博士35人，留学生博士研究生7人，新增博士生导师指导资格19人。2020年在岗博士研究生导师名单见表7-10。

表7-10　　　2020年广西民族大学在岗博士研究生导师名单

学科代码	学科名称	博士研究生导师
0304	民族学	曹平　崔向东　龚永辉　何龙群　何明　黄家信　李富强　李涛　李远龙　李珍刚　廖安平　廖东声　廖明君　罗宗志　吕俊彪　齐爱民　秦红增　容志毅　唐贤秋　唐晓涛　王柏中　王新哲　吴凤霞　吴致远　谢尚果　郑维宽　郑一省　钟海青　周建新　朱华　郑慧　雷湘竹　曾鹏　刘金林　胡超　张进清　崔晓麟　何立荣　胡佳　王喜娟　罗彩娟　丁海斌　荣仕星　简金宝　郝国强　熊昭明　欧阳常青　谭元敏　李玉雄　滕兰花　付广华　马璐　陈铭彬　蒋慧　李立景　朱继胜

广西民族大学"四位一体"研究生教育综合改革的探索与实践（1999~2020）

续表

学科代码	学科名称	博士研究生导师
0501	中国语言文学	卞成林 黄晓娟 李启军 陈金文 黄平文 康忠德 蒋新平 李惠玲 李仰智 李运抟 吕瑞荣 陈丽琴 董迎春 范秀娟 耿文婷 龚丽娟 蒙元耀 陆晓芹 欧宗启 申扶民 汪业全 翟鹏玉 张国安 秦红增 韦树关 魏继洲 袁鼎生 张景霓 张震英 张柱林 韦茂繁 钟乃元 周艳鲜 叶 君 陈爱中
0502	外国语言文学	陈元中 寸雪涛 李学宁 刘志强 吕瑞荣 孙衍峰 覃修桂 覃秀红 杨令飞 张 旭 张跃军 罗国祥 谢天振 滕成达 杨晓强
0817	化学工程与技术	边贺东 雷福厚 廖安平 谭学才 朱 华 夏 璐 申利群 张玉贞 林日辉 刘祖广 杨立芳 黄 钦 刘绍刚 周菊英 姜明国 米 艳

（三）广西民族大学硕士研究生导师基本情况

人才队伍建设是大学的生命线和核心竞争力，建设一支高素质的教师队伍至关重要。学校依托"万人计划""百人计划"等国家和自治区人才项目，围绕重点学科发展建设，建立后备人才储备制度，善于发现挖掘急需人才，特别是高层次领军型人才和青年拔尖人才。一方面，加强第六批自治区级人才小高地"广西东南亚民族研究人才小高地"建设；另一方面，建立完善博士后流动站管理制度，通过与区内外高校建立博士后流动站科研基地，扩大学校的影响力，吸引人才。学校注重教师培养工作，通过派出国内访问学者、广西高校优秀教师出国留学项目、国家留基委公派访学学者项目、国家留基委国际区域问题研究及外语高层次人才培养项目等培养教师。组织做好"广西高等学校千名中青年教师培育计划"，选拔中青年教师参加培训和进修，提高教师队伍的整体素质。

学校设有28个学院（含1个独立学院），学科涵盖了哲学、经济学、法学、教育学、文学、历史学、理学、工学、医学、管理学、艺术学等11个学科门类。现有民族学、中国语言文学、外国语言文学、化学工程与技术4个一级学科博士学位授权点；16个学术型一级学科硕士学位授权点，3个二级学科硕士学位授权点（不含一级学科覆盖点）；11个类别的专业硕士学位授权点；81个全日制普通本科专业，24个省部级重点学科；建成1个博士后科研流动

第七章　广西民族大学"质量监控、教学改进、师资培育、科技创新"四机制的改革策略分析

站和 2 个博士后流动站科研基地。形成了学科门类较为齐全、结构合理、优势互补的学科专业体系。

学校现有教职工 2 368 人，其中专任教师 1 267 人，正高职称 226 人，副高职称 378 人；专任教师中具有博士学位的 409 人，具有硕士学位的 798 人；国家"万人计划"哲学社会科学领军人才 1 人，中国首届鲁迅文学奖获得者 1 人，全国知识产权领军人才 1 人，中宣部文化名家暨"四个一批"人才 1 人，国家社会科学基金重大项目首席专家 7 人，享受国务院特殊津贴专家 13 人，全国优秀教师 1 人，教育部"新世纪优秀人才支持计划"4 人，文化和旅游部优秀专家 1 人，自治区"八桂学者"6 人（含八桂青年 1 人），自治区"特聘专家"4 人，自治区优秀专家 16 人，自治区优秀教师 3 人，广西教学名师 1 人，具有博士生导师资格 97 人，广西"新世纪十百千人才工程"第二层次人选 16 人，广西文化名家暨"四个一批"人才 8 人，广西有突出贡献科技人员 3 人，广西高等学校卓越学者 9 人，广西高校引进海外高层次人才"百人计划"人选 4 人。自治区人才小高地 1 个，广西高等学校高水平创新团队 10 个。

2015 年，学校首次遴选了专业学位研究生指导教师。根据《广西民族大学硕士专业学位研究生指导教师遴选办法》，开展专业学位研究生导师遴选工作，2015 年共有 120 名申报者获得专业硕导资格，为保障 2015 年硕士专业学位研究生招生及培养的顺利开展奠定了良好基础，建立了以提升职业能力为导向的专业学位研究生"双导师"培养模式。学校鼓励各硕士专业学位点从校外实践基地或相应研究机构、企事业单位中聘请具有丰富经验的高级研究人员、教学人员、管理人员、工程技术人员等担任校外指导教师，努力构建专业化的硕士专业学位研究生导师队伍，切实提高专业学位研究生的实践技能和理论素养。广西民族大学近五年博士、硕士研究生指导教师资格人员人数统计见表 7-11。

2021 年是广西民族大学"十四五"规划的开局之年，针对导师队伍建设，广西民族大学提出了更高要求。重点改革导师责权机制，包括研究生导师招生、能力提升和国际化水平等三方面。在研究生导师招生方面，将博士生导师资格与招生资格分离。每年按照招生指标数量审核招生导师资格，确保重点人才、重大项目主持人招收博士研究生。在研究生导师能力提升方面，采取岗前培训、高级研讨、国内外访学等灵活多样方式地开展研究生导师培训，提升导

表7-11　广西民族大学近五年博士、硕士研究生指导教师资格人员人数

单位：人次

年份	博导（新增）	硕导（新增）		
	总数	总数	学术型硕士	专业型硕士
2015	15	172	152	20
2016	1	151	101	50
2017	53	282	179	103
2018	—	296	168（含52人直接确认）	128
2019	23	186	103	83
2020	19	121	—	121
总计	111	1 208	703	505

师指导能力。鼓励研究生导师挂职和培训，培育"双师"型导师团队，提升研究生导师的实践水平。制定了《广西民族大学工作事故认定及处理暂行办法》《广西民族大学研究生教学督导工作试行办法》《广西民族大学研究生课程教学质量评价暂行办法》等制度，加强对导师的管理和约束，提高研究生导师队伍质量。在研究生导师国际化水平方面，鼓励研究生导师参加国际学术会议、海外访学，根据专业特点，鼓励教师使用原版教材和双语授课，不断开阔导师的国际视野，把国际前沿的理论与方法引入研究生教学内容中，提升研究生导师的国际化水平。以此推进导师队伍建设，推动研究生教育教学改革。

第五节　广西民族大学"科技创新"机制改革的实践

一、制度层面：研究生科技创新保障机制

为规范广西民族大学研究生教育创新计划项目（以下简称创新项目）管理，发挥创新项目的作用，提高学校研究生培养质量，广西民族大学2017年

第七章 广西民族大学"质量监控、教学改进、师资培育、科技创新"四机制的改革策略分析

还专门出台了《广西民族大学研究生教育创新计划项目管理办法》指导和规范各研究生培养单位和学生申报、立项、经费管理和结题。研究生院负责创新项目的规划、评审、立项批准、结题验收等工作。各研究生培养单位负责本单位创新项目的申报、管理和结题工作，并为创新项目的实施提供必要的条件。

为提高研究生综合素质，拓宽研究生学术视野，规范研究生学术活动管理，学校制定了《广西民族大学研究生参加学术活动暂行规定》。研究生参加科研学术交流活动是学校研究生培养的一个必修环节，指研究生在学期间参加的与学术研究、学术交流有关的社会活动，包括学术报告、学术讲座、研究生学术节、学术名家讲坛、国外学者讲坛、国内或国际学术会议等，不包括按研究生课程安排的专题讲座。学校规定研究生在学期间须参加学术活动不少于4次（其中，博士研究生至少作2次报告，硕士研究生至少作1次报告）。各学院应按照要求组织各类研究生学术活动，满足研究生参加学术活动的需求；支持研究生参加国际或国内学术会议。研究生应统筹协调课程学习、论文研究与学术活动，积极参加由研究生院、各学院以及其他学术团体组织的与所学学科相关的学术活动。研究生院积极创造条件为在校研究生举办各类学术活动，并负责研究生在学期间参加学术活动的管理。

为活跃研究生学术思维，营造良好学术氛围，锻炼和提高研究生学术演讲能力，学校举办研究生学术演讲竞赛，并制定了《广西民族大学研究生学术演讲竞赛管理规定》，保障各项科研学术交流活动的顺利进行。采用各学院初赛和校级决赛两个阶段比赛，获奖选手颁发荣誉证书和奖金，并给指导教师颁发奖金，以此鼓励研究生积极参与学术交流活动。

二、操作层面：实现"双向依托"，推进协同创新人才培养

各个培养环节上都把学术训练作为目标，又加强实践教育，充分挖掘、发挥课程学习和学术论文研究过程中的实践教育功能。广西民族大学将科研创新能力的培养渗透到研究生教学的全过程，让学生通过参加导师的科研项目、研究生教育创新项目到党政机关、企事业单位实践学习等，更好地掌握所学专业领域知识，提升学生科研实践能力。学校近年来从"双向依托"着手，优化研究生学术训练和实践环节的培养。

一方面，以科研平台、实践平台为依托，组织研究生和导师积极参加科研项目和实践活动。依托科研平台、实践平台，培养研究生的科研素质和实践能力。学校设立研究生教育创新计划项目，每年定期组织学生申报（每项课题经费资助2 000～10 000元），具体包含自治区和学校的研究生科研创新项目、学位与研究生教育改革课题、研究生学术论坛、研究生田野调查项目等。广西民族大学2017年还专门出台了《广西民族大学研究生教育创新计划项目管理办法》指导和规范各研究生培养单位和学生申报、立项、经费管理和结题。

另一方面，借助项目驱动，开展项目教学，推进科研平台、实践平台建设。组织研究生在毕业论文选题的时候可以参与导师主持的科研项目，引导学生进行课题方案设计、指导学生独立开展科学研究。依托项目进行教学，让学生在课题研究中增强问题意识、分析和收集数据材料、实践调研、撰写学术论文的能力，帮助学生深度学习和思考，提高学生提出问题、分析问题、解决问题的能力。

此外，学校积极建立研究生联合培养基地，注重打造高水平的校园学术交流平台，支持研究生开展各类学术竞赛和实践创新活动，每年定期组织举行"名师有约"系列讲座、"我的研究"学术演讲比赛、研究生论文大赛等活动，为研究生学术交流提供平台。院、校两级研究生委员会，定期举行十佳歌手比赛、体育比赛、学术论文大赛、学术辩论赛等活动，在拓展研究生学术视野、提升科研创新能力的同时，极大丰富了他们的课余生活。

第六节　广西民族大学"质量监控、教学改进、师资培育、科技创新"四机制改革的研究发现与思考

一、广西民族大学"质量监控"机制改革的研究发现与思考

从广西民族大学"质量监控"改革的实践中，我们发现全员牢固树立教育质量意识至关重要。研究生、研究生导师、研究生教育管理者必须明确质量

第七章 广西民族大学"质量监控、教学改进、师资培育、科技创新"四机制的改革策略分析

监控的内涵,把研究生培养的质量意识落实到研究生培养的各个环节。在招生方面,注意生源质量,把好入口关;在研究生培养过程中,加强教学改进,把好培养过程关;在毕业和学位授予及就业方面,培养出社会发展真正需要的人才,把好出口关。高校研究生教育质量保障建设其实是一种内部质量保障体系,是保证和提升研究生教育质量的根本。

英国学者格林把人们关于教育质量的各种观点概括为五类:一是独有的、优秀的;二是质量与预定的规格和标准相一致;三是质量就是要适合于目的;四是实现本学校目标的效果;五是满足消费者规定的和潜在需要的程度。可见,教育质量是一个多维度、多层次、多主体的概念,研究生教育质量问题是一个复杂的问题,涉及不同维度、不同层面以及不同的教育主体。

研究生教育质量保障体系建设是一个复杂的系统工程,要整合学校各部门、各二级学院、研究生导师、研究生本人的力量,使学校各部门分工协作,共同履行教育质量保障职责。研究生教育质量也不是一成不变的,要树立质量多元化的理念,包括全面质量观,即促进人的全面发展;发展质量观,要用发展的眼光去看待研究生教育质量;多元质量观,要根据不同培养层次的研究生制定不同的质量标准,如博士研究生与硕士研究生的质量标准不同、学术型研究生与专业型研究生的层次也不相同;相对质量观,即允许不同地区、不同学校之间质量目标上各有特点,不能实行全国"一刀切"。研究生教育培养质量与当地的教育环境、教育资源密切相关,作为西部地区民族院校,教育资源相对短缺,因此在培养质量上不能与东部发达地区高水平高校相提并论;适应质量观,即是否适应经济社会发展需要,要保障研究生就业,培养适应经济社会发展的高层次人才。

二、广西民族大学"教学改进"机制改革的研究发现与思考

从广西民族大学"教学改进"改革的实践中,我们发现研究生教学改进的过程也是优化研究生人才培养的过程,涉及研究生培养目标的确立、研究生教学内容的选择、研究生课程设置、研究生课堂教学方法的运用以及研究生教育评价等。要推进研究生教育教学改革,必须进行研究生培养方案的优化设计、精选研究生课程内容,建设合理的研究生教育课程体系。研究生导师、研

究生教育管理者要树立研究生教育多样化的理念,其中包括:研究生培养目标多样化;研究生培养类型和层次多样化;研究生培养方式多样化;培养学生的个性化与特色化。

　　研究生教育与本科教育不同,它重点在于"研究",是一种以创新、研究为特征的高等教育,目的是培养出学生的创新意识、创新能力和创新思维,锻炼学生的研究能力,独立发现问题、思考问题、解决问题的能力。研究生教育教学要在知识教育的基础之上,开展全方位、多层次、系统化的思维训练,因此教学方式和方法要不断创新,开展启发式和探索式教学,采用多种形式促进学生独立思考。深化教学改革,打破"学科壁垒",鼓励交叉学科培养研究生。构建课程体系,分层次构建课程体系,充分体现纵向的衔接,处理好本科、硕士和博士三个层次课程设置的关系。重视课程内容设置的研究性与前沿性,明确研究生课程的目标,合理确定课程的知识体系,改进教学方法,建立课程评价体系与方法。

三、广西民族大学"师资培育"机制改革的研究发现与思考

　　从广西民族大学"师资培育"改革的实践中,我们发现研究生导师自身教学和指导水平的高低,直接影响研究生培养质量的高低。建设一支高水平的导师队伍是促进研究生教育高质量发展的关键。加强研究生导师队伍建设,是学校研究生教育的根本大计。

　　在导师遴选和聘任方面,要严格要求,保证导师质量。研究生导师要树立终身学习的观念,建设学习型导师队伍,通过师资培育,不断提高研究生导师的教学、科研工作水平,保证研究生的导师指导工作有序进行。学校也要通过人才引进不断优化导师队伍的结构,包括年龄结构、职称结构、学历结构以及学缘结构等。

　　广西民族大学导师队伍存在结构性短缺问题,表现在公共基础课教师普遍短缺、新兴学科导师短缺。导师队伍的整体水平与导师自身素质有待进一步提高,导师队伍建设缺乏有效的竞争机制,此外,学校在导师师资培育上要加大投入,建立和完善围绕师资建设的管理制度,整合全校师资队伍资源,调动研究生导师科学创新的积极性,提高学校的教学水平。

第七章 广西民族大学"质量监控、教学改进、师资培育、科技创新"四机制的改革策略分析

四、广西民族大学"科技创新"机制改革的研究发现与思考

从广西民族大学"科技创新"改革的实践中,我们发现实现研究生科技创新能力的提升,与科研育人平台、实践育人平台建设密切相关。研究生科研创新的培养依托于科研实践平台建设,开展项目教学,锻炼科技创新能力。开展形式多样的文体活动,也能在活动中激发出研究生创新思维。高校要想获得长期的竞争优势,更好地发挥服务经济社会发展的职能,就需要不断地加强科技创新能力的建设。

2020年9月11日,习近平主持召开了科学家座谈会并发表重要讲话,他指出:"我国经济社会发展和民生改善比过去任何时候都更加需要科学技术解决方案,都更加需要增强创新这个第一动力。""要重视科技人才成长,使他们成为科技创新主力军。"没有高水平的科学研究就不能培养出高质量的研究生,也不能产生高水平的科研成果。创新人才的基础是人的全面发展,个性的自由发展则是创新人才成长与发展的前提。在"科技创新"改革中,要注意营造良好的校园文化氛围,建立良好的校风、学风,鼓励科技创新,为研究生自由发展提供良好的环境。同时,要深化高校科技创新机制改革,坚决破除"唯论文、唯帽子、唯职称、唯学历、唯奖项"的"五唯"评价方式。

广西民族大学"质量监控、教学改进、师资培育、科技创新"四机制的改革不是孤立的,而是相辅相成、融会贯通的。通过广西民族大学研究生教育综合改革实践,我们不难发现,研究生教育教学质量监控在本质上是针对教学质量改进的活动;教学改进的实现,需要一支德才兼备的研究生导师队伍;师资培育保障研究生教育质量监控和教学改进的提升;科技创新有利于提升研究生教育质量。提高学校研究生培养质量,构建高水平的研究生教育体系,需要从学科建设、科学研究、研究生培养等方面进行系统谋划,整体布局,全盘考虑,要给予制度上的保证,固化压实各方责任。

第八章 广西民族大学"四位一体"研究生教育综合改革的实施

第一节 广西民族大学"四位一体"研究生教育综合改革的实施策略

一、"立德树人"目标改革的实施策略

习近平总书记强调,培养什么人,是教育的首要问题。研究生教育要始终坚持党的教育方针政策,着力于培养一代又一代中国特色社会主义事业的合格建设者和可靠接班人。"办教育,方向问题是第一位的。"这是陈宝生部长在2020年全国研究生教育大会上的原话。研究生教育要实现立德树人的目标,离不开系统完善的对策体系,这就要求我们一定要牢固树立方向意识,守住立德树人这条生命线。如何才能做到呢?

第一,坚持党对研究生教育的领导地位,加强研究生思想政治教育。一是要把握好"树什么人"的问题。研究生是实现"两个一百年"奋斗目标的中流砥柱,他们的精神状态和综合素质将直接影响着实现中华民族伟大复兴的历史进程。我们培养的研究生决不能是意志薄弱、精神涣散、浑浑噩噩的人。相反,他们应该是有真信仰、真本领,并且责任感强、专业扎实,有创新精神、开拓勇气,特别在科研上要高、要精、要尖,品质要硬、底气要足、眼光要

第八章 广西民族大学"四位一体"研究生教育综合改革的实施

远。我们一定要明确,研究生教育是国家的战略事业,我们要树立为党育人、为国育才的意识,促进研究生全面发展、成长成才。二是要加强党对研究生教育的领导。我们要牢记研究生教育立德树人的初心,坚持党委领导下的校长负责制,健全党对研究生教育领导的组织体系、制度体系、工作机制,把政治标准、政治要求落实到位,提高研究生党建工作水平。三是要坚持马克思主义在意识形态领域的指导地位,加强对学术论坛、报告会、研讨会、学术沙龙等活动的规范和管理,加强学校网络自媒体的管理,及时掌握情况,化解风险隐患,维护学校安全稳定。四是要加强和改进研究生思想政治教育。要用党的创新理论武装研究生头脑,进一步坚定中国特色社会主义道路自信、理论自信、制度自信、文化自信;加强研究生思想政治理论课程建设,推进研究生课程思政建设;把思想政治教育工作情况作为教师职称评定和人才选拔评价的重要内容。

第二,加强师德师风建设,引导全员立德树人。教师是立德树人的主力军,高校立德树人,首先要建设一支完善的教师队伍,才能不断推进立德树人目标的贯彻落实。一是要强化立德树人理念。研究生导师要牢固树立立德树人的理念,一方面要认识"育人为本"的重要性,导师要将研究生培养作为其工作的根本任务,并将其摆在中心位置。习近平总书记在全国高校思想政治工作会议上强调:"围绕学生、关照学生、服务学生,不断提高学生思想水平、政治觉悟、道德品质、文化素养,让学生成为德才兼备、全面发展的人才。"另一方面要坚持"德育为先",在研究生教育工作中将德育摆在突出位置,引导研究生加强学术道德规范,不断提高思想道德素质。加强立德树人理念的研究生教育,使得研究更加深入;积极开展宣传教育活动,使立德树人理念更加科学和系统。二是发挥研究生导师的主导作用。一方面,高校采用多种形式和举措对研究生导师开展理想信念教育,通过有针对性地开展相关理论和现实问题的专题研讨,引导研究生导师树立立德树人的理念,加强教师思想政治教育。另一方面,研究生导师要加强立德树人理论知识的学习和研讨。通过开展理论培训的方式,不断提高研究生教师的各项能力。三是加强师德建设。习近平总书记指出:"要加强师德师风建设,坚持教书和育人相统一,坚持言传和身教相统一,坚持潜心问道和关注社会相统一,坚持学术自由和学术规范相统一,引导广大教师以德立身、以德立学、以德施教。"一方面,高校要通过开展师德师风培训，重视研究生导师养成良好的道德修养，重视师德师风的培养。另一方面，建立和完善对师德师风的奖惩制度，建立和完善师德师风的考评制度。只有不断加强师德师风建设，不断提高研究生导师自身的品德修养，才能发挥导师的榜样作用，推进立德树人目标的实现。

第三，充分利用思想政治理论课的主渠道，实现全过程立德树人。习近平总书记强调"思想政治理论课是落实立德树人根本任务的关键课程"。高校研究生教育的过程中，要不断推进思想政治理论课的建设与改革，充分发挥立德树人主渠道的作用。将立德树人融入到研究生教育的课堂中，融入研究生教育培养的全过程中，不断拓宽立德树人的渠道，实现全过程立德树人。一是加强思想政治理论课程建设与改革。一方面要坚持正确的改革方向，深化思想政治理论课的教育内容。另一方面要不断创新教育方式方法，调动研究生学习的主动性和积极性。二是将立德树人的内容融入研究生培养方案中，构建协同育人机制。各专业学科在设计研究生培养方案时，要充分考虑到立德树人的重要性，将相关理论融入专业课程、科研活动和实践，努力拓宽立德树人的新渠道。

第四，加强高校立德树人体系建设，开展全方位立德树人。一是注重校园文化建设。良好的校园文化氛围会对学生产生潜移默化的影响。以中国特色社会主义文化为指引，积极开展形式多样的校园文化活动，有助于立德树人目标的实现。此外，注重加强校风和学风建设。二是努力构建高校立德树人的长效机制。加强领导机制建设，建立起有效的评价机制，促进立德树人的贯彻落实。

二、"科研、实践"二平台育人改革的实施策略

党和国家高度重视研究生科研能力和实践能力的培养，面对经济社会发展，对应用型科技创新人才的需求不断增大，如何培养出高质量的服务地方经济高层次人才，如何充分发挥科研育人平台、实践育人平台的作用，是值得我们共同探讨的问题。

第一，加强学校顶层设计，制定完善的科研平台、实践平台管理规章制度，着力解决科研平台、实践平台的经费、考核、人员等一系列问题，保障平台健康、有序发展，完善考核评价制度等。进一步加强组织保障机制，地方高

第八章 广西民族大学"四位一体"研究生教育综合改革的实施

校要深化内部治理结构改革，理顺职能部门、各二级学院之间的相互关系，建立协同创新机制，通过制度创新，消除平台建设障碍。一是完善实践平台建设与运行制度，如将实践平台建设立项制度、实践平台运行管理制度、实践平台创新创业实践项目纳入人才培养方案。二是创新科研政策，在科研项目立项、科研经费支持、科研成果评价等方面，向与创业人才培养有效对接的科研活动倾斜。三是创新师资队伍的人事管理政策、考核评价政策和职称评聘制度，打破唯学历、唯文凭、唯论文的导师聘用与评价标准，鼓励研究生导师到企业实践，加强专业学位研究生校外第二导师的遴选工作，充实实践教学人才队伍，提高实践教师整体素质。

第二，整合校内资源，强化科技资源共享，提高平台质量。高校科研平台、实践平台的建设投入了大量的人力、物力、财力，但普遍存在着"各自为战"的现象，导师资源的利用率不高。为此，必须消除校校、校院、学院、学科、专业之间的各种隔阂，促进各种要素与资源在各层次科研平台、实践平台之间的共享，整合资源，提高科技资源利用率。加强校内科技资源整合和共享力度，有助于推进协同发展，保障科研人员充分利用先进的实验设备和仪器，提高科研水平。优化整合学校学科优势和科技资源，建设具有优势和特色的校级科研平台、实践平台，有助于完善学校学科平台布局，推动学科建设，提升高校科技创新、人才培养和服务地方经济社会能力。此外，更新教学观念，完善科研、实践教学体系，切实改善科研实践教学环境，加强科研平台、实践基地的硬件、软件建设，也有利于促进科研育人、实践育人。

第三，加强科研平台、实践平台的考核管理，引导科研平台产出高水平的创新成果。严格落实考核制度，完善科研平台、实践平台建设的管理、监督、评价和奖励机制。要进一步加强科研平台、实践平台的专业化管理。建立健全科研平台、实践平台的管理体制是保障科研平台、实践平台平稳运行的重要举措。一是高校需制定出完整的科研平台、实践平台管理办法及考核标准指标体系，对平台管理的职责、培训和考核等方面进行明确的规定，推进平台建设的正常运行和良性发展。二是明确研究生院主管部门、院系主管领导、导师、学生的权、责、利问题。研究生在满足研究生院及二级院系制定的相关文件要求的基础上，可以参与科研平台、创新实践基地各项目的管理与决策，以培养自主创新能力。

三、"民族性、区域性、国际性"三融合改革的实施策略

研究生教育国际化是"民族性、区域性、国际性"三融合改革的重点，也是培养国际化高层次专业人才的主要途径。深化高校研究生教育综合改革，提升研究生教育的国际化水平，培养造就一批德才兼备的国际化高层次人才，成为新时代赋予高等教育的历史使命。地方高等院校作为我国高等教育的主力军，其研究生教育的国际化水平直接影响着全国研究生教育的整体水平。地方高校内涵式建设，需要以"双一流"建设为引领，通过研究生教育国际化水平的提升，推进研究生教育高质量发展。

第一，明确研究生教育国际化培养定位。研究生教育国际化的实现是一个长期的过程，需要国家政策的引导，还需要学校加强管理。研究生培养是面向国家重大战略、面向地方和区域经济发展的需要，培养具备国际视野的高层次专门人才。作为地方性民族院校，加强"民族性、区域性、国际性"改革，首先要根据国家和经济社会发展对人才的需求以及学校自身特色及时调整研究生教育国际化的培养目标及发展策略，选拔出专业人员统筹管理研究生教育国际化推进工作。以本民族文化认同为基础，向多元化、现代化、多层次的方向发展，精准把握需要，因需施教，制定科学合理的研究生教育发展规划、培养目标、教育内容，培养出具有国际视野、创新能力、科研能力、国际竞争力强的高层次专门人才。

第二，建立相关的政策和制度保障，加强国际化资金支持。研究生教育国际化需要国家、地方政府和学校共同努力才能实现。国家层面要完善相关法律法规，制定相关政策，引导和帮助高校开展研究生教育国际化。对于地方民族院校，特别是中西部教育资源相对匮乏的地区，国家应该加大支持力度适当地给予政策倾斜。地方政府层面，要积极争取资源、多方筹措资金，加大经费支持力度，支持研究生教育国际化发展。高校层面，必须在国家政策、法律法规的基础上，结合本校自身特色出台适合学校发展的制度，促进研究生教育国际化发展，保障国际交流活动有效实施，从而促进研究生教育国际化质量提升。

第三，完善研究生教育国际化人才培养模式，加强研究生教育国际交流与合作。作为高等教育的重要组成部分，研究生教育的人才培养目标是培养出具

第八章 广西民族大学"四位一体"研究生教育综合改革的实施

有创新能力、国际化思维、专业能力强的高层次人才。在研究生教育的培养过程中要明确培养目标,创新教育国际化课程体系,完善国际化培养模式,开展教学工作。必须立足于国际化发展的需要,建立与本校、本专业的研究生教育国际化课程体系,开设专门教育课程。立足学校特色和区域发展的要求,加强与国外高水平大学研究生教育的交流与合作,通过合作办学、项目交流等方式,拓展国际科研交流活动,加强研究生教育国际化培养。

第四,打造国际化师资队伍,创新教育国际化交流模式。导师是研究生培养的第一责任人,师资队伍的国际化水平直接决定了研究生教育国际化的水平。互联网技术的发展拉近了我们与发达国家的距离,也增强了教师的国际意识。一方面,鼓励和支持在校教师出国访学、研修,通过参加国际学术研讨、讲座、国际学术会议等方式,加强国际交流与合作。另一方面,引进国外发达国家先进的教学理念和方法,提高研究生导师的指导水平。同时,地方院校要抢抓机遇,根据实际需要聘请国内外相关专业的高水平导师。改革评价机制,把导师的国际化教育思维、教育水平、能力等内容纳入评价考核体系当中,从而引导、促进研究生导师队伍国际化教育教学能力的提升。此外,采用多种方式积极拓宽合作办学的渠道,推进校际的联合培养,广泛搭建中外合作办学、共建研究中心、加强国际学术论坛、国际会议等国际性的合作交流平台,创新教育国际化交流模式,提升研究生国际化培养的整体水平。

新时期我国地方高校特别是中西部地方高校研究生教育国际化既面临发展机遇,也面临诸多因素的制约。地方高校要立足于区域经济发展要求,结合本校发展特色和实际,明确研究生教育国际化的培养目标,确定国际化人才培养模式,完善国际化课程体系,加强国际化师资队伍建设,深化研究生教育综合改革,为区域经济社会发展输送更多具有国际视野的高质量、高层次人才。

四、"质量监控、教学改进、师资培育、科技创新"四机制改革的实施策略

如何保障研究生教育培养质量的提升,在研究生培养过程中注重质量监控、教学改进、师资培育、科技创新是关键。这就要求我们在研究生教育综合改革中要把握好研究生、研究生导师、研究生教育管理者之间的相互关系,充

分发挥各部分在研究生教育过程中的主体作用。

第一，完善研究生教育质量保障体系为核心，规范研究生培养过程管理，加强研究生教育质量内外部保障。从研究生教育质量监控外部保障来看，要坚持政府的主导地位。建立并完善研究生教育质量监控的相关法律、法规，完善研究生教育经费制度，完善办学条件，为研究生教育质量评估提供可行性操作前提。严格规范资格考试制度，明确研究生教育淘汰机制，对于成绩不合格的予以清退。从内部保障的角度来看，要坚持高校的主体地位。构建包括研究生管理体系、质量督导体系和质量反馈体系在内的完整的、行之有效的研究生教育质量保障体系。加强高校质量管理体系建设。首先，加强研究生教育队伍建设，包括管理人员和导师队伍建设；其次，建立科学化的质量标准；再次，加强管理制度建设；最后，创新管理方法，理顺学校各级管理关系，创新管理手段，强化各二级学院及导师的作用，协调多方管理关系。要牢固树立"质量第一"的观念，对课程学习、中期考核、开题报告、学位论文答辩、学位授予等关键环节从严把关。实施研究生学业监测和预警机制；在学位论文专家评审中引入第三方评价机制；建立健全分流淘汰制度。

第二，继续深化研究生教育教学改革。一是激发研究生学习的积极性和主观能动性，提高研究生自身素质。面对新时代、新机遇、新挑战，当代研究生要积极革新学习理念，激发科研创新潜能，顺应时代发展需要。二是充分发挥研究生导师的指导作用。研究生导师要有良好的指导能力、积极的科研态度和高尚的学术道德，能够很好地将创新能力和方法传授给学生。导师要鼓励研究生开展科研创新，调动学生学习的主观能动性，培养学生独立研究的能力。三是以学风建设为导向，严惩学术不端行为。各培养单位要完善学风建设工作机制，将科学精神、学术诚信、学术（职业）规范和伦理道德作为导师培训和研究生培养的重要内容。努力激发研究生参与课题研究和学术创新热情，提高学习研究的积极性和主动性，营造良好的校风学风。

第三，强化研究生导师的责任意识为关键，进一步明确导师的岗位权责。牢固树立导师是研究生培养第一责任人的观念。研究生导师是研究生培养需要而设立的岗位，不是职称体系中的一个固定层次或荣誉称号。招收研究生更不是导师的一种福利，一种赚钱的手段。研究生导师要明确自己的岗位职责，做研究生成长成才的指导者和引路人。健全和完善导师培育机制，继续推进研究生导师岗前培训，建立学术交流制度，定期召开导师经验交流会，增加指导教师之间交流的机会，制订切实可行的培训计划。

第四，持续推进研究生创新能力培养。一是进一步更新研究生教育观念。明确科研能力培养在研究生教育中的核心地位，树立培养研究生科研能力的理念。研究生教育的本质在于研究，科研能力的培养成为高校研究生教育的中心工作之一。研究生教育工作者应该切实认识到科研能力在研究生教育中的核心地位，认识研究生科研能力培养的重要性。二是将研究生科研能力的培养渗透到课程教学和学习的全过程，改革课程体系、课堂教学方法，让研究生在课程学习中既学习理论知识，又加强科研训练。三是注重科研实践环节，通过建立研究生科研组织、设立研究生专项研究课题、加强科研方法的训练、加强产学研合作、鼓励研究生参加导师的课题研究工作等方式的专门训练来加强研究生科技创新能力的培养。

第二节 广西民族大学"四位一体"研究生教育综合改革的展望

在国家创新驱动发展战略和建设"双一流"目标的引导下，为满足国家发展战略需求、社会经济建设需要，适应研究生个性发展趋势，在接下来的一个时期还需进一步推进研究生教育综合改革。"十四五"时期是国家落实教育优先发展战略、加快推进教育现代化、建设教育强国、办好人民满意教育的关键时期，是广西全面落实"三大定位"新使命和"五个扎实"新要求、促进民族地区经济社会发展的关键时期，也是广西民族大学建设成为具有民族特色和地方特色的高水平民族大学的重要时期。基于对优化"四位一体"研究生教育综合改革的实施策略分析，在"十四五"期间广西民族大学将持续推进研究生教育改革，促进学校研究生教育内涵式发展。

"十四五"时期广西民族大学研究生教育的指导思想是：坚持以习近平新时代中国特色社会主义思想为指导，全面贯彻党的教育方针，坚定走内涵式发展道路，以立德树人、服务需求、提高质量、追求卓越为主线，面向世界科技前沿领域，面向国家重大战略，面向自治区经济社会发展主战场，面向人民群众现实需求，以学科专业调整、导师队伍建设、人才培养体系构建等途径深化研究生教育改革创新，推进学校研究生教育治理体系和治理能力现代化，引导各学位点办出特色、办出水平，为建设壮美广西提供坚强有力的人才和智力支撑。

"十四五"时期广西民族大学研究生教育发展的总体目标是：力争到2025年基本建成规模结构更加优化、体制机制更加完善、培养质量显著提升、服务需求贡献卓著、国际影响力不断提升的研究生教育体系；力争在"十四五"期间实现研究生培养规模较大增长，在校研究生规模达到8 000人以上；力争获得"推荐优秀应届本科毕业生免试攻读研究生院校"资格；研究生教育综合改革全面推进，研究生培养质量保证体系更加完备，研究生创新能力和实践能力大幅提升，研究生教育国际化程度不断提高。

下一步，学校研究生教育工作要紧紧围绕以上目标任务来改革、落实，进一步深化研究生教育综合改革。

一、紧抓一条主线：全面提高研究生教育质量促进学校学科建设

积极顺应国家"双一流"建设新形势，按照广西民族大学第三次党代会提出的一流目标、特色发展、服务大局的发展原则，加快鲜明特色高水平民族大学建设，从追求规模扩张向注重内涵发展转变的步伐，切实树立提升研究生教育质量"等不起"的紧迫感、"慢不得"的危机感、"坐不住"的责任感，要从招生、导师选拔、培养方案、课程体系、培养过程、课程考核、论文发表及论文答辩等环节建立健全研究生教育质量保障的长效机制，系统解决研究生教育中普遍存在的质量意识不强、培养管理不实、课程质量不高、出口把关不严等一系列制约全面提高研究生教育质量的问题。

坚持以"立德树人、服务需求、提高质量、追求卓越"为主线，以习近平新时代中国特色社会主义思想为指导，完善研究生思想政治教育体系。坚持"三全育人"原则，针对研究生特点"对症下药"，构建结构合理、层次互补、相对稳定、课时充足的思政课程体系，打造一批体现理论前沿、彰显广西和学校特色、深受研究生欢迎的精品思政课程。全面落实研究生导师立德树人职责，激励导师发挥研究生培养第一责任人和成长成才引路人的作用，将研究生

导师纳入思想政治教育队伍，提升导师"育人"功能。培养研究生形成良好的学风，严格要求学生遵守科学道德和学术规范。办好研究生学术论坛，营造良好学术氛围。通过开展名师讲坛、导师讲坛、学术前沿讲坛等活动，以学术引领校园新风。

二、加强两个环节：加强学术氛围营造和思想政治教育环节

第一，加强学术氛围营造：包括优秀博士（硕士）学位论文培育、研究生科技创新项目、与国内高水平高校联系培养研究生、与国外（境外）高校联合培养博士研究生、拓展研究生国际化培养渠道五个方面。

在优秀博士（硕士）学位论文培育方面：在学术型研究生中实施优秀博士（硕士）学位论文培育计划，提供资助，提升水平。

在研究生科技创新项目方面：打造高水平的校园学术交流平台，支持研究生开展各类学术竞赛和实践创新活动，积极营造鼓励创新、追求卓越的学术生态环境，加强优势学科举办全国博士生论坛与研究生暑期学校，搭建国内外优秀研究生学术交流平台。聚焦研究生实践创新能力的培养，推进产学研相融合。研究生学习的重点在"研究"，要依托研究生联合培养基地建设、研究生教育创新计划项目，将科研创新能力的培养渗透到研究生教学的全过程，全面提高研究生实践能力和创新水平。

在与国内高水平高校联系培养研究生方面：加强研究生校际交流，积极建立与国内高水平大学的合作平台。设立专项经费，选派研究生到国内高水平大学访学，并予以学分互认，开阔学生视野，提高研究生培养质量。

在与国外（境外）高校联合培养博士研究生方面：加大与国外（境外）高水平大学合作力度，联合培养博士研究生，逐步提高博士研究生中具有国外（境外）学习经历的比例。

在拓展研究生国际化培养渠道方面：鼓励研究生参加境外高水平学术会议和短期研修，推进与境外高水平大学的研究生互换、学分互认和学位互授联授，鼓励研究生申请公派出国留学项目，探索海外实习与志愿服务机制，积极拓展研究生国际化培养渠道，招收外国留学生攻读博士和硕士学位，提升学校研究生国际化教育水平。不断培育"留学广西民族大学"的品牌，吸引更多

国家的来华留学生到学校深造；引进境外优秀师资与教材等优质教学资源来参与研究生教育培养；鼓励优秀研究生参加海外学习，提升研究生的国际视野；探索建立与国际接轨的课程体系和中外联合培养研究生的模式。

第二，加强思想政治教育环节：包括加强科学道德和学风建设和拓展研究生思想政治教育途径两个方面。

在加强科学道德和学风建设方面：加强科学道德教育，制定学术道德失范惩处制度，营造诚信严谨的学术氛围。各培养单位要完善学风建设工作机制，将科学精神、学术诚信、学术（职业）规范和伦理道德作为导师培训和研究生培养的重要内容。努力激发研究生参与课题研究和学术创新热情，提高学习研究的积极性和主动性，营造良好的校风学风。

在拓展研究生思想政治教育途径方面：一是完善党委领导、党政结合、校院两级负责、学院为基础的研究生思想政治教育工作体制，充分发挥导师在研究生思想政治教育中的作用，探索建立学生工作队伍和导师队伍之间的长效沟通、协同教育机制。二是变"思政课程"为"课程思政"，将思想政治教育融入课程教育的每一个环节，拓展研究生思想政治教育的广度和深度。三是进一步完善调研反馈机制，及时了解研究生思想动态和实际需求，帮助研究生解决学业、生活、心理和就业等方面的问题，为研究生成长成才创造良好条件。四是组织开展形式多样、内容丰富的中国特色社会主义宣传教育，把社会主义核心价值体系融入研究生教育全过程。

推动研究生教育发展是一项系统工程，需要各方通力合作，共同推进。学校、有关职能部门、学院、研究生导师、研究生要从不同层面发挥各自的优势和力量，形成合力。全体师生员工要转变观念，增强对研究生教育工作重要性的认识，学校内部各级党组织和各级领导干部要牢固树立抓研究生教育的主动意识和责任意识，积极引导广大研究生导师进一步明确工作职责，增强质量意识，努力营造重视质量、鼓励创新的育人氛围。为进一步深化改革，做好相关配套制度的制定或者修订，制订出切合实际、可操作性强的具体方案。加强配合，形成合力。在学校的统一部署和指导下，各培养学院要注重加强研究生教育工作，制定出推动学院建设、学科发展和研究生教育的具体举措，做好研究生教育各个环节的组织实施与管理工作。各职能部门要积极参与研究生教育工作，增强大局意识和服务意识，努力形成合力，不断开创全校上下共同关心、

第八章 广西民族大学"四位一体"研究生教育综合改革的实施

支持、促进研究生教育工作的新局面。

三、改革三个机制：改革招生选拔、分类培养机制和导师责权机制

第一，改革招生选拔机制："入口关"做到选拔更精准。改善招生计划调节机制。积极开展人才需求调研工作，根据实际需求调整招生计划数量和结构，做到人才培养适应国家和区域经济社会发展需求。探索建立招生计划实施评价机制，招生计划向重大科研平台、重大科技任务、重大工程项目、关键学科领域、产教融合创新平台和"双一流"建设取得突破性进展的学院倾斜，向科研创新和成果转化取得突破性进展的学科专业倾斜。探索建立研究生招生计划管理负面清单制度，对学位点评估、学位论文抽检、师德师风、考试招生违规违法等问题突出的学院予以必要限制。深化招生考试制度改革，精准选拔人才，逐步实现通过"申请—考核"方式开展博士生招生选拔，探索硕博连读制度。具体包括吸引高质量研究生生源、改革招生名额分配制度、创新博士生招生方式三个方面。

在吸引高质量研究生生源方面：鼓励各学科到相关高校建立研究生生源基地和研究生生源调剂基地，开设假期学术夏令营，拓宽优质生源渠道，鼓励接收推免生。调整研究生奖助政策，特别是新生奖学金制度，吸引国内外优质生源报考学校。

在改革招生名额分配制度方面：按照"效率优先、兼顾公平"的原则，在保障各学科基本需求的基础上，以科研产出为导向，将博士生和学术型硕士生招生名额"点对点"的分配给优秀人才、重大科研项目负责人。

在创新博士生招生方式方面：一方面，实施优势特色学科硕博连读选拔制度，使优势学科硕博连读生达到招生数的50%；另一方面，实行博士招生的"申请—考核"制度，深化和完善博士研究生招生改革，探索和构建多样化、多层次符合博士研究生招生规律的机制与模式。

第二，改革分类培养机制：为摆脱学术学位研究生与专业学位研究生同质化的问题，坚持分类培养，加强关键环节质量监控，完善分流选择机制。完善不同类别研究生毕业要求体系，做好研究生入学教育、培养方案解读等工作，

指导研究生做好学术生涯规划；加强培养全过程和关键环节质量监控，完善研究生资格考试、中期考核和年度考核制度，加大对学位论文各环节考核力度。推进研究生课程建设，加强教学质量督导，提升信息化管理水平。实现分流淘汰的常态化管理，建立研究生学业预警机制。研究生教育培养的是德才兼备的拔尖创新人才，对没有创新潜质、不适合继续攻读的，要坚决分流、及早分流。包括学术型学位和专业型学位培养模式两个方面。

在学术型学位培养模式方面：一是重视研究生专业基本文献阅读能力考核。各专业以一级学科为基础，精选本专业领域的基本文献（含经典文献与学术前沿文献），引导研究生广泛阅读，深刻领会和理解，提高学术型研究生的基本学术素养。二是建立学术研究方法课程库，将学术研究中常用的研究方法和研究软件使用建设为若干独立课程，要求研究生跨专业选修，提高学术型研究生学术研究能力。三是建立研究型课程选修课，以导师的研究项目为课程名称，让研究生参与其中，在"干中学"，提高学术型研究生动手能力。四是建立以"专业英语文献阅读—英语论文写作—国际会议汇报"需要的读写说能力为核心的研究生英语课程，提升学术型研究生国际化水平。

在专业型学位培养模式方面：一是建立各专业学位教育中心，统筹各专业学位教育；二是建立以"课堂教学—行业实践"为核心的培养模式，实行学校和行业双导师制，提升专业型研究生在行业中的职业能力；三是建立贴合行业实际的专业学位研究生案例教学库，将学位课程教学尽量通过案例教学的方式来实现，提升专业型研究生用专业知识来解决实际问题的能力；四是建立以研究型案例模式为主体的学位论文撰写和评价标准和体系，提升专业型研究生用专业知识结合实际问题进行学术研究的能力。

第三，改革导师责权机制：包括研究生导师招生、能力提升和国际化水平三个方面。

在研究生导师招生方面：将博士生导师资格与招生资格分离。每年按照招生指标数量审核招生导师资格，确保重点人才、重大项目主持人招收博士研究生。

在研究生导师能力提升方面：采取岗前培训、高级研讨、国内外访学等灵活多样的方式开展研究生导师培训，提升导师指导能力。鼓励研究生导师到实际部门挂职和培训，培育"双师"型导师团队，提升研究生导师的实践水平。

在研究生导师国际化水平方面：鼓励研究生导师参加国际学术会议、海外访学，根据专业特点，鼓励教师使用原版教材和双语授课，不断开阔导师的国际视野，把国际前沿的理论与方法引入研究生教学内容中，提升研究生导师的国际化水平。

四、完善三个体系：完善学位点评估、研究生质量保证和奖助政策体系

第一，完善学位点评估体系：对标学科评估标准，强化人才培养中心地位。以学位点建设为抓手，推动学科建设内涵式发展。现阶段，无论是学科评估，还是大学排名，研究生教育质量都是核心测量指标。各学院要对照《学位授权点合格评估办法》和专项评估指标体系的要求，完善各学科专业人才培养方案，细化研究生培养各个环节。包括学位点合格评估和专项评估、学位与研究生教育质量年度评估两个方面。

在学位点合格评估和专项评估方面：提前一年，按照学位点合格评估和专项评估要求对需要评估的学位点进行专项自评，切实做到以评促建，以评促改，以评促管，确保第二年需要评估的学位点顺利通过国家评估。

在学位与研究生教育质量年度评估方面：根据国家学位办《学位授权审核申请基本条件》的要求制定相关评估办法，对各学位点的招生生源、过程管理、论文质量、就业质量等进行年度评估考核，发布研究生教育质量年度报告，对评估成绩不好的学位点进行警告、减少招生指标直至撤销招生资格，倒逼学位点提升建设质量。为学校新的学位点获得打下基础。

第二，研究生质量保证体系：完善内部质量保障体系，压实各学院主体责任。细化强化导师、学位论文答辩委员会和学位评定委员会权责，杜绝学位"注水"。各学院要根据学位授予层次、学位授予类型、学科专业特点科学制定学位授予标准，做到符合定位、清晰明确。既要破除"唯论文"倾向，也不能简单取消对科研和实践的要求，做到分类完善学位授予标准。推进学位论文双盲审制度，提升抽检科学化、精细化水平。对无法保证质量的学科或专业学位类别，依据相关程序撤销学位授权。对问题严重的学院，视情况限制申请新增学位授权。包括研究生科研记录规范、中期考核、学位论文撰写过程、匿

名评审与学位论文抽检和质量评估五个方面。

在研究生科研记录规范方面：明确授课教师资质，规范课程教学，加强教学质量监控；加强研究生科研管理和学风建设，强化科研记录规范；加强过程管理和节点控制。

在研究生中期考核方面：通过加强研究生中期考核的科学性和有效性，切实发挥中期考核在研究生培养过程中的筛选作用，加强研究生实践教学质量。

在学位论文撰写过程方面：进一步规范学位论文的开题及评阅工作，完善学位论文预答辩、答辩和答辩后修改等制度，切实保证学位授予质量。

在学位论文匿名评审方面：提升送审学校的层次，提高学位论文合格的分数，严把论文评审关。完善学位论文评审和抽检办法，实行专业学位论文与学术学位论文分类评价。

在学位论文抽检和质量评估方面：主动接受教育主管部门组织的学位授权点评估以及学位论文抽检等工作，积极参与行业部门、学术组织和社会机构开展的质量评价和教育质量认证工作。聚焦人才培养成效、科研创新质量、社会服务贡献等核心要素，健全分类多维的质量评价体系，扭转不科学的评价导向。加强研究生教育质量监测，建立毕业生发展质量调查评价机制，将毕业生就业质量作为评估和资源分配的重要指标。

第三，研究生奖助政策体系：构建奖、助、勤、贷四位一体的研究生多元奖助体系。以完善奖助政策体系为保障，解除研究生的"后顾之忧"。统筹国家、社会各种资源，积极筹措研究生教育奖助资金，拓宽资金来源渠道。研究生导师要从个人科研经费中拿出一定数量的资金，直接作为研究生的学业奖学金，资助研究生展开学术研究。建立奖助学金激励竞争机制，充分调动研究生努力学习、潜心科研、全面发展的积极性。下一步，学校将加快制定有关制度，保障各项研究生资助政策落实落地。

在奖方面：在研究生全面收费的前提下，拓宽支持渠道，加大奖励力度，以国拨经费为基础设立的学业奖学金，扩大覆盖面，注重奖优；

在助方面：助学金作为基本生活资助，加强导师资助部分，保障基本生活支出；

在勤方面：设立勤工助学助管基金，用于缓解经济压力；

在贷方面：通过国家助学贷款，进一步解决研究生学习和生活的需求。

参 考 文 献

[1] 薛天翔. 研究生教育学 [M]. 桂林：广西师范大学出版社, 2001.

[2] 李晨星. 改革开放以来我国研究生教育的政策研究 [D]. 湖南师范大学, 2016.

[3] 吴倩, 元林. 论国际化过程中思想政治教育功能新发展 [J]. 北京教育（德育）, 2011 (4): 9-11.

[4] 杨胜才. 论民族院校的地位、方位和品位 [J]. 高等教育研究, 2015, 36 (12): 47-50.

[5] 柴葳. 加快建成一批世界一流大学和一流学科 [N]. 中国教育报, 2015-11-06 (003).

[6] 梁传杰. 高校研究生教育综合改革模式：审视与重构 [J]. 学位与研究生教育, 2019 (11): 1-7.

[7] 梁传杰, 杜芳. 高校研究生教育综合改革：模式、内涵与特征——基于三所大学的改革文本分析 [J]. 武汉理工大学学报（社会科学版）, 2019, 32 (2): 146-151.

[8] 任彦民. 我国研究型大学本科教育与研究生教育的定位研究 [D]. 兰州大学, 2011.

[9] 柏少军, 章晓林, 童雄. 新时代高校立德树人的内涵、瓶颈问题及践行路径 [J]. 教育教学论坛, 2021 (6): 57-60.

[10] 乔进. 关于高校科研平台建设与管理的思考 [J]. 科技风, 2015 (12): 212.

[11] 刘贤梅, 吕洪艳, 富宇. 新工科视角下研究生创新实践平台构建探索 [J]. 当代教育实践与教学研究, 2020 (6): 179-180.

[12] 王悦，冯秀娟．高水平研究生创新实践基地的建设与探索［J］．北京航空航天大学学报（社会科学版），2011，24（3）：113－115．

[13] 李龙海．民族融合、民族同化和民族文化融合概念辨证［J］．贵州民族研究，2005（1）：14－22．

[14] 孙进己．论民族融合的不同类型及中华民族融合的不同状况［J］．史学集刊，2003（1）：10－110．

[15] 赵蓉，赵立祥，苏映雪．全球价值链嵌入、区域融合发展与制造业产业升级——基于双循环新发展格局的思考［J］．南方经济，2020（10）：1－19．

[16] 李新冬，黄万抚，朱易春，成先雄，严群．我国研究生教育国际化发展探讨［J］．南阳理工学院学报，2021，13（1）：120－123．

[17] 陈应鑫．在研究生中培育和践行社会主义核心价值观的若干思考［J］．高教论坛，2017（4）：5－8．

[18] 兰珍莉．研究生教育教学质量监控：内涵、功能及实现条件［J］．学位与研究生教育，2017（4）：60－63．

[19] 梅轶群，张燕．高校科技创新能力的分析和评价［J］．技术经济，2006（5）．

[20] 阎文璠．高校研究生教育管理者的职业价值定位与实现路径［J］．中国人力资源开发，2010（10）：98－100．

[21] 罗宜春，杨顺韬．智慧交通新基建大数据应用国际化人才培养机制研究［J］．西部交通科技，2020（9）：190－193．

[22] 张祥沛，燕艳．多元智能理论对研究生教育改革的启示［J］．现代教育，2013（Z1）：15－16．

[23] 霍华德·加德纳．多元智能［M］．沈致隆，译．北京：新华出版社，1999．

[24] 张水波．建构主义理论下高校计算机教学的探索与实践［J］．湖北函授大学学报，2011，24（11）：11－12．

[25] 高文，徐斌艳，吴刚．建构主义教育研究［M］．北京：教育科学出版社，2008．

[26] 李向东，王胜利．建构主义学习理论视阈中军校研究生教育改革［J］．南京政治学院学报，2014，30（6）：145－147．

参考文献

[27] 许红花. 民族高校研究生教育改革与管理问题研究 [D]. 延边大学, 2005.

[28] 李广道. 关于地方高校学科建设的思考 [J]. 知识经济, 2019 (6): 173-174.

[29] 陈茜. "双一流"建设背景下西部地方高校学科和专业发展路径研究 [D]. 西华师范大学, 2019.

[30] 王宁. "双一流"建设背景下地方高校优势学科发展的意义及举措——以华东交通大学土木工程专业为例 [J]. 西部素质教育, 2020, 6 (11): 13-15.

[31] 林小艳, 陈思豪, 陈翠荣. 高校学科专业动态调整: 意义、困境及路径 [J]. 湖北师范大学学报 (哲学社会科学版), 2020, 40 (6): 115-120.

[32] 李增森, 丁兆君, 李晓琳. 我国博士生招生方式改革探析 [J]. 上海教育评估研究, 2020, 9 (3): 41-45.

[33] 关于进一步改进和加强研究生工作的若干意见 [J]. 学位与研究生教育, 1996 (1): 3-6.

[34] 把立德树人作为教育的根本任务 [N]. 人民日报, 2008-02-18.

[35] 戴锐, 曹红玲. "立德树人"的理论内涵与实践方略 [J]. 思想教育研究, 2017 (6): 9-13.

[36] 伍喆. "立德""树人"之辨析 [J]. 西安电子科技大学学报 (社会科学版), 2018, 28 (4): 79-82.

[37] 冯东东. 高校立德树人的现实问题及对策研究 [D]. 兰州大学, 2018.

[38] 习近平在全国高校思想政治工作会议上强调把思想政治工作贯穿教育教学全过程开创我国高等教育事业发展新局面 [N]. 人民日报, 2016-12-09.

[39] 罗陈成. 高校立德树人的对策研究 [D]. 湘潭大学, 2020.

[40] 王悦, 冯秀娟. 高水平研究生创新实践基地的建设与探索 [J]. 北京航空航天大学学报 (社会科学版), 2011, 24 (3): 113-115.

[41] 张秋根, 谢宇, 华河林, 陶琨. 研究生教育创新实践平台运行管理体系建设 [J]. 江西化工, 2015 (6): 14-18.

[42] 王肖芳. 基于培养创新创业人才的地方本科高校实践平台研究 [J].

桂林航天工业学院学报，2020，25（4）：528-533.

[43] 邱学青，李正，吴应良. 面向"新工业革命"的工程教育改革［J］. 高等工程教育研究，2014（5）：5，14，45.

[44] 罗坚，温向莉. 创新模式　改革机制　内涵发展——全日制教育硕士改革与探索个案研究［J］. 高教论坛，2012（8）：103-115.

[45] 韦义华. 开发有法可依　管理有法可循［N］. 广西日报，2014-12-26（012）.

[46] 马中文. 高校科研平台建设与管理存在的问题与建议［J］. 科技经济导刊，2020，28（32）：119-120.

[47] 沈云慈. 基于政校企合作的地方高校创业教育实践平台构建研究［J］. 中国高教研究，2020（9）：37-42.

[48] 于海燕，张海娟. 世界一流大学师资国际化过程分析［J］. 高教探索，2012（3）：71-77.

[49] 教育部　发展改革委　财政部关于加快新时代研究生教育改革发展的意见［J］. 中华人民共和国国务院公报，2020（34）：72-76.

[50] 熊娜. "双一流"建设中的研究生教育探究［J］. 湖北招生考试，2020（5）：20-27.

[51] 李新冬，黄万抚，朱易春，成先雄，严群. 我国研究生教育国际化发展探讨［J］. 南阳理工学院学报，2021，13（1）：120-123.

[52] 柴国生，张同学，王丽莉. 地方高校研究生教育国际化高质量发展策略研究［J］. 中原工学院学报，2020，31（4）：88-94.

[53] 张雷宝，陈星平，施淑珍. 一流学科建设背景下的研究生"四力协同"培养模式研究——以浙江财经大学为例［J］. 高等教育评论，2018，6（1）：52-62.

[54] 付鸿飞，李明磊. 全球化、信息化背景下研究生教育改革与发展：第二届研究生教育学国际会议综述［J］. 学位研究生教育，2020（3）：60-65.

[55] 梁桂芝，孟汇丽. 中华人民共和国学位与研究生教育要事志（1949.10—1993.3）［M］. 西安：西安交通大学出版社，1994：187.

[56] 王菲，李传秀，尹世平，吕恒林. 我国研究生教育国际化发展的分析与探讨［J］. 教育现代化，2019，6（32）：95-97，108.

[57] 崔智勇,张小红,樊中奎. 研究生教育质量监控体系的研究与探索[J]. 教育教学论坛, 2012(35): 232-234.

[58] 教育大辞典[M]. 上海: 上海教育出版社, 1998: 15-25.

[59] 安之铸. 教育科学与系统科学[M]. 吉林: 吉林教育出版社, 1990: 78-97.

[60] 谢再莲. 新建本科院校教学质量监控体系的构建[J]. 长沙铁道学院学报(社会科学版), 2010, 11(4): 259-261.

[61] 张国琛,彭绪梅,刘俊鹏. 构建以自我评估为核心的高校内部教学质量监控与保障体系的实践探索——以大连海洋大学为例[J]. 中国高等教育评估, 2016, 27(3): 43-47.

[62] 陈文琪. 加强课程内涵建设,提高人才培养质量[J]. 学园, 2013(27): 51-52.

[63] 程丽明. 高校科技创新能力研究综述[J]. 山东省青年管理干部学院学报, 2008(1): 80-82.

[64] 王胜娟. 关于我国研究生教学中存在的问题及对策[J]. 沧桑, 2007(2): 156-167.

[65] 刘舟帆. 广西高校同等学力人员申请硕士学位教育质量保障现状及对策研究[D]. 广西师范大学, 2014.

[66] 郑慧,李燕芳. 高校校史编研中的轻重得失及对策[J]. 档案学研究, 2013(4): 34-37.

[67] 王文娟. 坚持立德树人 培养"民族性、区域性、国际性"人才[J]. 中国民族教育, 2017(10): 41-43.

[68] 包水梅,杨玲. 我国研究生导师专业发展的素质标准探析——基于高校研究生导师任职标准和岗位职责的政策文本分析[J]. 现代教育管理, 2020(2): 85-93.

[69] 张辉,陈兴杰,王华,朱文发. 专业学位硕士研究生"双导师制"培养模式探索研究[A]. 教育部基础教育课程改革研究中心. 2020年基础教育发展研究高峰论坛论文集[C]. 教育部基础教育课程改革研究中心: 教育部基础教育课程改革研究中心, 2020: 4.

[70] 谷秀娟,高协平. 从研究生导师选聘制度看我国研究生教育的发展

[J]. 湖南省社会主义学院学报, 2007 (2): 131-133.

[71] 教育部关于全面落实研究生导师立德树人职责的意见 [J]. 中华人民共和国教育部公报, 2018 (Z1): 57-59.

[72] 江东洲. 突出民族和东盟两大特色 建设高水平民族大学 [N]. 科技日报, 2015-10-30 (011).

[73] 李成峰, 南涛涛. 论研究生导师队伍发展模式的构建 [J]. 技术与创新管理, 2013, 34 (3): 262-264.

[74] 段丽. 研究生科研能力的培养研究 [D]. 湖南大学, 2003.

[75] 谭艳平, 沈宏. 民族院校研究生协同创新培养模式的构建与反思 [J]. 民族高等教育研究, 2019, 7 (1): 84-88.

[76] 周姬媛. 硕士研究生教育质量问题与对策研究 [D]. 湖南师范大学, 2012.

[77] 孙彦. 提升高校科技创新能力的对策研究 [D]. 昆明理工大学, 2008.

[78] 孙梦梅. 从有到优的转变 [N]. 广西日报, 2020-10-28 (007).

[79] 冯美玲. 全日制硕士研究生培养模式改革研究 [D]. 西南大学, 2011.

[80] 程忠良. "互联网+"时代新闻类专业实践教学创新的五个方向 [J]. 安庆师范学院学报（社会科学版), 2016, 35 (3): 158-161.

[81] 广西民族大学简读 [J]. 中国高等教育, 2012 (22): 63+74.

[82] 黄焕汉, 郭雅玲. 以五大工程建设为抓手的民族院校研究生教育改革的探索与实践 [J]. 教育信息化论坛, 2020, 4 (11): 5-6.

[83] 万明. 我国研究生教育体制改革研究 [D]. 中国科学技术大学, 2013.

[84] 李立景. 民族性·区域性·国际性——民族院校法律硕士培养三位一体模式创新初探 [J]. 大学教育, 2012, 1 (6): 5-7.

[85] 毕洪梅, 吴洁, 杨郁茜, 韩晓军, 雍达明. 研究生国际化培养模式的分析与探讨 [J]. 广东化工, 2017, 44 (1): 149-159.

[86] 刘振天, 杨雅文. 现代化视野中高等教育国际化与民族化 [J]. 教育发展研究, 2003 (2): 48-51.

[87] 顾素君，谭胜. 研究生教育国际性与民族性的共存因素分析 [J]. 华中农业大学学报（社会科学版），2005（1）：76-80.

[88] 郑美红. 研究生思想政治教育的内涵及有效提升策略研究 [J]. 陕西教育（高教），2020（5）：10-18.

[89] 潘广炜，赵亚楠. 关于"科研育人"对提升研究生思想政治教育质量的思考 [J]. 学校党建与思想教育，2019（1）：69-71.

[90] 言佳羽. 中国研究生教育国际化发展的动因与路径研究 [D]. 湘潭大学，2016.

[91] 眭依凡. 研究生教育的发展原则 [J]. 学位与研究生教育，2000（3）：3-7.

[92] 李世彬. 在研究生教育中培养创新精神的基本原则 [J]. 黑龙江高教研究，2004（12）：148-149.

[93] 孙珲，王婉霞. 研究生教育国际化推进策略和路径研究 [J]. 高教学刊，2020（21）：16-18，22.

[94] 刘振天，杨雅文. 现代化视野中高等教育国际化与民族化 [J]. 教育发展研究，2003（2）：48-51.

[95] 陈永福. "四个全面"战略布局下高等教育综合改革研究 [D]. 福建师范大学，2016.

[96] 王铁臣. 创新人才培养与研究生教育体制改革 [D]. 吉林大学，2004.

[97] 颜燕. 创新研究生的培养模式研究 [D]. 南昌大学，2007.

[98] 李璐. 供给侧改革视角下的研究生教育调控机制研究 [D]. 中国科学技术大学，2018.

[99] 王肖芳. 基于培养创新创业人才的地方本科高校实践平台研究 [J]. 桂林航天工业学院学报，2020，25（4）：528-533.

[100] 李世讴. 教育硕士课程体系构建研究 [D]. 西南大学，2010.

[101] 李增森，丁兆君，李晓琳. 我国博士生招生方式改革探析 [J]. 上海教育评估研究，2020，9（3）：41-45.

[102] 熊晓梅. 把握好高校思想政治教育立德树人的四个维度——学习贯彻习近平总书记关于思想政治教育重要论述 [J]. 现代教育管理，2020

(8): 23-29.

[103] 罗华毅. 我国硕士研究生课程体系改革与创新人才培养研究 [D]. 重庆大学, 2007.

[104] 王琳林. 我国研究生教育发展改革与动因分析 [D]. 吉林大学, 2007.

[105] 包水梅. 我国研究生教育宏观结构的发展与改革研究 [D]. 兰州大学, 2007.

[106] 杨金华. 我国研究生培养模式改革研究 [D]. 南京师范大学, 2018.

[107] 陈伟. 西部研究生教育发展对策分析 [D]. 华东师范大学, 2014.

[108] 梁传杰. 高校综合改革的误区与出路 [J]. 江苏高教, 2016 (2): 57-65.

[109] 郭永坤. 国内研究生教学存在问题和改进建议 [J]. 管理观察, 2019 (16): 108-109.

[110] 何方白, 刘焕淋. 积极推进研究生教育教学改革 [J]. 重庆邮电学院学报 (社会科学版), 2004 (2): 133-134.

[111] 梁传杰. 论研究生教育改革三大关键问题之关系 [J]. 学位与研究生教育, 2016 (3): 21-27.

[112] 赵巍, 朱珊瑚. 基于研究生教育改革三大关键问题之关系分析 [J]. 时代金融, 2018 (35): 329.

[113] 潘炳如. 加强和改进硕士研究生课程教学 [J]. 中国高等教育, 2018 (Z3): 70-72.

[114] 张冠男, 王思铭, 党朝泷. 教育事业改革背景下研究生教育管理工作探讨 [J]. 科技视界, 2020 (27): 171-173.

[115] 陈丙先. 论高校研究生课程教学存在的问题及改进建议 [J]. 智库时代, 2018 (25): 80-82.

[116] 武剑. 浅析研究生教育中的培养质量监控 [J]. 山西财经大学学报, 2008 (S1): 237.

[117] 张稚美. 师资培育与一体化教育的发展 [J]. 中国特殊教育, 1997 (3): 7-14.

[118] 谢绪磊. 双一流建设背景下高校研究生教育综合改革路径探析 [J]. 高教学刊, 2019 (20): 22-24.

[119] 杨震. "双一流"大学计划该如何实现 [A]. 社区教育 (2015年11月号总第26期) [C]. 成都: 四川大学出版社有限责任公司, 2015: 2.

[120] 薄贵利, 郝琳. 论加快建设世界一流人才强国 [J]. 中国行政管理, 2020 (12): 90-96.

[121] 加快建成一批世界一流大学和一流学科——教育部有关负责人就《统筹推进世界一流大学和一流学科建设总体方案》答记者问 [J]. 中国大学生就业, 2016 (2): 4-7.

[122] 吴玉程. 以习近平新时代中国特色社会主义思想为指引努力开创"双一流"建设新局面 [J]. 山西高等学校社会科学学报, 2018, 30 (1): 1-4.

[123] 于航, 孙甜甜, 曹雨徽. 地方高校研究生生源质量的提升策略研究 [J]. 教育教学论坛, 2021 (2): 21-24.

[124] 李鸿, 张瑾燕. 民族高等教育: 最好最快的发展 [J]. 中国民族, 2009 (1): 57-58.

[125] 米春明. 对民族地区经济社会发展的对策思考——以宁夏回族自治区为例 [J]. 科技致富向导, 2012 (11): 100.

[126] 龙雪梅. 如何在学生工作中实施"立德树人"——以桂林电子科技大学为例 [J]. 文教资料, 2020 (31): 119-121.

[127] 孙进己. 论民族融合的不同类型及中华民族融合的不同状况 [J]. 史学集刊, 2003 (1): 10-110.

[128] 张洪伟. 结构主义的教育思想对当前教育改革的意义 [J]. 开封教育学院学报, 2003 (2): 57-60.

[129] 广西民族大学通过立项建设博士学位授予单位整体验收 实现构建完整人才培养体系新跨越 [J]. 广西民族大学学报 (哲学社会科学版), 2013, 35 (2): 133.

[130] 财政部 教育部 人力资源社会保障部 退役军人部 中央军委国防动员部关于印发《学生资助资金管理办法》的通知 [Z]. 中华人民共和国国务院公报, 2019 (23): 57-76.

[131] 黄一玲. 创业创新能力培养与研究生思想政治理论教育改革 [J].

山西高等学校社会科学学报,2018,30(3):85-99.

[132] 樊泽民.新时期高校党建与思想政治工作五题[J].华南理工大学学报(社会科学版),2013,15(2):114-117.

[133] 虞花荣.论立德树人的内涵[J].伦理学研究,2020(6):82-87.

[134] 衡利苹,郭璞,刘克松.研究生培养中的人文关怀策略研究[J].教育教学论坛,2021(6):1-4.

[135] 裴光术,陈东,陈大勇,冯佳文.新媒体时代研究生基层党组织建设的创新[J].文教资料,2019(1):122-125.

[136] 潘超.论党的政治建设引领高校党建质量提升的价值意蕴[J].高校学生工作研究,2020(1):3-12.

[137] 卿海群.新时代工匠精神的内涵及人才培养诉求[J].科教文汇(上旬刊),2019(4):32-38.

[138] 李海洋.专业学位研究生联合培养实践基地建设研究[J].同行,2016(7):145.

[139] 张聪群.专业学位研究生教育改革的探索与思考[J].宁波大学学报(教育科学版),2016,38(4):99-104.

[140] 郑晓芹.省属师范大学研究生培养机制改革探析——以浙江师范大学为例[J].大学教育,2013(5):5-8.

[141] 覃健荣.民族院校域课研究[D].广西民族大学,2019.

[142] 吕文静.我国城市群协调发展的政策演变、规律总结及发展趋势[J].开发研究,2019(3):33-39.

[143] 范力.中马钦州产业园区建设21世纪海上丝绸之路先行园区的战略构想[J].东南亚纵横,2014(10):20-23.

[144] 王玭.我省高校掀起学习贯彻习近平总书记关于研究生教育重要指示精神热潮[N].江苏教育报,2020-07-31(001).

[145] 加快教育与科研体制改革,培养更多高层次人才[N].21世纪经济报道,2020-07-31(001).

[146] 综合中国教育报、中国教育在线.研究生教育新信号 高层次人才培养提速[J].科学大观园,2020(17):14-15.

[147] 习近平对研究生教育工作作出重要指示强调 适应党和国家事业

发展需要 培养造就大批德才兼备的高层次人才 [J]. 中国研究生, 2020 (8): 1-10.

[148] 王瞳瞳. 在实现伟大梦想中展现"最美青春"的价值 [J]. 新长征, 2021 (1): 50-51.

[149] 唐景莉, 韩晓萌, 王瑶. 做好研究生教育工作的根本遵循和行动指南 [J]. 中国高等教育, 2020 (Z3): 4-5.

[150] 卫灵, 张桐珲. 固本培元, 推进研究生教育高质量发展 [J]. 思想教育研究, 2021 (1): 147-150.

[151] 徐惠彬. 面向国家需求培养高层次一流人才——基于北京航空航天大学研究生教育的实践和思考 [J]. 大学与学科, 2020, 1 (2): 18-23.

[152] 王尧, 徐月红. 培养现代公民: 地方普通高校的主要任务 [J]. 继续教育研究, 2013 (3): 93-94.

[153] 姜文, 谭婷. 一般本科院校中外合作办学体系的探索与实践 [J]. 湖南师范大学教育科学学报, 2012, 11 (2): 79-81.

[154] 夏俊锁, 魏建华. 浙江高等教育国际交流合作现状及发展研究 [J]. 浙江科技学院学报, 2013, 25 (2): 124-128.

[155] 吴薇. 地方高校留学生教育发展的现状与对策思考 [J]. 杭州电子科技大学学报 (社会科学版), 2012, 8 (3): 74-78.

[156] 蒋凯. 来华留学生教育的瓶颈问题及解决措施 [J]. 大学教育科学, 2010, 2 (2): 21-25.

[157] 李文健. 论海南学位与研究生教育的发展 [J]. 教育评论, 2010 (6): 112-114.

[158] 程丽明. 河北省高校科技创新能力现状、问题与发展对策研究 [D]. 河北师范大学, 2008.

[159] 曲雁, 孙燕. 高校科技创新能力转化分析与评价指标的构建 [J]. 河南师范大学学报 (哲学社会科学版), 2009, 36 (6): 250-253.

[160] 胡晶. 增强湖北省高校科技创新能力的途径研究 [D]. 武汉理工大学, 2011.

[161] 蒋艳萍, 田兴国, 吕建秋, 章家恩. 高校科技创新能力综合评价指标体系的构建 [J]. 科技管理研究, 2010, 30 (8): 38-40.

[162] 梁燕，耿燕，李相银. 高校科技创新能力建设研究的现状分析及研究方向的探析 [J]. 科技管理研究，2009，29（6）：249－260.

[163] 李文辉，林卓玲. 地方高校科技创新能力评价指标体系构建思考 [J]. 技术与创新管理，2011，32（4）：325－353.

[164] 刘勇. 高校科技创新能力评价模型研究 [J]. 浙江师范大学学报（自然科学版），2013，36（4）：475－480.

[165] 张建中. 加强管理提高民族地区研究生培养质量的几点思考 [J]. 西北医学教育，2012，20（2）：295－326.

[166] 刘其军，樊代和，李相强. 论研究生培养质量的概念和形成过程 [J]. 黑龙江教育（高教研究与评估），2021（3）：45－47.

[167] 高凯山，祁晓红. 关于扩招后确保研究生培养质量的理性思考 [J]. 社科纵横，2006（3）：152－153.

[168] 郭智. 关于构建硕士研究生质量保障体系的研究 [J]. 吕梁教育学院学报，2012，29（1）：30－32.

[169] 孙大廷. 关于学位授予程序的几个问题 [J]. 辽宁教育研究，2002（11）：21－23.

[170] 安路萍. 中日硕士研究生导师制比较研究 [D]. 东北大学，2008.

[171] 李昌新，李雪芹，卢玲，刘国瑜. 学术论坛：研究生创新能力培养的有效途径 [J]. 高等农业教育，2012（2）：75－77.

[172] 向雯芝. 学位与研究生教育质量监控研究 [D]. 湖南大学，2002.

[173] 刘彩红. 加强导师队伍建设的必要性及措施 [J]. 中国电力教育，2012（29）：117－119.

[174] 彭振. 南海安全背景下中国——东盟互派留学生管理机制初探 [J]. 传承，2014（6）：136－137.

[175] 王洪影. 新时期的研究生素质教育探索 [J]. 长治学院学报，2007（3）：61－63.

[176] 杨娜，何华伟. 研究生学风建设长效机制探析 [J]. 北京教育（德育），2015（2）：39－40.

[177] 廖莎. 我国博士招生"申请—考核"制度探究 [D]. 华中科技大学，2016.

[178] 黄宇, 常军胜, 曹方, 李枭鹰. 广西学位与研究生教育发展战略研究 [M]. 桂林: 广西师范大学出版社, 2005.

[179] 李向红, 陈应鑫, 唐拥军, 林军. 回顾与展望——广西研究生教育改革发展30周年 [M]. 南宁. 广西美术出版社, 2010.

[180] 李政涛. 中国教育公平的新阶段: 公平与质量的互释互构 [J]. 中国教育学刊, 2020 (10): 47-52.